薛凤旋

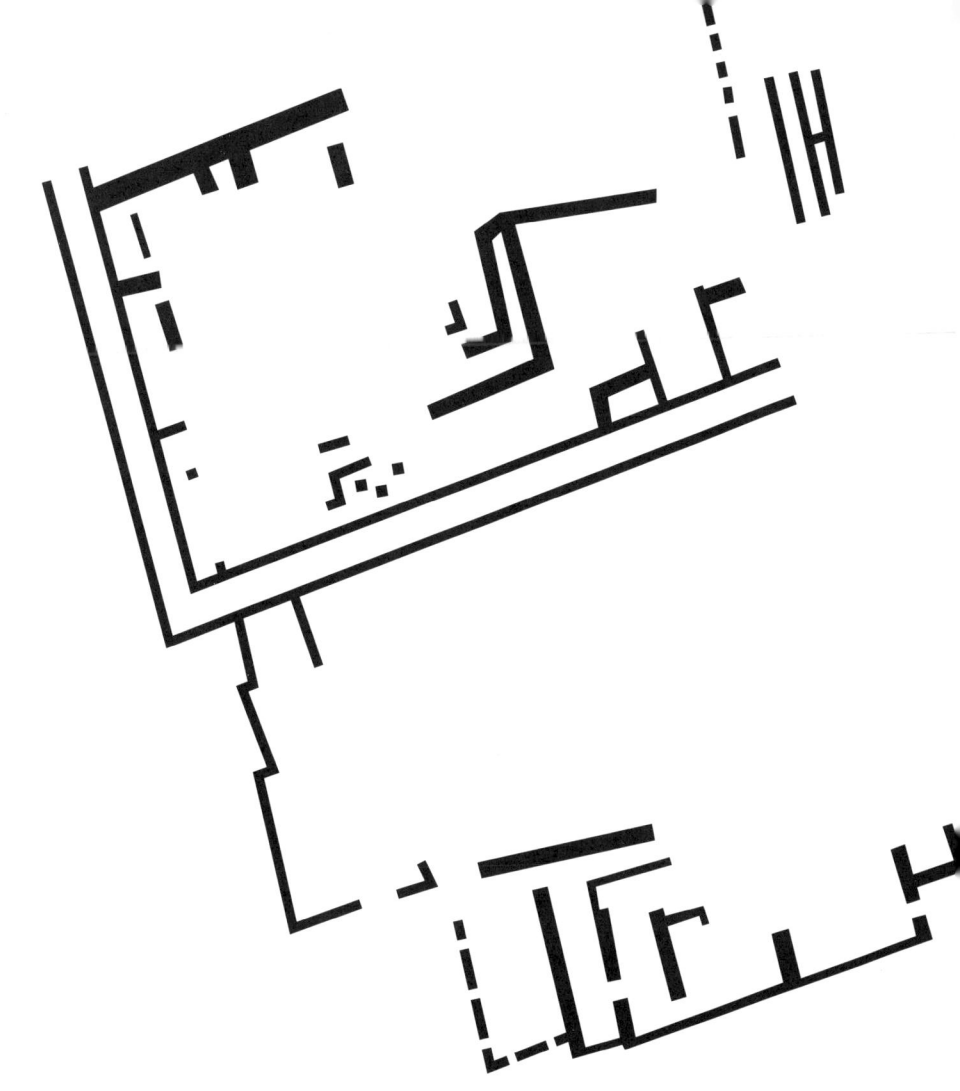

著

西方
城市 文明史

九州出版社
JIUZHOUPRESS

序　言

　　我的专业是现代城市地理学，在英国念博士时，主要学习欧美和第三世界的近现代城市与城市化。自 1970 年代中起，我在香港大学讲授"城市地理学"及"全球城市化模式的比较"两门课程。正是由于后一门课程，加上我对中华文明及中国历史的兴趣，我展开了漫长 40 年的对中国文明与中国城市相互关系的探索。

　　1985 年，我和海峡两岸学者合作，编写了中国第一部城市研究专著《中国的大都市》，同时分别在中国香港和伦敦出版了中文版和英文版。这亦是自 1949 年后，海峡两岸暨香港学者首个成功地结出全球性果实的学术合作案例。之后，我与彭琪瑞和苏泽霖编撰了《香港与澳门》(1986)，撰写了《北京：由传统国都到社会主义首都》(1996，中英文两版，2014 年和刘欣葵合作出版了修订版《北京：由传统国都到中国式世界城市》)、《香港发展地图集》(2001)、《中国城市及其文明的演变》(2009，中英文两版)、《澳门五百年：一个特殊中国城市的兴起与发展》(2012，中、英、葡三种版本)，以及《〈清明上河图〉与北宋城市化》(2015)。

　　由于我对中西方文献接触较多且比较了解，在研究中国城市文明时，比一般外国及内地学者多占了一点优势，即能理解和融合中西角度以寻求一个更真确的认知。亦因为如此，我同时亦钻研外国的城市及其文明，思考中西方在这方面的共通与差异。这本专著就是这个过程中的一个阶段性成果。

我领悟到文明元素相对地集中在城市里，因此文明及其发展或可等同于城市的出现及其发展，中外都是如此。更甚者，从城市的起源、发展与特色去理解一个文明的兴衰，可能会更容易且更合逻辑。我同时也发现：中国的文明和西方四大古文明，往往被视为不同个体，鲜有放在同一视角去考虑和比较；而对其中个别文明的介绍和论述也流于破碎。因此，我在本书中尝试以浅白易明的文字，系统地介绍这四大古文明，并把它们联结在同一的人与自然的互动过程之中，以说明不同的自然环境孕育出不同的古文明，而人的不同的适应能力解释了文明的兴衰。

除了文字简浅，本书的另一特色乃采用了大量的地图、文物实照、数据等以使主题更形象易明、历史脉络更清晰、空间关系更明确，同时也让读者感受到这些古文明伟大而璀璨的亮点。

对古文明研究时，成文记录的缺乏使考古资料成为主要参考素材。不过，由于考古资料在时空上的不完备和在解读上往往出现的主观性，不同学者在重组这些史前历史时往往出现不同的版本。本书采纳了国外，特别是西方学术界的主流看法，但亦有一些自己的主观判断。此外，在四大古文明地区范围之内，自19世纪起的考古发掘逐渐使我们对它们有更清晰的理解。至今在这些地区的考古发掘仍在进行，不时亦有新的重大发现，以充实甚至改变旧有的看法。因此，对四大古文明的理解应是个动态过程。作者亦希望各方对本书的观点提出意见。

为了避免烦琐，本书内文重要的资料出处，除了特别需要者，都省掉注明。读者可在详尽的参考书目中查看主要内容的来源。

我在构思与写作过程中，幸得内子的不断鼓励，她亦多次给予意见和参与对草稿的审阅。在此特志其事。

薛凤旋

2022年秋

目 录

序 言　i

引 言　对西方古城市文明的探索　1

  文化、文明、古城市文明　3
  西方与中国古城市文明的时序与关系　8
  西方古城市文明的出现与各自特点：
    自然条件、人的选择　12
  结论：从"天人感应"解读古城市文明间的差异　18

第一章　两河流域古城市文明　21

  西方城市与西方文明的发源地　23
  文明前的地方文化与农村聚落　27
  初城：文明的门槛（前3400—前3100）　31
  城邦初期（前3100—前2800）　46
  城邦鼎盛期（前2800—前2340）　50
  帝国时代的城市演变（前2340—前2160）　63
  结论：两河流域古城市文明的兴起与特点　69

第二章　埃及古城市文明　75

埃及古城市文明特点　77

文明的曙光：初城的出现（前 3600 —前 3300）　82

城邦时代及古城市文明的传播（前 3300 —前 2890）　90

王朝时代 / 法老时代的发展与演变　103

古埃及的城市（前 3050 —前 1069）　118

结论：埃及古城市文明的指向与特色　138

第三章　印度河古城市文明　141

令人费解的哈拉帕城　143

南亚次大陆的史前文化与文明的出现　146

印度河古城市文明特色　155

城市化与城市特色　158

城市案例　168

结论：对印度河古城市文明的理解及"大同社会"的推论　180

第四章　爱琴海古城市文明　185

爱琴海古城市文明与西方文明的关系　187

早期爱琴海古城市文明　192

爱琴海古城市文明第三阶段：城邦时期　201

古希腊城邦的种类及案例　214

雅典城邦：爱琴海古城市文明的高峰　222

雅典的人口　228

雅典的经济　231

"雅典帝国"（提洛同盟，前478—前404）　233

爱琴海古城市文明后期：城邦时代的城市　235

城邦时期的城市案例　240

结论：古希腊城邦时期城市文明的特点与意义　252

参考文献　256

引 言

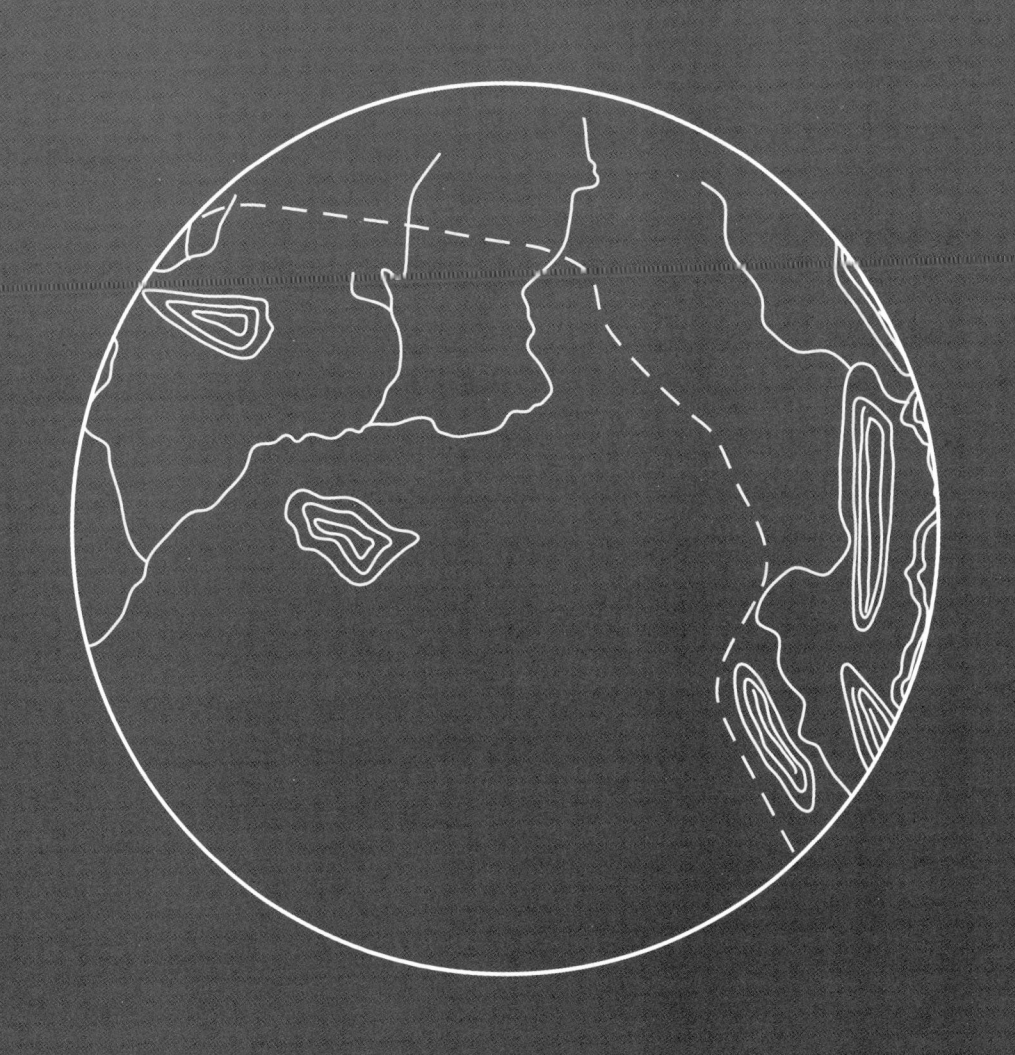

对西方古城市文明的探索

文化、文明、古城市文明

文明的定义与起源

在现代汉语中，"文明"与"文化"两个词常常被互换，几乎被认为是共通词。我们在本书中采用了稍为狭义的理解，将"文明"放在"文化"之上，即当一个人类群体或社会的"文化"发展到一定成熟程度，满足一定的条件时，这个人类群体或社会才进入"文明"。在时间上，我们将还未跨进文明门槛的人类史前发展称为"文化"。此外，"文明"亦被用作一个泛称，如相对于中国文明或中华文明，在中国范围内的地方文明，便被称为地方文化。因此在一个已经进入文明的广域国家，其内可以存在具有不同特色的地方分支，即地方文化。

在诸个界定文明的标志中，城市是十分重要的，因为城市和文明的关系十分密切。伊德翁·舍贝里（G. Sjoberg）在他的《前工业城市：过去与现在》一书中第一句便说：

> 城市和文明是不可分割的：城市的出现和普及，使人类离开了原始社会阶段。同样地，城市也能使人类建立一种越来越复杂，且能让人更满意的生活。

城市的出现，即由原始农业聚落进化至城市，是一个复杂的过程，包括了经济结构和社会组织上的剧变。在这个过程中，原始文化走进了较高的发展阶段，成为文明。从科学角度看，历史上城市的出现，基于两大因素：一是科技的突破，即生产技术、运输技术和仓储技术的重大发展；二是人类在组织和管理能力上的突破（Hauser，1965；Johnson，1967；Meadows，1957）。这两大突破使人类能生产出生产者自需以外的剩余粮食，而这些剩余又能成功地集中到某一些空间点或地方（Turner，1949）。

英国学者柴尔德（Childe，1936、1950）称这个推动城市形成的过程为"城市革命"，它与在时间上更早的"新石器革命"及"农业革命"组成了人类由原始文化进入文明的三大阶段性变革。他指出，文明的出现与城市关系密切，甚至是由城市带动的，而城市也等同于文明的标志。亚当斯（Adams，1972）则论断城市文明出现的动力乃灌溉农业、频繁的战争，以及地区资源分布的不平均。布雷德伍德（Braidwood，1986）也认为，导致城市出现的是粮食生产技术的进步，特别是公元前4000年在两河流域出现的灌溉技术。大型灌溉工程的建造和管理，令人们对主要生产要素——肥沃土地——的拥有出现不平等现象，直接促使社会阶级分化。

在上述学者的基础上，费根（Fagan，2001）做出如下总结："考古学家将文明当作一个城市化的国家级社会的缩影。"他还对远古文明或前工业文明，总结出5条主要标准：

1. 以城市为基础的社会组织和复杂的社会；
2. 基于中央集中的资本积累、社会地位和由朝贡与税收决定的经济体，能支撑千百名脱离粮食生产的非农人口就业，促进远途贸易、劳动分工和手工业的专业化；
3. 有记录方法、文字，以及在科学和数学上的进步；

4. 有宏大的公共建筑及纪念性建筑；
5. 有一个由统治者领导的有广泛影响的全社会性宗教。

迈克尔·曼（Mann，1986）从另一角度描述了"城市革命"，或者说文明形成的过程及其具体内容。他认为，真正的城市生活是由4种社会权力构建的，即经济、意识形态、军事及政治。公元前3千纪，农业进步使经济资源增加，也促进了军事力量的形成。在早期，这力量主要是对外的，而不是对内的征税或镇压工具。经济精英和庙宇关系密切，也与文字记录能力和远途贸易相关，最终军事力量促使已经控制了宗教的经济精英蜕变为世俗的王。而从王的出现起，王与庙宇或世俗与宗教等关系的演变也出现了，最终导致王将自己神化，并把这四种社会权力集于一身。迈克尔·曼的这些观点正可印证本书中两河流域和埃及城邦时代的古城市文明的演变。

然而，西方学者对于城市的兴起仍然有不同的看法，主要存在两种争论：一是城市作为文明的标志，是否先有文明，后有城市？二是既然生产技术与贸易的发展导致经济结构发生转变，造成社会内从事生产与非生产活动人口的分化，形成"城市革命"的动力，那么这动力是否乃工业化和商业化？因而是手工业者或商人，而不是一般的经济精英或宗教领袖成为这一过程的主要人物？

芒福德（Mumford，1961）为我们提供了这些问题的部分答案。他认为从分散的农村经济到高度组织化的城市经济的转化，最关键的因素是国王，即王权。在文明出现所依赖的经济剩余价值的集中过程中，城市是产生这些剩余价值的科技和管理组织等关键投入的集中地，因而也就是当时文明要素的集中地。而主导这个城市功能的是以国王为代表的社会及其组织结构："国王占据了中心位置，他是城市磁体的磁极，把一切新兴力量吸引到城市文明的心脏地区来，并置之于宫廷和庙宇的控制之下。"

显然，这个文明观是将城市与乡村看作同质的，是一个体系中的不同组成部分。虽然城市在表面上与农村明显不同，如它在经济上以非农活动为主，在景观上有宏伟的宫殿与庙宇，在职业功能和社会阶层上有国王、官员、商人和手工匠等，俨然自成一类"文明"。但城市中的这些文明要素，是文明在空间上的集中，而不是与城市所处的广大农村腹地内的农村地区相对不同的另一种文明。借用芒福德的话：城市是文明的心脏地区，国王或王权是当时文明的缩影，正是当时的文明促进了整个广大地区农业生产力的提升，以及剩余价值的积累、集中和转化，包括制造新器物、创造艺术和通过贸易换取本地缺乏的器物资源。芒福德又指出，与城市发展亦密切相关的工业化和商业化，只是一种附属现象，因为它们实际的操控者是王权，或王权与宗教的结合体。

不过，范·德·米尔罗普（Van de Mieroop，1997）认为："国家是在城市基础之上构建的。"即先有城市，才有国家和文明。因此，我们要在远古聚落与文明出现之间注意到一种近似城市的过渡性大型聚落，即在文明出现之前的"初城"。它们为真正的城市文明的形成及出现提供了必要条件。古埃及和两河流域的考古成果都印证了前文明时期初城的存在。

对城市与古城市文明的定义

柴尔德的古文明形成的 10 项标准，具体地为古城市文明做出定义：

1. 人口稠密而且规模大；
2. 居民主要是从事非农业活动的官吏、僧侣、工匠、商人、运输工人等；
3. 是剩余财富的集中地；
4. 拥有象征剩余财富的规模巨大的公共建筑；
5. 存在社会阶级分化；

6. 文字的出现和应用；
7. 产生科学；
8. 出现城市文化；
9. 远途贸易兴旺；
10. 手工业发达。

在这些标准中，文字的出现和应用是分辨真正的城市或已跨入文明门槛的城市，与仍未进入文明期的农业聚落及初城的主要标准，也是区分文明与史前文化的主要标准。正因如此，文字与国家是由近似城市的大型聚落初城孕育的，后者在文字和国家出现之前就已出现，在时间上正处于城市文明的前夜。此外，正如前述，我们不能把城市从它所处的社会和地区分割出来，从文明的角度看，城乡是个统一体。在这些意义上，"文明"可与"城市文明"画上等号。

在文明出现前，地球上的不同地区因应不同的自然环境，以及人类群体对环境适应的选择，已存在不同的文化。在这个基础上，这些地区产生了不同的古城市文明。目前，在全球范围内已确认曾经形成过7个古文明，或7个古城市文明，它们各有不同的发展历程和特点。在同一古城市文明中，我们也看到它在文明演进的不同历史阶段中，产生了不同特点的城市。

总言之，城市是文明的载体，因为它是行政、教化、非农经济活动等的支点，也是农村人口和农业服务的中介地，因而历史上的城市演变也自然地体现了文明的演变。本书的主要目的之一是为"城市文明"正名，它等于一般所说的文明。但"城市文明"这个词更准确地表达了文明的含义，因为文明源于城市，城市的发展与变更体现了文明的演变。

本书内容：西方古城市文明

笔者对城市文明研究的初步成果，可见诸《中国城市文明史》一书。该书以中华文明为案例，探索了中国城市文明从新石器时代中晚期发展到当下的整个过程。它首先分析了由环壕聚落到龙山时代以城市为核心的城邦的演变，之后介绍了夏商时期的城市文明，进而分析了由周代至当代的城市特点及文明演变。全书通过系统、详细的研究，整理出从远古跨越到当代的长达6000多年的中国城市文明全过程。但要总结出城市文明发展的一般性理论，这只是第一步。我们还需要对世界上其他城市文明进行比较性的研究。

为此，本书选择了两河流域、埃及和印度河流域的远古城市文明作为第二阶段的探讨。和中国一样，它们也都在公元前3000年前后进入了文明期（见附表）。在三者之外，我们还增加了较晚期的爱琴海古城市文明（约公元前2000年进入文明期），因为它被认为是西方文明的源头，也是上接两河流域和埃及发展经验的古城市文明。增添爱琴海古城市文明可使本书的内容与罗马时代的文明发展相对接。在时间上，这4个古城市文明应被称为远古时代的文明，不过为求简约，本书把它们通称为古城市文明。至于美洲的三大古城市文明，基于资料不足，时日较晚，以及对现今的文明影响不大，我们暂不把它们包括在探讨范围之内，希望日后再把它们涵盖。

西方与中国古城市文明的时序与关系

中国自汉唐以来习惯把在国境以西的世界，包括南亚次大陆、中东、东北非和欧洲，统称为"西域"或"远西"。中国虽然与这些地区有一定的交往，并在中国史书上有所记载，但至清末为止，国人对这广大地区所知不多，更谈不上对该地区出现过的历时久远、极其伟大且各具特色的古城市文明有所了解。本书的目的就是把这四大古城市文明做一系统、清晰和扼要的介绍。不过在介绍它们之前，有必要简略地把这些文明与中华古城市文明作比较（见附表），以便在了解它们时有全球性视角。

与两河流域和埃及相比，中国史前聚落的出现要更为早些。在新石器时代早期（前 10,000—约前 5500），河北徐水县的南庄头、江西万年县的仙人洞和湖南道县的玉蟾岩等遗址已出现了早期的农业聚落。在新石器时代早期后段（约前 7000—约前 5500），大中型环壕聚落已遍布南方的长江中下游地区和北方的黄河中下游地区，并且延伸至华北地区。聚落面积一般为 3 万— 10 万平方米，但大的如江苏的顺山集遗址，面积达 17.5 万平方米。

到新石器时代中期前段（约前 5500—约前 4000），亦相当于两河流域的欧贝德时期，中国南方浙江的河姆渡，北方内蒙古的赵宝沟、辽宁的城子山和黄河中游的姜寨、半坡，以及秦安大地湾等地已出现众多的大型聚落。它们的功能结构和文化遗存显示了社会阶级分化与制陶等手工业的专业化，而人工打造的早期铜器亦已出现。其中大地湾遗址占地 110 万平方米，房屋遗存密布，中心区有超大型宫殿式及会堂式建筑，显示初城可能已经出现。但这些遗址的发掘及其研究报告的公布，都是 1990 年或更后期的事，知晓它们的外国学者并不多。因此，西方学界仍普遍存在中国城市的出现及文明的形成远晚于两河流域和埃及，甚至晚于印度河流域的误解。

中国最早有文字记载的朝代是商代（前 1600—前 1046）。这些文字即现存的 16 万片占卜甲骨刻文，出土于晚商首都殷墟的王室特别"档案馆"，其时段约为公元前 1300—前 1046 年。这批文字含 4300 个不同单字，其中约 1600 个已被破译，余下的主要是人名和地名。这些古文字和后来的中国文字有不少是相似的。从文字的成熟度及内容覆盖的广泛度推论，这些文字可能已经历了一两千年的发展。零散地在陶片上出现的以毛笔书写的，或在甲骨、陶器和玉石器上契刻的个别字或刻画符号，间有出现在河南舞阳的贾湖遗址（前 7000—前 5500）、仰韶文化

附表 中国与西方四大古城市文明比较表[**]

年份（公元前）	两河流域	埃及	印度河流域	爱琴海	中国	备注
7000—5000	耶莫、哈苏纳、萨迈拉、奥玛里、哈拉夫、欧贝德	—	迈尔戈	—	环壕聚落：磁山、彭头山、城背溪等	—
5000—4000	哈拉夫、欧贝德	巴达里	前哈拉帕	—	大地湾、姜寨、半坡等	—
4000—3500	乌鲁克初期	涅伽达一期	前哈拉帕	—	初城：大地湾四期、城头山、庙底沟	—
3500—3000	乌鲁克中晚期	涅伽达二期、涅伽达三期（零王朝）	哈拉帕早期	—	史前城市/初城18座	乌鲁克及涅伽达出现初城
3000—2500	早王朝一期[*]	早王朝[*]	哈拉帕早中期[*]	克里特岛前王宫期	龙山城邦[*]（有墙城市60座）	两河流域、中国（2800）、埃及（2680）、印度河流域（2600）进入城邦时代
2500—2000	早王朝二期 早王朝三期 阿卡德帝国 乌尔第三王朝	古王国 第一中间期	哈拉帕中期	克里特岛前王宫期一 克里特岛前王宫期二	夏朝	埃及统一帝国 两河统一帝国
2000—1500	伊辛-拉尔萨时期 巴比伦第一王朝	中王国 第二中间期 新王国	哈拉帕晚期 梨俱吠陀	迈锡尼文明	商朝	中国统一帝国
1500—1000	—	新王国 第三中间期	吠陀后期	黑暗时代		
1000—500	—	后王国	佛陀时期	古风时代 古典时代	周朝	爱琴海进入城邦时代

* 进入文明期。

** 为了使两河流域、埃及和印度河流域三个古文明发展上的时间序列与爱琴海和中国古文明在宏观上作简易的比较，作者对此表中代表的这个古文明的时间进展序列做了简化处理。有关它们的具体考古分期请参看表1、表5及表8。

（前5300—前3000）的村落、龙山时代（前3000—前2000）的城市（如陶寺及丁公等古城遗址），可作为商代成熟的甲骨文已经历过一个漫长的演变过程的旁证。而在商代，甚或在夏代，可能已普遍流行甲骨文或其简易书写体的文字，只因为中国文字的主要载体是容易腐烂的纺织物、竹片或木片，这些文字记录失存了，只遗留下王室占卜之用的、刻在数千年不朽的甲骨上的特殊功能文书。

相对于两河流域和埃及，中国文明前夜的时间也较早，因为已发现的"初城"较多，时间较长，而其分布范围亦相当广泛。在上述的大地湾之外，还有公元前4000—前3500年的甘肃大地湾四期（50万平方米）、湖南城头山（18.7万平方米）和河南庙底沟（24万平方米）等。稍晚地，存在于公元前3500—前2800年的初城在全国已发现18座，每座面积（以包括城墙计）在20万—60万平方米之间。因而两河流域并不是最早出现初城的地区。

用西方学术界的指标来界定一个社会是否已是文明社会，则中国约在龙山时代早期便已跨进了文明门槛。目前已发现60座龙山时代的城市，它们都是分散的邦国的首都。已知的最大城邦石家河（前2800—前1900）位于江汉平原，占地面积达20万平方千米，约等于两河流域的阿卡德和苏美尔两个区域的总和。其首都石家河城的面积为120万平方米，人口有3万—5万。城内发现冶铜、治玉和制陶等手工业。城外20—30千米半径内发现了约30个聚落。

不幸的是，龙山城邦遗留下来的，除了夯土筑成的城墙和城中心区宫殿及公共建筑的夯土台基，就是一些铜、陶及玉器，鲜有文字和画像遗存。因为中国布帛发明较早，布和竹、木成为主要文字载体，而石雕在早期的黄河乃至长江流域都不普遍，泥木建筑和竹书、帛书在中国湿暖的气候下自然难以长久保存，亦容易在洪水泛滥时湮灭。龙山晚期及商代中期，中国均发生过特大洪水，不少河谷平原上的城市被淹没。

基于自然气候和水文条件，以及中国文字载体与建筑特色的脆弱性，考古发现所能提供的遗存及相关资料十分有限（除了比同期其他古城市文明更精美的陶器和玉器），我们对龙山时代情况的了解远不如同时期跨进文明门槛的两河流域和埃及。后者的干旱沙漠气候，加上因应当地资源而产生的不同的文字载体，如泥板、滚印、石雕和牙雕的耐久保存特性，使我们通过它们的考古发现，能清楚形象地知道当时的王室世系、神祇、社会主要价值观、礼仪、建筑，甚至不同阶层的衣冠等生活细节。

不过自周代起，中国的典章文物，包括详细的史书记载，都比西方古城市文明发达而详尽。而且，自周代起，中国城市文明的发展从未停止，而两河流域、埃及和印度河流域的古城市文明在公元前1000年前后已经成了"死文明"（其文字体制及社会风格已经不存在）。不过，得益于古希腊文明对两河流域和埃及文明的部分继承，今天我们还可以在其后的西方城市文明中找到它们的一鳞半爪，但印度河流域的古城市文明在公元前1400年后便完全消失了。

近200年，特别是在第二次世界大战后，经考古发掘和研究的努力，两河流域、埃及和印度河流域三大古城市文明较清楚和详细的资料已整理出来。这些资料除了让我们了解西方古城市文明，也为我们对中国在公元前3000—前1500年间的古城市文明的发展及其特色的理解提供了重要的比较和参考。

西方古城市文明的出现与各自特点：自然条件、人的选择

我们认为古城市文明的出现和相互间的区别，是自然条件的不同及人类主观选择的结合，亦即中国传统所说的"天人感应"过程的结果。在物竞天择的规律下，地球上不同地域的早期人类在文明出现之前对转

变中的自然环境,都曾做出不懈的努力,适应自然变迁以谋求自身的持续发展。当时的成功选择(合乎自然的行为)往往是集体性的选择,或集体意志的表达与执行,而它的最有效的媒介就是宗教。因此"天人感应"一词中的人,是指集体的人,不是个别的人,而集体能在行为选择中统一意志和行动,依靠的往往是"神"的旨意,即宗教的权威。同时,宗教不但有"神"的权威性,亦体现了自然本身,因为它往往是被神化了的自然力量。因此,这些集体决定或意志所依赖的就是自然力量。天人感应的过程,除了在中国古城市文明可以体会到,正如本书显示,亦在西方的两河流域、埃及和印度河流域三大古文明的出现与发展过程中得到印证。

两河经验

在广阔的中东地区,为何苏美尔会首先走出城市的第一步?苏美尔的遗存及其考古的实绩为我们提供了这个在远古发生的、让人类由新石器时代晚期走向城市文明这一"天人感应"过程的具体案例。

幼发拉底河和底格里斯河的河口区水资源丰富,那里沼泽与潟湖密布,又和南边的沙漠、北边的山峦坡地及东南部的波斯湾相接,形成了一个适合远古人类生存的生态多样化地区。然而,若没有农耕的出现,该地区只能是一个牧、猎、渔业地区,难以支撑固定的村落和较多的人口。自公元前5000年起,由于河口浅滩地区受地壳运动影响而隆起,海水向波斯湾倒退,海岸线南移,以往的浅滩经过数百年的雨水和河水的淡化,变成大片在水平线上可耕又特别肥沃的土地。这片新土地更因为没有主人,自然吸引了两河中上游及北边山坡地区经济发展落后(依赖低收旱作)的人口迁入。

苏美尔最早期的较大聚落埃里都,相传地下是水神恩基居住的一个透水石层。因为可饮用水的供应,埃里都能在河口浅滩首先发展起来,而水神也成为埃里都的主神。这个传说,点出了河口区自然环境的变化，吸引了农耕人口的迁入。高产的土地与便利的水上运输等自然条件使苏美尔成为当时整个中东经济最发达的地区，让它产生了对文字记录的需求与专利，并促使神庙经济扩大，促进了神庙主导的远途贸易和手工业的发展，使得苏美尔成为两河文明的始源。就算是在较后的城邦时代，国王还相当地依赖神庙，把自己定位为神的代言人和经理人，肩负了宗教与世俗的功能，借用神的权威以执行人的集体选择与意志。因此，宗教的核心，即主神庙或神庙区，亦一直是两河古城市在空间布局及城市功能上的核心。

埃及经验

从自然地理看，沙漠、山地及地中海从东南西北四面将古埃及压缩成一个与外界相对封闭的狭长地区。区内尼罗河的定期泛滥与河道的便利交通也促使上下埃及很早便形成一个统一的经济与价值共同体。这些自然地理条件促成了太阳神等古埃及主神的出现，亦塑造出法老作为这些神祇的代表享有高度集中的权力，以进行河渠的建设与维修、农业剩余的集中，以及在农暇时通过大型神庙与王陵工程的力役征发对农民做资源的重新分配。因此，古埃及城市都指向一个主方向：王权与宗教的紧密结合。同时，每天的日出日落，特别是日落后保证太阳能顺利渡过阴间，再在黎明升起，形成了埃及法老神王"重死不重生"的施政和文明特色，即通过建设神庙与王陵来彰显"神王"伟大与精神永续。神庙与王陵成为古埃及两大城市化动力，构建了古埃及与世界其他古城市文明的不同特色。更因为当地石材资源丰富、水运便利，神庙和王陵都以坚固的岩石建造（或建于岩石内），得以留存至今。但民居，乃至王宫，都是用泥砖建造的过渡性建筑，成为难以遗留下来的历史过客。

尼罗河泛滥的周期性和它带来的沃土使古埃及农业发达，人民的温饱水平普遍高于两河地区，因而我们在它的古城市文明前期找不到很多的战争遗存，而在河谷内亦鲜有设防的城市。不过，在公元前16世纪后期，当中东地区出现了马拉战车与铁制兵器，古埃及自然地理的封闭局面便被人为的技术进步打破。因而自新王国起，古埃及成为阿拉伯半岛和海上外族的入侵对象。当有为的法老出现时，埃及亦开始了军事力量和领土的扩张。在这一时期，古埃及出现了边境的设防城市及贸易重镇。然而，这些新元素对古埃及来说还是次要的。埃及古城市及其城市文明主要源于古埃及内部特有的自然环境和相应的人文发展，是一个时代及既定技术创新与应用的产物。因此，它的文明标志，如金字塔，帝王谷的王陵、享庙，卡纳克与卢克索的神庙等，都是难以在其他地区出现或复制的。

我们通过王墓文物，包括壁画和石浮雕，能知道古埃及诸王的名称、王宫的样式、邦国的名称、重大的历史事件，以及当时的服饰、主要手工业与远途贸易的商品和范围等。这是因为古埃及是个"重死"的文明，地区的气候又十分干燥，加上墓地选址都在尼罗河狭窄的泛滥平原之上，即自然地理条件加上人的主观选择，起到了保存和保护古墓文物的作用，使埃及古文明的关键记录，相对于其他古城市文明，能较充分地遗留下来。

印度河经验

印度河流域古城市文明是由河谷西部及北部坡地而来的移民在印度河河谷建立的，但是印度河的水文条件与两河流域和古埃及的不同。在这个不同的自然环境下，人们采取了与两河流域和古埃及不同的灌溉农耕，即纯依赖自然河道的泛滥（河谷内至今没有发现大型灌溉工程的痕迹）。同时，这里的泛滥有时是极具破坏性的，为了控制并预防每年一度的水灾，河谷里的大小聚落都建有用烧结砖或石头砌成的坚固厚重的围墙和卫城。又因为降雨少，一些城市建造了富有创意的储水设施。这些与水有关的围墙和水库，成为印度河流域古城市文明特有的建筑与景观。

正是耗费大量人力且要求高组织能力的大型防洪和储水工程，缔造了印度河流域古文明的文字、统一的度量衡、一致的规划与建造标准。河谷内一致的水文、地质和气候状况，使整个广大流域内的不同地区在同一时间迈进了文明的门槛。然而，因为印度河流域仅出土了稀少且仍未能被解读的文字，所以这个古文明的信息与两河流域和古埃及的相比，仍是非常缺乏，这令我们至今仍无法确知这个古城市文明的性质和它的社会与统治模式。

直至今日，在印度河流域古文明的有关遗址上仍没有发现明显的王权及宗教精英的痕迹。然而，从其城市房屋结构、公共建筑的功能与分布、城市设施，以及已出土文物推测，它似乎是个非常有规律、平等、朴实、清洁的社会，甚至可以推论它是个近似中国理想中"大同世界"的社会。它与其后的恒河文明，以至今天的印度和巴基斯坦社会，并没有任何重大的共通点。

至于此文明为何在公元前 1900—前 1700 年间由衰落而至湮灭，大概有两点可能：一是自然环境变化，使大河流域大部分地区变得干旱以致沙漠化，不适宜农耕，人们被迫放弃河谷内的城市，向生存条件较好的东部或东南部地区迁移；二是这一文明自身的保守性和其对自然及人文社会发展的抗拒性，使它缺乏适应能力和创造力，而后在自然界连续不断的打击下丧失了竞争力和持久力。

爱琴海经验

爱琴海古城市文明的出现远晚于上述三个古城市文明。由于在地理上与埃及和两河流域毗邻，它自然地受到了这两个出现时间及发展进程较早的古城市文明的影响。爱琴海地区的发展主要源于中欧游牧民族向希腊半岛及爱琴海诸岛的武力占据。其后通过海上贸易，他们逐步吸收了邻近古文明的部分要素。然而，该地区没有大河流域，是由蓝色海洋中的众多分散小岛和港湾构成的，人们遂倾向于利用便利的航运和强悍的武力，以展开外向型的掠夺。因而爱琴海古城市文明以武力掠夺为其发展主轴，这也形成了城邦大殖民式的城市化特色。

公元前2000年起，爱琴海古城市文明经历了克里特岛、迈锡尼及古希腊城邦等三个阶段，前后共经历了约1600年。其间，通过海上商贸活动不断地向外殖民，它的影响扩散至整个地中海沿岸及黑海地区。更由于它的不少文明元素被亚历山大及其将领建立的横跨欧、亚、非大陆的庞大帝国，希腊化诸国和其后的罗马帝国继承，爱琴海古城市文明被认为是西方文明的渊源。

自然地理对古希腊的政治、社会、文化产生的影响十分明显：

1. 关山阻隔的小块平原，促进了小国寡民式的城邦政体和狭窄的价值观；
2. 商业和航海贸易需要平等和自由交换，促使平等观念、民主政治和法治的形成；
3. 狭小的城邦使粮食难以长期自给，促使古希腊人向海外扩张，建立殖民地或转口粮食和必需商品；
4. 城邦为了生存与扩张，打造了公民"集体"，以便更好地应对自然与人文的挑战。

充足的考古资料和古文献提供了较详细的关于古希腊城邦的信息，使我们对爱琴海城邦的定义、性质和体制有比较明确的认识，也对它的城市功能、结构、社会、生活和景观等文明特色有详细的了解。在公元前9—前8世纪，爱琴海城市经历了由防御中心、宗教中心至在统一运动中成为城邦的政治、经济和文化中心的发展过程。雅典城体现了这时期的城市特点——"重集体生活、轻私人生活"，呈现出公共建筑、公共空间的辉煌与住房、用水、排污及道路建设不足的矛盾。

雅典和它所主导的邦盟的发展显示出古典时期城邦社会中存在的另

一种矛盾：公民小圈子的民主与奴隶和外邦人没有政治权利的矛盾。同时，比起民主，个别领导人的能力及大权独揽在很多时候更为重要；民主亦束缚了众多城邦迈向帝国的发展，邦国间的互相征伐也给了外敌机会，导致爱琴海城邦时代的终结。

结论：从"天人感应"解读古城市文明间的差异

本书通过对西方古城市文明的研究，发现文明出现的普遍性条件乃灌溉农业的出现，这亦与中国的经验一致。河谷平原具有能最早实行灌溉农业的条件，因为河道的周期性泛滥，加上平坦的土地和疏松的土壤，所以在原始技术条件下，河谷平原仍然可以丰收。河谷平原也因此聚集了较多人口，从而产生了农业剩余，创造了劳动分工，催生出手工业、贸易或交换。在两河流域，早期灌溉农业是在河口区即苏美尔出现的，地壳运动使河口区地势上升，海水退去后的沃土在大型人工排灌出现前便能成为丰产的农地。因此，苏美尔先于两河中上游的节水农业区，成为两河流域最早跨入文明期的地区。其后，因为技术的进步，人工灌溉在整个两河中下游得到推广。但河道的改变和人口的增加，使对水资源的争夺成为两河邦国不断相互攻伐的主因，也促使城邦霸主都自称为"基什王"，并建造庙宇、拉拢宗教，以作为王权的重要支撑。

尼罗河的泛滥是平和而具规律的。同时，由南而北的平直河道带来的"渠道效应"，催生了安全便利的河运和便捷的信息传递，使文明能在狭长的河谷同步发展。伴随着太阳升落现象的白天与黑夜的循环，也赋予了埃及文明"重死不重生"的主要内涵，包括法老是神，以及法老也与太阳一样能于死后再生等观念。

但印度河的泛滥是把双刃剑，它使丰产的自然灌溉农业出现，后者成为文明出现的根基；但同时它亦极具破坏性，能将城市与农村毁于一旦。因此印度河的城市虽都以坚固的烧结砖或石块建造，包以堡垒式的厚墙，但它们仍多次被洪水破坏乃至毁灭。这个古城市文明集中了全社会的力量，为的就是应对自然界的破坏力。考古资料显示，为了集中力量应对洪水，印度河流域文明是一个没有王、没有巨大神庙与神像、没有明显阶级分野的，平等、富足、具有高度组织能力的社会。

上述三大古城市文明均发源于大河流域，可称为大河文明，或"黄色文明"。然而不同的流域水文情况与河谷自然地理，让人类发展出了不同的适应能力，最终形成本书所详细描述的三种不同的古城市文明。

爱琴海没有大江大河，它的文明并不源自灌溉农业，而是一种次生的古城市文明，即爱琴海文明是从已存在的文明转移过来并加以改变而成的，比如克里特岛的王宫、陶器、绘画是自两河文明传入的。然而爱琴海上的航船，如草原上的马一样，给予这文明在海上驰骋的便利。基于此，这些来自草原上的游牧民族在爱琴海展开了文明史上的划时代发展，开创了殖民与掠夺结合的另类文明——"海上文明"或"蓝色文明"。

综览古今中外，人与大自然的相互关系、人的不断适应，以及人类提高自身的组织与技术能力，成了文明发展史的主线。这就是地理学上的人地关系，或中国传统的"天人感应"。在这人地关系中，人类的选择能否顺乎天意或天道，自然关系到某一个文明能否可持续发展。我们是否可从两河流域、埃及与印度河流域这三大古城市文明的终结，吸收到一些经验教训？我们亦能否用爱琴海的经验解读西方近500年的殖民帝国发展史？此外，这些西方的正反经验能说明什么？它们能否帮助我们解释为何中国城市文明能从龙山时代一直延续至今天，成为世界文明发展史上唯一延续不断的活文明？这些问题值得我们探究。

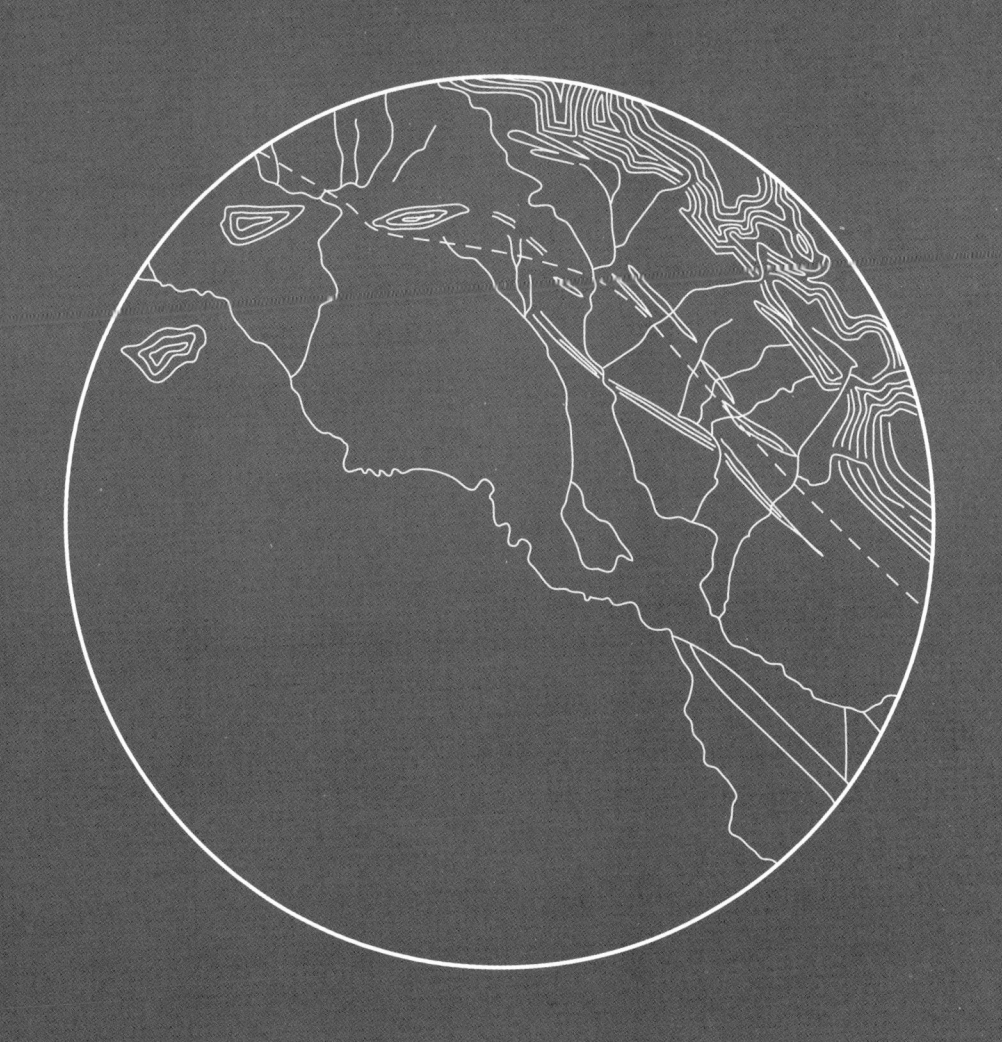

第一章

两河流域古城市文明

西方城市与西方文明的发源地

20世纪中叶之前,西方学术界一直以埃及文明,即埃及古城市文明,为世界最早的文明及西方文明的发源地。虽然两河流域的文化遗存在18世纪中后期起已不断地被发现,但当时仍未有足够的发现与权威研究以确立中东古城市文明,以及推翻埃及古城市文明为世界最早文明这个已被普遍接受的观点。

20世纪后半叶之后,西方学术界逐渐形成了一个新的共识:西方文明的发源地乃两河流域,而这个标志地区在其南半部,即苏美尔地区,那里于公元前3100—前2300年出现了苏美尔城邦(Sumerian city-states)。这些城邦拥有如下特点:(1)复杂的社会阶级结构,包括王的出现;(2)文字的出现;(3)青铜器的出现;(4)城市的出现。

这些特点满足了西方学术界如柴尔德等人有关文明的定义,因而苏美尔城邦文明被认为是世界最早的文明。有些学者甚至认为,这个文明在苏美尔人被灭亡(包括其语言亦消失)后,仍主导了中东及相关文明近1500年,包括古巴比伦王国与亚述帝国,以及之后兴起的希腊与罗马古城市文明。换言之,苏美尔、古巴比伦、亚述、希腊、罗马等城市文明是一脉相承的。

由于西方学术界普遍在文明与城市之间画上等号,而且在20世纪末，这些学者普遍认为古埃及的一个特色乃它是一个近乎"没有城市"的文明，因此可以理解他们为何在20世纪后半叶放弃了埃及，改而认为两河是世界文明的发源地。亦因如此，我们在本书的第一章将回答以下问题：两河南部的河口区及冲积平原为何自公元前5000年起，相对于两河上游及河谷周边山区以灌溉农耕后来居上，成为经济最发达、人口最稠密的地区，并孕育了城市、文字与青铜器？为何苏美尔存在一个明显的初城（proto-city）时期？为何它的城邦期（city-state）长达近800年，且城邦间长期争霸？为何它的统一帝国只建立了约300年便灭亡，连同苏美尔语言也一并消失？

两河流域与苏美尔的界定

常被提及的"中东"是个庞大的地域范围，包括今天的整个阿拉伯半岛、土耳其所在的小亚细亚半岛、埃及所在的部分北非地区和伊朗。如果仅仅指今天的国家土耳其、叙利亚、黎巴嫩、巴勒斯坦、以色列、约旦，岛国塞浦路斯，以及北非的埃及和利比亚，则便是范围稍小的"近东"。其中的小亚细亚半岛，又被称为安纳托利亚半岛（图1）。

在整个中东，最大的一片平原是幼发拉底河和底格里斯河之间的河谷平地。这两条中东最大的河流，在公元前5000年以前是各自流入波斯湾的，其河口远离今天的海岸线达300千米（图1）。两河之间的平原，被称为美索不达米亚（Mesopotamia，源于苏美尔语"两河之间"），泛称两河流域，总面积约20万平方千米。它的西边是叙利亚沙漠，北面是土耳其的托罗斯山脉，东北是伊朗的扎格罗斯山脉，南边濒临波斯湾。整个两河流域为一片状似新月形的沃土地区（图1）。

约以今天的巴格达为界，我们可将两河流域分为三个部分，即北部的古代亚述（Assyria）地区，或上游区（上美索不达米亚，Upper Mesopotamia）；南部的冲积平原，约在今天的巴格达和尼普尔之间，即古代的阿卡德地区（Akkad）；以及更南的河口区，即古代的苏美尔地区（Sumer，图2）。最早

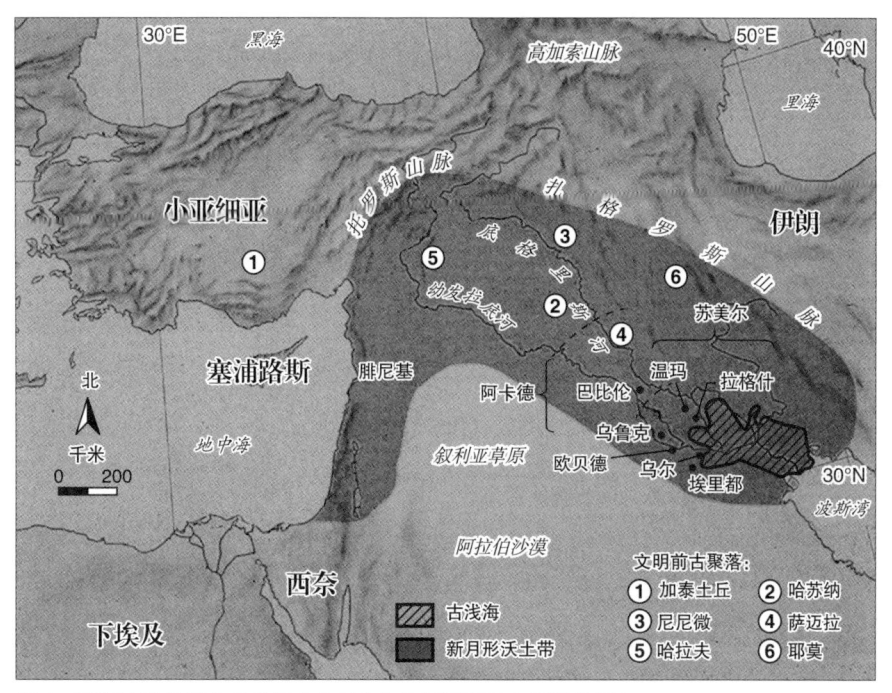

图 1　两河流域的沃土带及远古文化（本书插图系原文插附地图）

有人居住的是上游区。河口区有人类定居的时间最晚，该地区居民可能是从西北部上游山区迁移来的，构成了其后的苏美尔人，说苏美尔语，之后更以苏美尔语创造了楔形文字。定居于冲积平原的是闪米特人（Semite）的一支，他们说阿卡德语，但没有文字。公元前 4000 年后，阿卡德人多次南下河口区与苏美尔人杂处，并且采用了苏美尔的文字。在整个乌鲁克时期，后来居上的苏美尔文化，通过两河便利的航运与贸易，影响了整个两河流域。自城邦鼎盛期起，阿卡德和苏美尔在文化和政治上已发展到近乎一致，因为有不少苏美尔城邦的王的名字显示出阿卡德语的根源。不少学者甚至以公元前 1894 年建立的巴比伦国为基础，将阿卡德和苏美尔这两个地区合称为巴比伦尼亚（Babylonia）。因此，有时两河古城市文明似乎就等同苏美尔古城市文明（两河流域历史分期见表 1）。

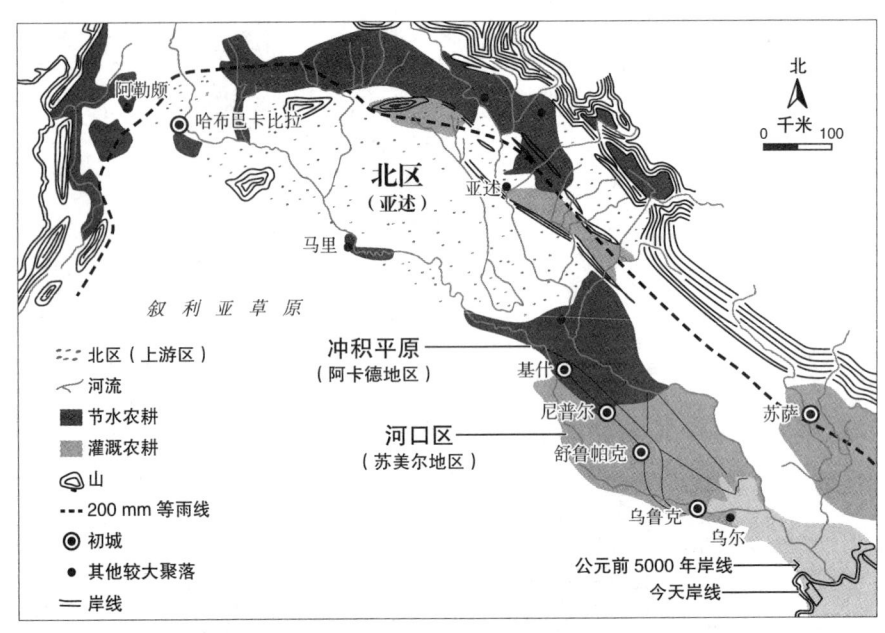

图 2　美索不达米亚分区与初城的分布

表 1　两河流域古城市文明进程

尼古拉斯·波斯特盖特 (Nicholas Postgate) 分法		本章分法		文明性质
年份（公元前）	考古学时期	年份（公元前）	时期	
5300—4000	哈拉夫/欧贝德	5300—4000	欧贝德	前文明
4000—3800	乌鲁克初期	4000—3400	乌鲁克	前文明
3800—3400	乌鲁克中期	—		前文明
3400—3200	乌鲁克晚期	3400—3100		初城
3200—3000	捷姆迭特·那色	3100—2900		城邦早期
3000—2750	早王朝一期	2900—2800	早王朝	城邦早期
2750—2600	早王朝二期	—		城邦鼎盛期早期
2600—2350	早王朝三期	2600—2550		城邦鼎盛期晚期
—	—	2550—2340		城邦鼎盛期晚期
2350—2150	阿卡德帝国	2334—2154	阿卡德帝国	帝国
—	—	2218—2041	古提人统治	帝国
2150—2000	乌尔第三王朝	2113—2004	乌尔第三王朝	帝国
		2047—1940	阿摩利人	外族统治
2000—1800	伊辛-拉尔萨时期	—		外族统治
1800—1600	巴比伦第一王朝	—		外族统治

文明前的地方文化与农村聚落

在本章，我们将按表 1 的时段来论述两河古城市文明的进程：（1）前文明的新石器文化；（2）文明前夜的初城时期；（3）城邦早期；（4）城邦鼎盛期；（5）统一帝国。两河流域的初城时期延续了约 300 年，城邦时期延续了约 800 年，这些都远长于其他古城市文明同一时期的存续时间。其间，城邦争霸以及王权与宗教的关系亦有与其他古城市文明不同的特色。

新石器时代早中期聚落

在新石器时代早中期，仅在两河北部的河谷平原及其东北和北面边缘的坡地和高地，初期的人类在节水农耕、森林采集及猎牧的基础上，形成了发展水平很低的、分散的早期聚落与地方文化（图 1、图 2）。南部两区，即阿卡德和苏美尔，地形低平，缺乏石、木、金属之类的资源，年降雨量不足 200 毫米，气温高且蒸发量大，因此人烟稀少。只有灌溉技术发明后，当地居民才能利用河水，进入农业生产阶段。最南的苏美尔地区，这时还在水平线之下，难以耕种，并无人烟。

于是在两河东北及北部边缘的扎格罗斯山脉和托罗斯山脉的山坡上，最早出现了原始村落耶莫（Jarmo，前 7000—前 6000）及加泰土丘（Catal Huyuk，前 7500—前 5600）（图 1）。加泰土丘虽然有房屋近千，但因为未发现宫殿或具有行政功能的房屋，其墓葬等遗迹亦没有显示社会阶级分化，更无专业手工作坊的痕迹，所以一般认为它不是城市，可能是一个位于贸易通途上的大型村落。

在稍后期，两河流域出现了早期聚落文化，如北面的哈苏纳（Hassuna，前 6500—前 6000）、中部的萨迈拉（Samarra，前 6500—前 5900），接着在北方的哈拉夫（Halaf，前 6000—前 5400），以及更晚的在南部河口区的欧贝德（Ubaid，前 5300—前 4000）（图 1）。这些聚落都是由从山坡上迁移而来的人口所形成的。

在耶莫文化的村落出土了石制锄头，人工种植的大麦、小麦和各种豆荚，驯化了的山羊和绵羊的骨头，大量野驴和瞪羚的骨头，以及蜗牛、橡果、阿月浑子（开心果）等采集物。这说明耶莫是个处于采集和猎牧业向农业过渡的定居点。在哈苏纳出土了箭头、石器、骨器工具和简陋陶器，而从较浅地层则发现了食物储藏室、石磨、烤面包用的简易炉灶、大量农具，以及牛、羊和驴的骨头，同时还发现了做工更为精细的萨迈拉陶器。在萨迈拉亦发现了公元前6000年的灌溉渠，显示那里的住民已经掌握了农业和灌溉技术。这些上河谷的地方文化，为后来向冲积平原阿卡德及南部河口区苏美尔迁移及定居的移民提供了必要的技术条件。

后来居上的河口区：欧贝德村落

因为地壳运动，两河流域的河口区地势上升，原来浅海的水位自公元前5000年开始下降。这个自然变化使波斯湾岸线逐渐南移，导致河口区原在浅海水下的冲积土逐渐露出水面。至河水水位与新露出的平地高度差不多时，人们无须建造大型灌渠，只用简单的方法引水灌溉，便可以种植大麦和枣。这些在公元前5000—前4000年间不断形成的肥沃且没有所有者的新耕地，自然不断吸引更多山区或上游的人口迁入。因此，两河流域南部的农业和农村的出现虽然较北部晚，但其新增的肥沃且易灌溉的土地，比上游地区更利于发展高产农业。同时，两河便利的水运也促进了区域内与跨区域产品的交换。

加上河口区丰茂的水草、沼泽、浅湖和河口的多样生态，苏美尔后来居上，反而比平原北部，包括阿卡德在内的地区，能更好地发展高产的多样化经济，支持更高密度的农村人口，并发展出更高水平的文化——欧贝德文化。

在欧贝德文化晚期（前4850—前4000），经济与技术进一步发展，出现了较大的人工灌渠，小村庄林立并延伸至河道5千米之外。苏美尔此时已成为两河流域人口最多、农业最发达的地区。较大的灌渠围绕着拥有更多农耕面积（约10万平方米）与人口达2000—3000的两个较大聚落——埃里都（Eridu）和乌尔（Ur）。这两个聚落与众多的小村落，形成一个二级聚落体系。它们位于灌溉农业的中心，亦是附近村落共同供奉神的宗教圣地。

这时期河口区以北的阿卡德即在冲积平原内（图3）。根据亚当斯（Adams，1981）的研究，那里村落规模小，数目不多。不过由于河口区生产效益高，在人口增加的同时，人均土地却在缩小，导致苏美尔区的人口更集中，村落减少，因此每村平均人口增加，聚落面积也扩大了。有人估计在欧贝德文化晚期，苏美尔的耕地面积达200平方千米（苏美尔地区总面积约6000平方千米）。不过不是所有当地居民都以务农为生，他们有些是半农半牧或从事渔猎，因此放牧与渔猎的面积亦不少。

欧贝德文化时期的村民以血缘家族为单位，住在泥砖砌的小屋里，使用陶制生活用具；村民间无财富的差别，但其中一个家族可能负责神庙及灌溉工程的统筹工作。一些遗址显示，当时已经有多余的农、牧、渔及手工产品（主要是灰陶器和纺织品），可用于交换其他地区的产品，因此产生了其他方面的社会分工，如务工和务商，使欧贝德文化沿着河道向北部和东部地区传播。这些非农业人口亦会聚集于一些运输便利的地点，其后这些地点逐步向城市转变，社会等级也更加分明。

欧贝德文化晚期的埃里都已成为南部最大的聚落，面积达10万平方米，人口估计为2000—4000。考古工作发现在现址上有多座神庙叠建于同一地址上。神庙面积已由公元前4500年时的14平方米扩大至公元前3800年时的180平方米，周围有众多的泥砖民居，说明埃里都已经成为一个大型的中心聚落，具备了初城的一些条件（彩图1）。后来的主要城市乌鲁克（Uruk）和乌尔亦发现了欧贝德时期的聚落痕迹（图3），

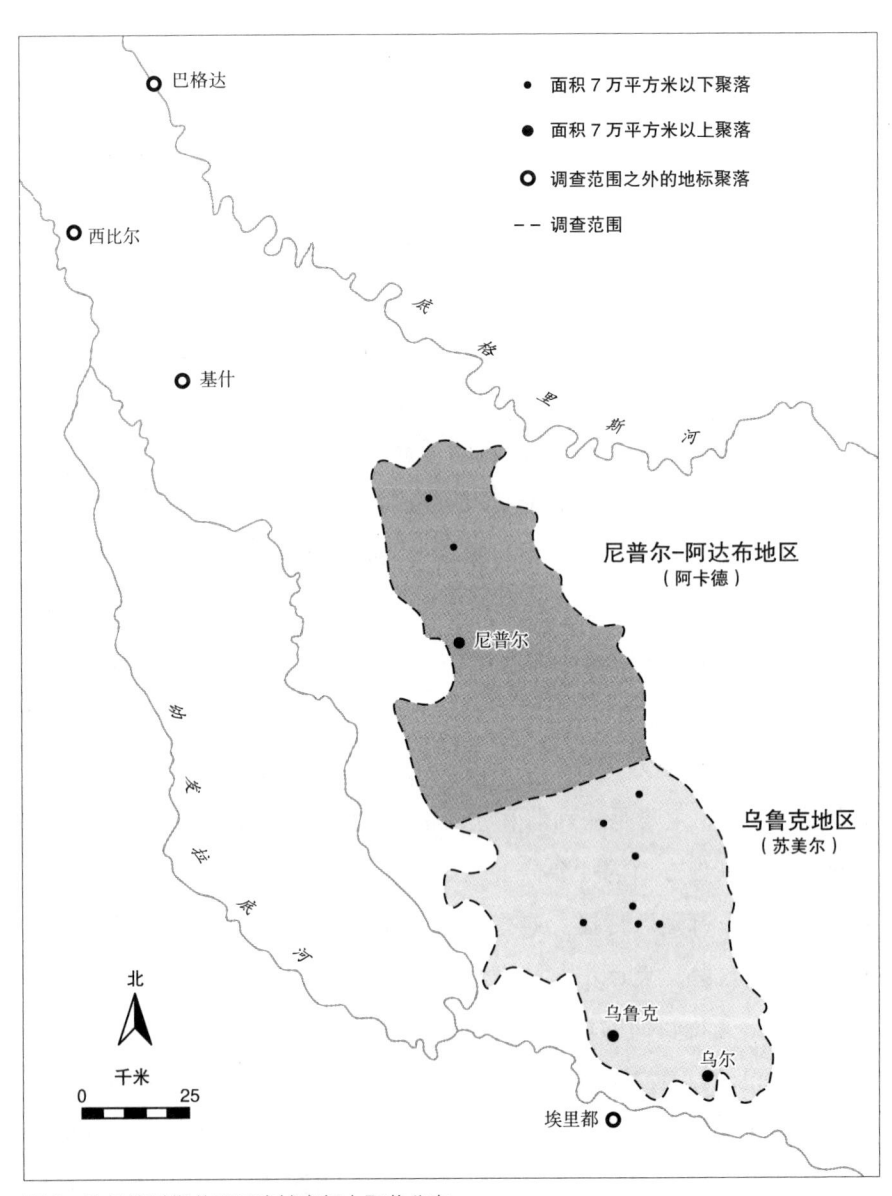

图3 欧贝德时期的两河流域南部古聚落分布

可见欧贝德文化是初城的前身，亦是苏美尔古城市文明的基石。

在欧贝德文化之后，两河流域进入了考古上的乌鲁克文化时期，又经过乌鲁克文化晚期的初城阶段，才进入了自早王朝起的古城市文明。两河流域的初城阶段是长约 300 年的铜石并用时代，而它的古城市文明期则是较长的，包括了处于青铜时代的城邦时代，以及帝国时代（表1）。相对于中国而言，两河流域的初城阶段属于新石器时代中期末，而其古城市文明期约等于中国的龙山时代（铜石并用时代）。苏美尔初城历时较长，资料较多，对研究初城的形成和特点有典范意义，因此，我们在下节先详细地探讨乌鲁克文化晚期的初城。

初城：文明的门槛（前 3400 —前 3100）

早期考古及文献资料缺乏

自公元前 4000 年起，城市与文明的一些基本元素，在苏美尔南部的埃里都、乌鲁克（当时只有被称为安努的神庙区部分）与尼普尔 3 个最大的聚落出现（图2、图3）。后两者约在乌鲁克文化晚期（前 3400—前 3100）或有可能已发展为初城，即处于大型农村与城市间的过渡性非农业性质的聚落。

要了解苏美尔古城市文明的进程，目前只能靠遗址分析和出土的文字与图像。在这些方面，苏美尔古城市文明与中国史前社会又有明显的不同，因为两河流域出土了大量特有的刻在泥板、石碑或石像上的楔形文字与画像。目前已出土的楔形文书载体（泥板）达数十万片，刻有楔形文字和画像的石碑与石像过千，这些文字刻制的时期最早可追溯至公元前 2800 年。而楔形文字的前身，象形符号的证物，其年代更早至公元前 3200 年（图4）。由于楔形文字约在公元前 2400 年后才成熟，并在公元前 2100 年后才明显地普及，所以有关两河流域的行政、重大事

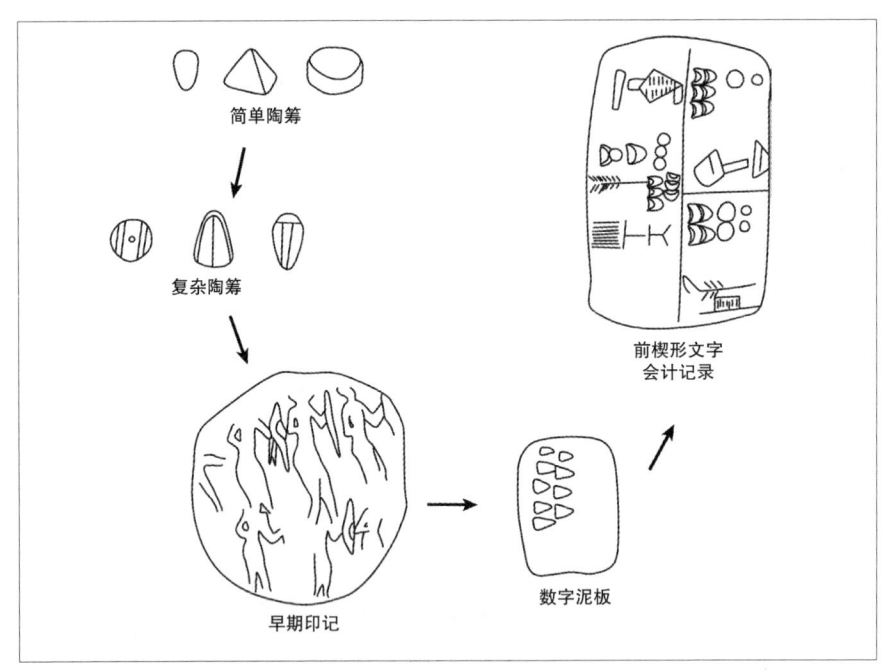

图4 楔形文字的演变过程（真正的记录性文字出现前）

件、王室世系、律法、文学创作等的记载，只在较后时期出现。虽然如此，两河流域仍是有现存最早文字记录的古城市文明。

目前在两河流域内发掘出的城市遗址有10多个，而且还发现了不少其他非城市聚落遗址。现在公认的历史时序，主要是根据欧贝德、埃里都、乌鲁克及迪亚拉地区（Diyala，属早王朝时期）遗址文化层的出土文物（包括泥板文书）排列而成的。由于主要的发掘是在1930年代或更早展开的，而发掘的主要目的是寻宝，所以发掘者对文物的出土地点鲜有详细记录。此外，用于检测年代的主要手段碳-14测年技术亦未出现，有关两河流域远古时代的详细分期存疑。有些学者按对日食与金星的观察记录推断，两河流域远古年代的年期只有在公元前1400年或公元前1646—前1626年的古巴比伦时期的王阿米·萨杜卡（Ammi-Saduqa）之后，才是较可靠的两个判断。同时，泥板上的记录亦不精确,特别是一些较古老的楔形文字至今仍未能完全解读。

因此,对两河流域史前史的理解,不能完全相信泥板的记录或一些考古学家的推论。比如著名的《王表》(King List)便共有27种版本,最早的公元前2000年的版本只遗留了一小片泥板。最详细的版本是在约公元前1800年时编撰的,里面不少信息与其他形式的记录,如铭文或其他考古发现有很多矛盾的地方。比如《王表》里没有重要王朝拉尔萨(Larsa)和拉格什(Lagash)。可幸另外发现了《拉格什王表》铭文,使我们知晓了这个重要邦国的世系及其事迹。

被称为世界最早的文学作品的《吉尔伽美什史诗》(The Epic of Gilgamesh)也流传着两种主要的版本,最早的编撰于公元前1800年,最晚的但被多数西方学者认为较可信的是在尼尼微(Nineveh)发现的公元前1200年版。该史诗称乌鲁克的城墙是吉尔伽美什建造的,而吉尔伽美什则被推测生活于公元前2700—前2600年间。1910年代,德国考古学家在乌鲁克发掘出了长约9千米的城墙,并推论其约建于公元前3000年。从遗址的其他资料看,该城在公元前3200年时才占地250万平方米,至其发展高峰时即约公元前2800年间占地才增至600万平方米(包括城墙占地)。城墙兴建的估计日期竟相差达数百年!对于遗址保持得更好、出土文物更多、年代更近的乌尔第三王朝,不同学者的年期判断亦竟相差约50年。虽然如此,本章仍尽量依据西方已普遍接受的年份,并参考多种不同的说法,以讨论两河流域古城市文明的进程(表1)。

初城的动力:苏美尔宗教观

在乌鲁克文化早中期(前4000—前3400),随着河口洪水不断退却及人工疏导,耕地面积增加。至乌鲁克文化中期,苏美尔和阿卡德的耕地总面积已达2100平方千米(比欧贝德文化晚期增加了近10倍,图5)。当充足的粮食供应支持了人口的增加并导致部分人口转而以贸易、手工业及其他特殊技艺谋生，不但大型聚落开始出现，而且其性质亦与一般农业聚落不同。但这是个漫长的过程，长达约1000年。在这过程中，自然环境的变化是重要环境因素，而宗教是促使人类有意识、有组织地配合和利用大自然变化的关键。对于这约1000年，加上其后城邦时期的发展，我们采用了亚当斯（Adams, 1981）在当地进行地表考古调查的成果，再以相关文献和其他考古资料为辅助，务求达致更清晰和具体的陈述与分析。不过亚当斯的研究也存在明显的缺点：（1）他对于苏美尔地区和阿卡德地区的划分并不准确，把尼普尔以南的部分苏美尔地区也划为了阿卡德地区；（2）两个地区的覆盖范围亦不完整（图3、图5、图7、图10、图11）。但他揭示了两大地区在不同时期所发现的大小各异的聚落及其分布，这是本章的重要资料来源。

自欧贝德文化晚期起，宗教一直是最强大的、超乎血缘氏族的社会力量。圣迹是宗教的核心，也是经济和文化活动的主要机构，它维系及组织周围的农民，并与灌溉农业联系非常密切。当时最重要的埃里都圣迹是一片露出地表的透水石层，它提供了优质饮用水，因此埃里都的神就是水神，并且成为欧贝德时代整个苏美尔的主神。苏美尔的其他神也与自然事物相关，如天空、大地、月亮、星辰，还有自然界的各种生灵。人类的繁衍生息，甚至庄稼的生长、牛羊的驯服、疾病的治疗、文字和法律的发明，也都被理解为得益于不同的神的力量。

神也具有人类的行为和情感，如神会结婚、生儿育女，也有喜怒哀乐。众神亦有明显的等级与功能。人类生存的主要目的就是要为神工作，供奉神便会得到它的庇佑。因为神是与自然结合的，每个地方便有不同的主神，圣迹（神庙所在）则是它们的居所，因而每个主要聚落会供奉不同的神，民居也环绕圣迹搭建。是以圣迹/庙宇成为聚落的核心，换言之，聚落是因圣迹而形成的，是宗教力量把早期农耕人口凝聚成聚落的。

最高级的大神安（An）或安努（Anu）掌管天空，它的城市是乌鲁

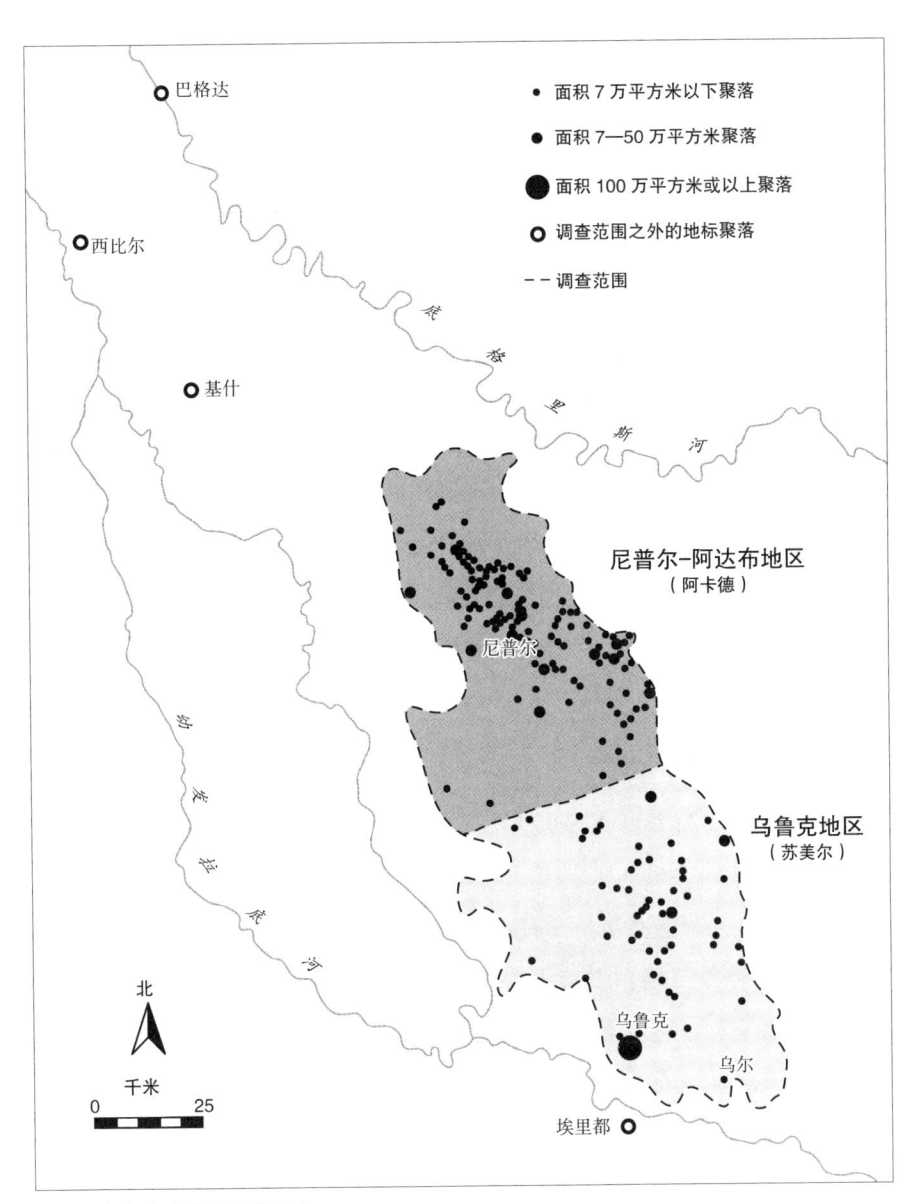

图 5　乌鲁克中期的聚落分布

克；大神恩利尔（Enlil）位居第二，它是安的旨意的执行者，掌管风和空气，尼普尔设有它的神庙。这些大神的主神庙所在，后来都成了城邦时期的主要城市（表2）。

表2 两河流域古城市文明主要神祇及其代表意义、代表城市

苏美尔／阿卡德神祇名称	主要象征／代表意义	代表城市
安／安努（An/Anu）	天空	乌鲁克
恩利尔（Enlil）	暴风	尼普尔
宁胡尔萨格／启（Ninhursag/ki）	地母	基什
乌图／沙玛什（Utu/Shamash）	太阳、公义	舒鲁帕克／拉尔萨
伊南娜／伊什塔尔（Inanna/Ishtar）	爱神及战神	乌鲁克
恩基／埃阿（Enki/Ea）	水神、智慧及知识	埃里都
南纳／辛（Nanna/Sin）	公牛神及月亮神	乌尔
宁利勒／穆里图（Ninlil/Mulliltu）	谷神	尼普尔
尼沙巴（Nisaba）	谷、芦苇及书法神	温玛
伊什库尔（Ishkur）	雷雨及藜神	拉格什
涅伊特（Neith）	蜘蛛及纺织神	塞易斯

宗教促使初城出现

上述的神、自然和人之间的关联，换一个说法乃有自然地理优势的地点显示了神的力量，吸引了人的聚居。这个逻辑可以通过埃里都的发展得以印证。在埃里都，它的首个神庙遗存出现于欧贝德文化晚期。从一个较小的神位与祭台发展至乌鲁克文化晚期形成的一个近20万平方米的中心神庙区，埃里都经历了近千年的时间。

约在乌鲁克文化中期，两河南部苏美尔的聚落数量增加，规模差异也在加大，出现了多个三级聚落体系，形成了以神庙为中心的多个聚落群。在每个聚落群中，小型聚落不规则地聚集在一起，很少出现直排式分布；每个聚落群外都有大片半牧半耕的沙漠或沼泽。这时的灌溉只靠临时修筑的水坝来控制泛滥的洪水，不需要太多资金或劳动力，因而也

就不需要统筹或官僚机构。

这时的村落或小型聚落都分布在相互交叉、自然形成的支流旁边，每个聚落群都有一个以地方神庙为中心、规模较大的中心聚落。最大的两个聚落是乌鲁克和尼普尔，它们是整个苏美尔的宗教中心，分别是天神安努和风神恩利尔的主庙所在。作为苏美尔文明的"圣城"，尼普尔是主神恩利尔的居所。恩利尔是安努旨意的执行者，得到恩利尔的祝福，是日后城邦霸主、盟主及其后帝国时代的王室都要争取的目标——在尼普尔供奉恩利尔，为它建庙或修庙，被它封为"基什王"。在公元前3800年，乌鲁克和尼普尔这两个聚落的面积已超过20万平方米；它们之下还有大量的中型聚落（面积为5万—10万平方米）及无数分布在中型聚落周围的小型村落（图5）。但在两河中部的冲积平原，聚落较大，数目亦较稀少。

至乌鲁克文化晚期，随着河口区的深度开发，大部分耕地（约1500平方千米）已集中在苏美尔。同时，聚落的分布形式也发生了变化，形成了以大型聚落为中心的、直排式的分布，显示人们开始在水坝外采用直而长的人工水渠来保证在更广大地区的用水，在不同地力条件的土地上展开了主粮、果木种植，家禽饲养、放养，以及渔猎等多种经济活动（图6）。由于保证了水源，农产增加，加上河道的连通，多余的粮食可以远途交换，这也促进了手工业的发展。在这个过程中，小型村落在减少，进一步形成了一个四级聚落体系，而介于村落和城市之间的大型聚落乌鲁克逐步成为初城。它的面积由公元前3500年的60万平方米扩大至公元前3400年的100万平方米，乌鲁克成为苏美尔乃至整个两河流域的最大聚落，甚至在它的30千米半径内也没有发现一个大型聚落。而此时的埃里都似乎已被废弃，乌尔则只是个10万—15万平方米的二级聚落。

在稍北的阿卡德区只有一个约50万平方米的二级聚落（图7）。考古学者估计在此时的苏美尔地区，全部聚落的总面积达477万平方米，比乌鲁克早中期时增加了一倍以上，而在阿卡德地区，聚落的总面积却

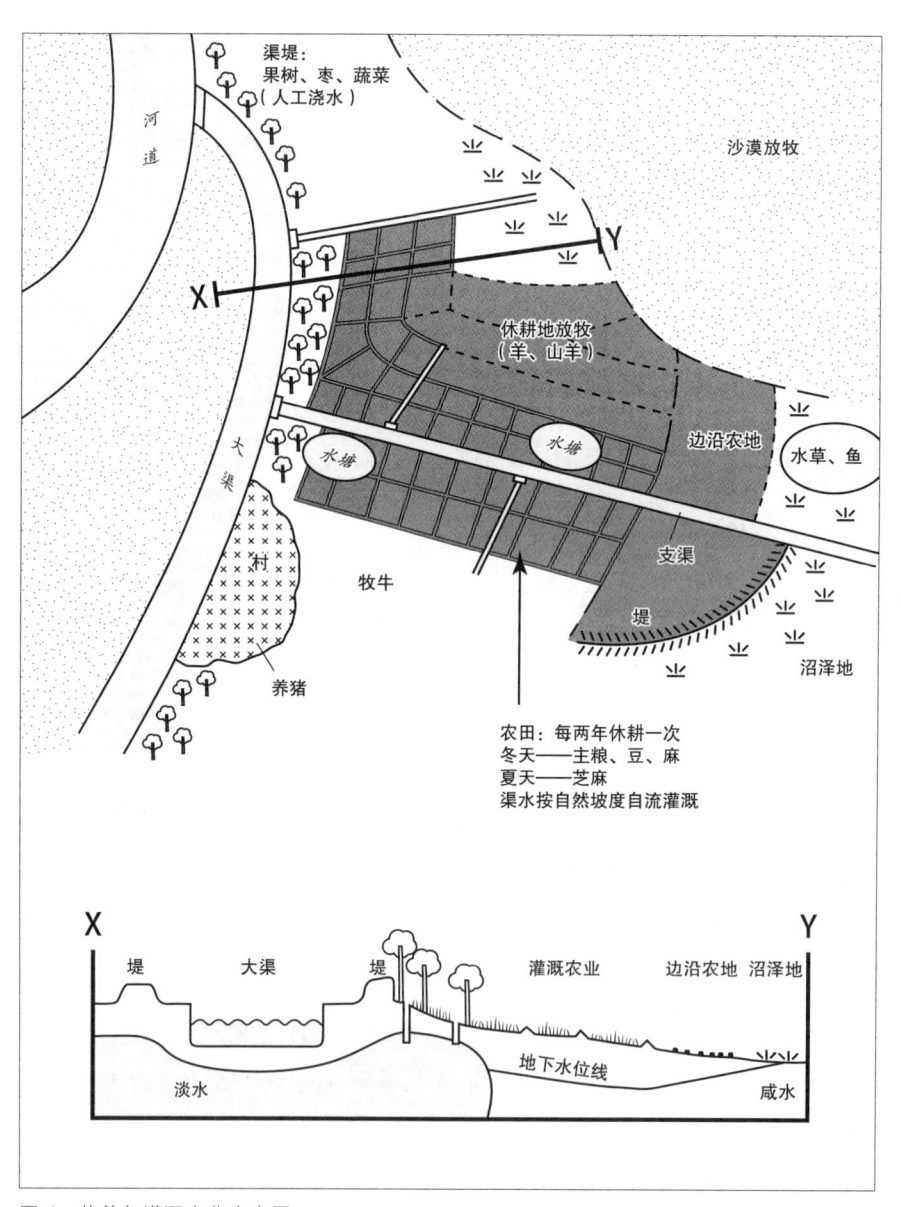

图 6 苏美尔灌溉农业生态图

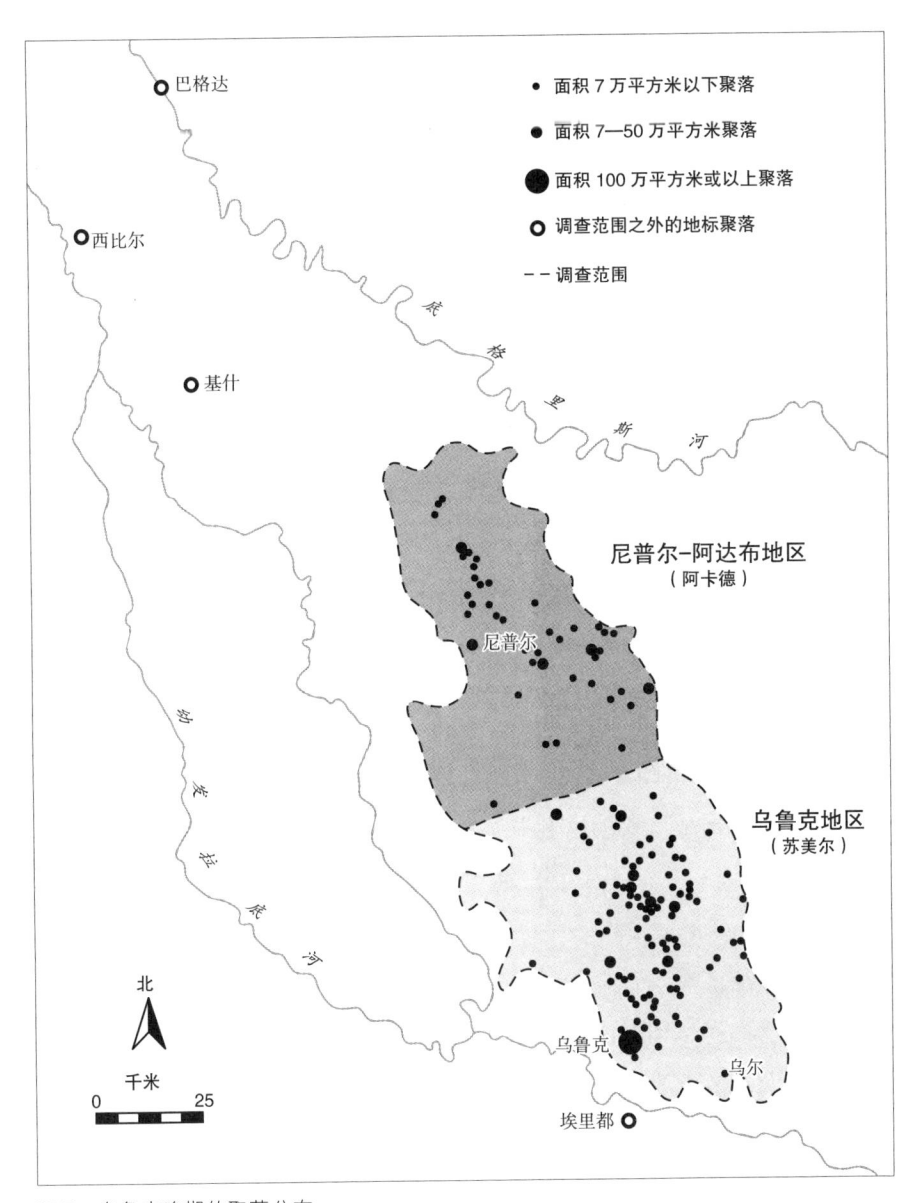

图 7　乌鲁克晚期的聚落分布

减少了一半，显示阿卡德人口在减少。其背后原因是气候变化，这导致冲积平原上的幼发拉底河河道西移，影响了阿卡德灌溉农业的收成。若以每万平方米聚落面积有200人估计，则这时的苏美尔总聚落人口在10万左右，阿卡德则只有约5万人。在阿卡德以北的亚述或上美索不达米亚，聚落虽有增加，但都是以小型农业聚落为主。稍大的聚落都位于河岸或贸易通道上，为苏美尔的对外贸易服务，很可能是苏美尔人和阿卡德人的殖民点或贸易站。

当时的苏美尔和阿卡德居民除经营农业和渔牧业，已有部分专门从事烧陶和采石行业。这一时期，铜器大量出现，如铜制武器。人们还打制金银器皿等。陶器制作已普遍使用陶轮，并制造磨光彩陶，不过石斧、石刀、陶镰仍在继续使用。至乌鲁克文化晚期，已初步产生了奠定苏美尔文明的三项特征，即大型的神庙及公共建筑、圆柱形的印章和早期文字。

基于此，可推断此时乌鲁克和尼普尔两个较大聚落已成为初城。当时的初城可能还包括哈布巴卡比拉（Habuba Kabira）、基什（Kish）、舒鲁帕克（Shuruppak），以及在苏美尔东部毗邻埃兰地区（Elam）的主要城市苏萨（Susa）（图2）。然而和尼普尔一样，考古资料及其他证据只能显示后四者都是重要的宗教及贸易聚落，没有更具体的资料。

乌鲁克初城

神庙与神庙经济

今天巴格达以南约150千米的乌鲁克遗址，在公元前3400年时是苏美尔最大和最重要的聚落所在，建成面积达100万平方米，人口估计有4万。在它之下，是27个面积不超过15万平方米的中型聚落，再之下是80个面积少于6万平方米的村落。这些大小不同的聚落在一个半径约10千米的地域内，形成一个三级聚落群（图5）。群中的次级聚落都有自己的灌溉系统，并向中心聚落或首都乌鲁克提供粮食。通过两河水道，乌鲁克初城的影响更远达150千米之外，并以多余的粮食和手工业制品交换苏美尔本身所缺乏的、来自东北部与西北部山区的金属、木材、宝石、优良石材等。

苏美尔的第一种原始象形文字（或近似文字，是楔形文字的前身）是在基什出上的，时间约为公元前3500年（彩图2）。楔形文字泥板最早是在乌鲁克出土的，分属不同年代，总数约5000块。最早的属乌鲁克文化四期（前3200—前3100），用于记录商贸活动和神庙中资源的储存与分配，如记录粮食、啤酒和牲畜的具体数量等。这些早期楔形文字仍不能记录体制、言语和文学，其功能与自公元前5500年已经存在的陶筹与印章相差不大。这时的乌鲁克亦出现了青铜冶炼技术、犁、战车和帆船，采用快轮及模具制造陶器，并使用滚筒印章（彩图3）。金属加工出现了整体铸模、两瓣铸模、熔锻金属片或铜丝，以及失蜡法等技术。在艺术方面出现了大型雕刻艺术品，如大理石公牛雕像、伊南娜女神头像、乌鲁克石膏瓶等，形象地展示了当时结合了宗教和世俗的领导人物与神庙供养者的活动（彩图4、彩图5）。这些文字泥板和艺术品都是在伊南娜庙宇区被发现的，显示宗教不但主宰着经济和政治，同时也控制了文化。在沿河交通要点上建立的一些商业殖民地，显示乌鲁克初城已通过远途贸易将其文化影响扩散到今天叙利亚、土耳其、伊朗、埃及和巴勒斯坦等国家所在的区域。

初城的神庙是祭祀场所与政治中心，也是经济主体，还是农业生产的组织、储存与分配中心，因而以神庙为核心的乌鲁克初城经济被称为神庙经济。神庙经济掌握在初城首领，即祭司王手里。他兼有世俗和宗教双重领导人身份，居住在神庙里。祭司王由主要家族推举，有任期限制。在重大决策前，他还要向贵族会议和公民大会（参与者即具有公民权的居民）咨询。著名的乌鲁克瓶画（彩图5）显示了当时的社会结构及主要的生产与祭祀活动：百姓的生产是为了供奉神，而祭司王（画中穿着华丽而个头比一般百姓大很多的人物）是神的代理人，由他组织生产和供奉神。画中的祭司王谦卑地站在女神前，引导百姓向神贡献不同的祭品。从一些器皿、滚印和装饰上的图像可以推测当时存在四类人：结有马尾发型的妇女，从事纺织及在供奉行列中执持盛物的瓶罐；有胡须或其他男性性征的男人一般是公民；没有性征且光头的是奴隶，从事耕作、看守、或饲养动物、参与打猎，手持瓶或物品等；有须发、戴帽、有特殊发式、穿裙的男人是贵族、僧人或管理阶层，监督他人劳动，主持宗教仪式或狩猎等（彩图5、彩图6）。这些画像形象地显示了当时宗教的领导地位，也反映出当时社会已存在一定的分工和阶级分化。

对于这时期神庙的功能，莱克（Leick，2001）有如下说法：（1）在国家出现前的社会，物品的交换需要仪式化，并在公众目光下进行，以显示公正且有公众的认可；（2）投资于庞大的公共建筑可以通过责任与劳动力的承担以巩固共同的文化身份，提供一个夸耀财富、专业和团结的地标，并为本地文化和意识形态提供向外传播的平台。波洛克（Pollock，1999）认为，公元前4千纪后段的神庙并没有真正地垄断经济，与其后的公元前3千纪的垄断性神庙经济不同。这时的家庭除了满足自身所需，还向神庙缴纳一些多余的物资，供宗教人员生活及祭祀之用。他们亦为神庙提供力役。不过有资料显示，一些手工业，如纺织和制陶已经专业化，并由神庙控制。

初城的建筑与结构

乌鲁克是在1849年至1938年间被发掘得最多的两河流域城市。人们在遗址上发现了横跨3000年的不同年代的多个主神庙及城墙，揭示了它由欧贝德文化时期的一个小型圣迹发展成大型农业聚落、初城，乃至重要邦国的首都等的不同阶段。按《王表》记载，麦斯江伽舍尔（Meskiaggasher）在埃安纳（Eanna）为王，其子恩美卡（Enmerkar）在乌鲁克为王，而隔了两代的吉尔伽美什在库拉巴（Kullaba，后名安努）为王。这里按时序提到了三个地方，即后来乌鲁克初城内的埃安纳、乌鲁克和安努。最早的居住中心是围绕苏美尔最早的塔庙——大神安努的塔庙（公元前 3500 年始建）——形成的。其后以伊南娜神庙（公元前 3400 年始建）为核心的埃安纳也发展起来，规模逐渐超越安努。后来埃安纳继续扩展，将安努并入，成为乌鲁克初城，后者总面积约 100 万平方米（图 8）。

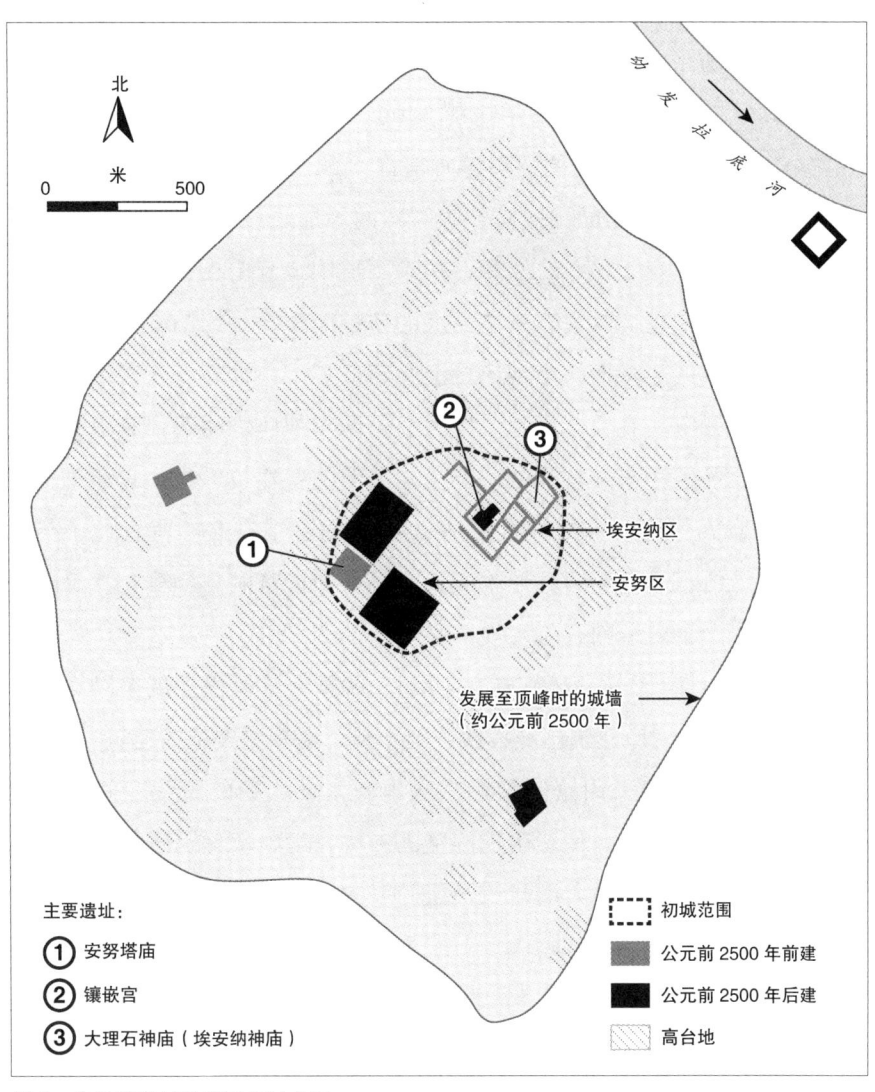

图 8　乌鲁克初城的范围和核心区

安努的前身库拉巴可能是一个独立的政治体。按史诗的叙述，吉尔伽美什最初很可能是与乌鲁克并列的库拉巴之王，他把乌鲁克置于统治之下后，王衔未变，仍为"库拉巴之王"。"库拉巴"意为"乌鲁克之后裔"。这大概就是苏美尔史诗把恩美卡称为"乌鲁克之王""库拉巴之王"的原因，而两者的合并约在公元前3400年。

这时期的神庙较欧贝德文化时期的规模更大，建筑宏伟壮观，形成了伊南娜神庙中心区。公元前3400年，塔庙的西南角加建了一座大理石庙（彩图7）。在初城早期（约前3400—前3300），伊南娜神庙是建造在公元前4000多年前的欧贝德神庙之上的，最早的大型礼仪性建筑是建于公元前3400年的镶嵌宫，该宫殿的原址之前亦是个欧贝德小庙。这个庞大的建筑有28米×19米，两条廊道围绕着中央大堂，旁边亦有多个小堂。整个建筑外边有一堵巨大的防护墙环绕。约100年后，区内东部的另一欧贝德时期的小神庙之上又建造了一座大理石庙以供奉伊南娜女神。为了便利贵族会议与公民大会，两座神庙之间建了有盖的大庭院作为会议场所。镶嵌宫开创了苏美尔文明的新建筑形式。它建于大理石台基上，大厅柱廊由两排直径达2.62米的柱子拱立。所有柱子与围墙都以红、白、黑色的圆锥形物镶嵌，显得神奇富丽（彩图8），反映了当时的生产力、艺术创意与发展水平。

在初城后期（约前3200—前3100），乌鲁克总面积扩展至约250万平方米。早期的三座建筑已经拆毁，但新建了更多更大型的建筑（图9）。这时的建筑已普遍采用镶嵌装饰，区内有多处大型的公共空间供大型集会之用。里姆辛是一种新出现的坚固砖块，里姆辛建筑就是以这种建材为主建成的。之后的大型建筑乃至后来的城墙也主要是以这些砖来建造的。

波洛克（Pollock，1999）认为，乌鲁克晚期的大型建筑，无论是神庙或是会议建筑，都采用了开放式的设计，有很多门廊，使人流可从多条路线穿越建筑物及它们之间的庭院。大型公共建筑，有些是仓库、办

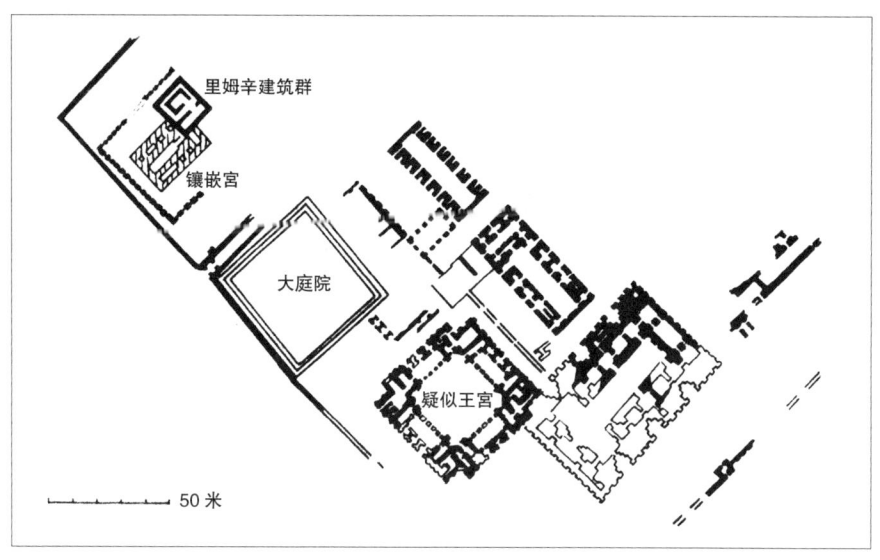

图9 埃安纳区晚期新建筑"王宫"出现（资料来源：H. J. Lenzen，1974）

公室与抄写档案的场所。相关的文化层亦出土了大量模制的粗劣陶碗。同一款陶碗在埃兰与两河流域北部地区的同期遗址亦被大量发现，而且占了有关遗址内被发现的破陶的一半以上。对此，查瓦特（Charvat，1993）认为，当时的乌鲁克神庙从各地收来了不同的产品（主要是粮食），除了供奉神亦分派予民众，这些陶碗就是分派食物或粮食的工具。在这时期的文化层未发现王宫及较高级的贵族住宅，墓葬亦没有反映出明显的阶级分化，这似乎仍是个较平等的社会，加上仍未出现文献，特别是与典章制度有关的文字记录，因此这个近似城市的聚落应是个初城。

　　乌鲁克初城是没有城墙的，因为在苏美尔地区此时还未有强大的敌对力量出现。这一推论也与前述的《吉尔伽美什史诗》中有关乌鲁克王吉尔伽美什打败基什王（约发生在公元前2700—前2650年），取得苏美尔盟主地位，以及由他建造了城墙的记载吻合。然而，远离乌鲁克1300千米，在幼发拉底河上游，出现了一个属于乌鲁克的贸易重镇哈布巴卡比拉，这个聚落就有城墙。其所在地之前没有聚落痕迹，它似

第一章 两河流域古城市文明 45

乎是因应乌鲁克远途贸易所需而新建的特殊殖民地聚落。哈布巴卡比拉的防守性城墙开有两门，墙内面积 12 万平方米，城中央有个堡垒式地区，内中有大型公共建筑。城内更有码头区、住宅区，还有一些可能是手工业区。城中主路有路面与人造排水设备。但这个聚落在使用了 100—150 年后便湮没了。

上述的论述使我们认为：在公元前 3400—前 3100 年，乌鲁克已是两河流域最大的非农村性质的大型聚落，是个正准备跨越文明门槛的初城。它仍未有用以记事的成熟的音节文字和明显的典章制度。同时，在它的社会中，氏族血缘关系的影响仍大，特别是王权与国家仍未出现。氏族血缘关系的衰落和国家的兴起是一种相生的关系，正如费根所言："国家乃由一个精英权力核心所掌管的政治单元，这个核心的权柄与血缘关系切割……一个新的管治体系环绕着对核心的忠诚而形成。"

城邦初期（前 3100—前 2800）

文书文字与典章制度

易宁（1994）将两河流域的古城市文明发展分为早期（前 3100—前 2800）与城邦期（前 2800—前 2340）。他划分的第一期正好就是本节所说的古城市文明形成期或城邦初期，而第二期就是下一节将涵盖的城邦鼎盛时期。这一分段大概源于尼森（Nissen，1988）将两河流域古城市文明分为早期高度文明时期（前 3200—前 2800）与城邦争霸时期（前 2800—前 2350）。

真正城市的出现是一个漫长的过程，难以确定哪一时间为起点。但其中有两个重要指标：文字的出现和国家的出现（王的出现与社会阶层的高度分化）。以苏美尔语为基础的较成熟楔形文字是在公元前 3100 年后才逐步形成的（表 3），而最古老的记录制度的楔形文字泥板，则出现于公元前 2900—前 2600 年间。它们分布在乌鲁克、基什与埃兰的苏萨等地，内容都与经济活动有关，是分门别类的物名。它们被称为"辞书文献"，属于"经济文献"。其中较后期的，也记载了以等级高低为顺序的王、官职与职业名称，反映了成熟的劳动分工和社会阶层。因此在两河流域，国家和具有行政管理功能的文字最早在乌鲁克及基什形成，其后传播至苏美尔其他地区，以及与苏美尔有密切商贸关系的两河地区及其外的城市，如苏萨。另外也可以推断，真正城市文明的出现应与这些文献同时。这个推论与后来的一些文献吻合，如《王表》记载：基什是首个有王的城市。考古资料佐证了到目前为止最早的王宫是在基什出土的，时间是公元前 2800 年。

表 3　楔形文字字形的演变

字义	公元前 3100 年	公元前 3000 年	公元前 2400 年	公元前 2000 年
头				
面包				
吃				
牛				
犁				
地方				
数字 10				
数字 1				

乌鲁克是两河流域首个真正的城市

因此，到公元前 3100—前 2900 年，被称为文明与复杂社会的三大要素——城市、国家及文字——可能已在乌鲁克同时存在，而乌鲁克亦由初城演变成一个真正的城市（这情况也可能同时出现于基什，但我们没有相关资料）。但以"城市革命"来形容这个过程似乎忽略了它是一个连续不断的长过程，如由初城开始，乌鲁克的这个过程自公元前3400年起，经过了长达300年才逐步完成。与此相配的还有手工业的专业化，以庙宇和宫殿为代表的宗教和世俗管治权的更大集中，贸易的扩张，军事力量的出现，等等。

城市之所以是文明出现的关键元素，不单因为它是所有文明元素的主要载体，亦是因为它显示社会进步至一个新阶段，就会给予人一个非氏族和非血缘的身份认同。正如前述，在乌鲁克中期，苏美尔的大型聚落是以庙宇为基础的，由神的世俗代表祭司王管理。这些领导者既是宗教领袖——苏美尔文字称他为恩，即主祭司，也负责灌溉、运河和神庙的相关事宜，而且他是由贵族会议和公民大会推选出来的，不能世袭。

随着农业经济与远途贸易的发展，初城出现了更多的专业分工和庞大的非农业人口或城市人口。它们需要有个中央威权来负责管理与组织，以使货物与服务能畅达流通、社会平稳。于是在神庙的管理层中，逐步形成了配合这些需求的新经济精英与行政官僚。在乌鲁克埃安纳区出土的辞书文献的15个表（包括公元前3100—前2900年的版本和公元前2750—前2500年以较成熟文字撰写的版本，即"人表""职业表""牛表""鱼表""飞禽表""猪表""树木表""贡物表""植物表""容器表""金属表""食物表""城市表""地域表""借词表"），体现了这一新管理体制在公元前3000年左右已经存在，同时体现了城市核心也是政治、行政与宗教中心，是国家及城市文明已经出现的证明。

"人表"和"职业表"中的人或职业是按等级排列的，国王排在第一位，之后是各种官职，然后是再次一等的职业。而一个职业又被细分成3—4级，显示了在一门手艺中的技师、熟练工、学徒及一般工人的区别。在官职中，有主管城市、耕犁、诉讼、军队等的官员，此外，还有

"议会长""朝臣""大使"等职务名称。显然，除了中央行政的出现，当时已有一个复杂的金字塔式的政府系统和行业系统，而这些体制应该在这些文字记录被埋没之前已经存在相当一段时间。通过对这些泥板经济文献、遗址、石刻与金属铭文、《吉尔伽美什史诗》和《王表》的考证与分析，我们认为乌鲁克约在公元前3000年可能已是一个真正的城市，进入了古城市文明，处于城邦初期。

这些在乌鲁克四期后出现的辞书文献，道出了以王为首的中央到地方的行政架构，以及高水平的、细致的社会分工。然而乌鲁克的核心埃安纳在公元前3100年仍没有出现独立的王宫，主要的新的大型建筑都有T形内部结构，应是神庙建筑（图9）。从出土的文物看，和初城时期一样，王的居所及其行政办公的地方仍然和神庙结合，反映了宗教在古城市文明初期的力量；政教分离是在城邦时期才逐步发展的。大概在公元前3000年，安努塔庙的高台上加建了一个白庙（彩图7），后者成为城市的新高点，可能代表了一种新价值观：真正的统治者仍然是神，但王正式成为他的仆人或代表，是另一种"王权神授"的表达方式。安努区出土的约1500块辞书文献，显示它此时已成为新的行政中心，王亦居于此。

核心区的大型建筑都是在之前的建筑被拆毁后，利用其物料及场地建成的。但其中的红庙所用的石灰石乃采自乌鲁克以西约80千米的地下石灰石层。埃安纳的大庭院是个低陷的大空间，四周各有两排座椅，而中庭似乎是个有水道灌溉的大花园，其功能未能确定。不过，肯普（Kemp，1986）认为，埃安纳大型建筑的平面、方向及人流安排，反映了这些建筑可能具备的多种功能，包括宴会、仓储、祭祀、接待、巡游及决策等。此时的乌鲁克仍没有城墙，全城面积为440万平方米。

公元前2900—前2800年，乌鲁克经历了一次大变动。在核心区的大型建筑都被毁掉，其后在同一场地出现风格完全不同的新建筑，如在大庭院周围的建筑被浴池及夯土建筑替代。这时乌鲁克城邦被基什征服，之后被基什统治了近 200 年，并逐渐走向衰落。

城邦鼎盛期（前 2800—前 2340）

城邦鼎盛期的分期

乌鲁克文化晚期有个延伸期，称为捷姆迭特·那色时期（Jemdet Nasr，简称 JN，约前 3100—前 2900），但在乌鲁克遗址并不存在这时期的文化层。在两河流域南部的苏美尔，考古成果显示这时期的城市在倒退，但却出现了很多新农村；亦有迹象显示人口由北面的冲积平原阿卡德向南面的河口区苏美尔迁移（这正是基什征服乌鲁克的时间）。由于资料不足，我们跳过了可能是早期城邦末段的约 300 年，以公元前 2800 年为起点讨论两河流域的城邦鼎盛时期及其古城市文明的演进。

易宁从国王与宗教领袖二者间关系的演变出发，把城邦鼎盛时期分为早期（前 2800—前 2550）与晚期（前 2550—前 2340）。晚期约始于早王朝的Ⅲa文化层（前 2550），这亦是最早的苏美尔地区文字档案出现的时期。我们以此作为城邦鼎盛期的分期，以体现这一城邦争霸期的社会、城市与政治变化。

城邦鼎盛期的邦国及城市化

早期（前 2800—前 2550）

在邦国发展最盛时，今天的波斯湾至地中海的整个两河地区出现了众多邦国及其势力范围。当时有 100 多个城市，邦国数目可能达 30 个，平均每个邦国有 2 万至 10 多万人口。最大的邦国乌鲁克（约前 2800—前 2500）的主城面积达 400 万平方米（不包括城墙占地面积），主城人口 5 万—8 万。亚当斯（Adams，1981）在原苏美尔和阿卡德部分地区的地表古遗址做了调查，其调查资料是目前唯一在较大范围内显示邦国早期和晚期的聚落分布情况的实证材料。我们以此为依据，配合其他资料以讨论邦国的发展（表4）。

表4　乌鲁克文化时期尼普尔-阿达布地区及乌鲁克地区的地表聚落面积（单位：万平方米）

时期	尼普尔-阿达布地区	乌鲁克地区
乌鲁克文化早中期	374	198
乌鲁克文化晚期	198	477

在这时期的早段（约前2800—前2750），调查范围内发现城市76个（图10），最大的是乌鲁克，是苏美尔唯一的大城市。在阿卡德，面积约50万平方米的较大城市有阿达布（Adab）和尼普尔，还有面积约25万平方米的舒鲁帕克和阿布萨拉比克（Abu Salabikh）。但由于阿卡德最大城市的基什（面积约50万平方米）位于北方，所以不在调查范围之内。这时期仍有不少面积小于7万平方米的村落，估计两河流域南部的城市化率只有约20%。古老聚落埃里都已因河水问题被废弃，至于在两河流域北部的上美索不达米亚，来自南部的影响在下降，城市衰落，有些更退化为农村。两河出现了河流改道、水流量减少的现象，为争水源和河岸商业点，城邦间常发生战争。不过它们之间也常结为同盟，以协力保证水源充足和贸易通道畅通，以及减少战争的损耗。乌尔出土了一个"城邦印"印迹，上有13组符号，代表了13个结盟的邦国，是城邦联盟的印证（彩图9）。据《王表》记载，基什是第一个城邦盟主，它在约公元前2660年被乌鲁克打败，盟主地位被乌鲁克夺去。基什的居民本是闪米特人，他们于早王朝初期自沙漠进入基什，说阿卡德语。其后他们中的不少人南迁至河口地区，与苏美尔人混居，成为两河文明不可分割的部分。

之后两河流域南部形成了南北两大同盟，南方同盟以乌鲁克为核心，北方同盟以基什为中心。城邦盟主的主要功能是调解城邦间纠纷，要在圣城尼普尔接受加冕，并在基什建庙，实际上是盟邦太上王。如

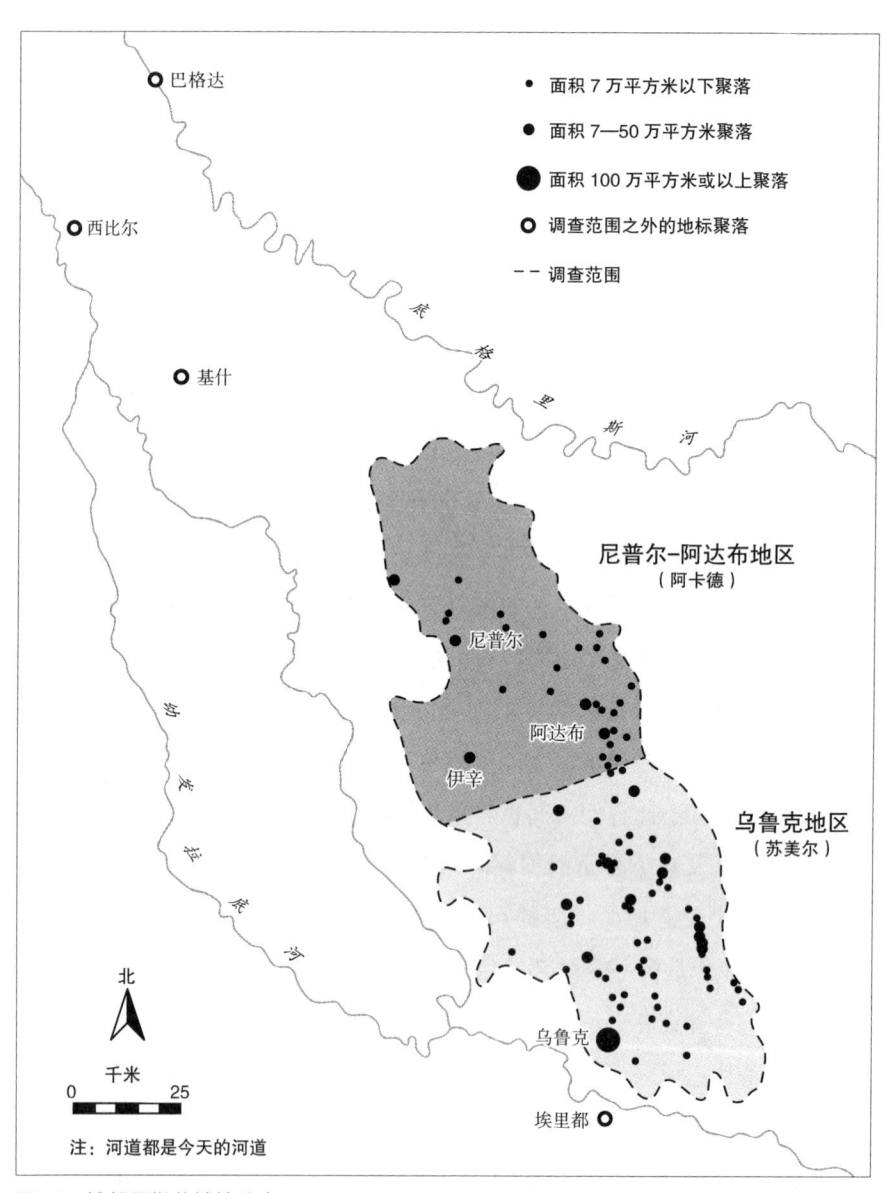

图 10　城邦早期的城镇分布

基什王麦西里姆（Mesilim，约前2700）在权杖的铭文上自称"基什王"，仲裁了拉格什和温玛（Umma）两个城邦间的纠纷。由阿摩利人（Amorite）建立的伊辛（Isin）第一王朝所编的《王表》更强调：一个时期内仅有一个城市拥有王。这暗示只有盟主才能称王，但这个说法并没有其他佐证。

从地理条件看，自基什起，幼发拉底河南下的水流高度和两岸平原的地面平均高度差不多，容易引水灌溉；而东面的底格里斯河的河道却深深地切入平原，提水灌溉有一定难度。因此，在城邦鼎盛期早期，两河流域南部的主要农业区及重要城邦都分布在幼发拉底河的主流及支流上。是以控制基什，就控制了灌溉农业的主要地区，从而可以成为各城邦的盟主，自称"基什王"。第一个在基什建神庙的是基什国王恩美巴拉格西（Enmebaragesi，约前2800，他的名字显示了他的闪米特人根源），后来一些并非来自基什城邦的新兴力量的领袖纷纷效法他，以昭示自身的盟主或霸主地位。因此，"基什王"这一称号后来便成为城邦同盟盟主的代号。

晚期（前2550—前2340）

城邦鼎盛期晚期，随着战争产生的兼并，不少农村人口迁入城市，使城市人口大量增加，而农村数目及农村总人口都在减少。亚当斯（Adams，1981）的调查显示，表面上城市总数减少，但个别城市在人口和面积上却扩大了很多。在他的调查区内，城市总数下降至24个，但面积超过50万平方米的却增加至8个，平均面积达38万平方米（图11）。上一时期的最大城市乌鲁克正逐渐衰落，同时亦出现了新城市，如拉尔萨，此时已没有一个独大的城邦。估计居住在城市（聚落面积为10万平方米以上）的人口占总人口的78%，城市化率达78%，这是前工业社会极高的城市化率。换言之，两河流域南部基本上发展至城市文明阶段。这时的乌尔面积扩大（达50万平方米），它所在的邦国也强大起

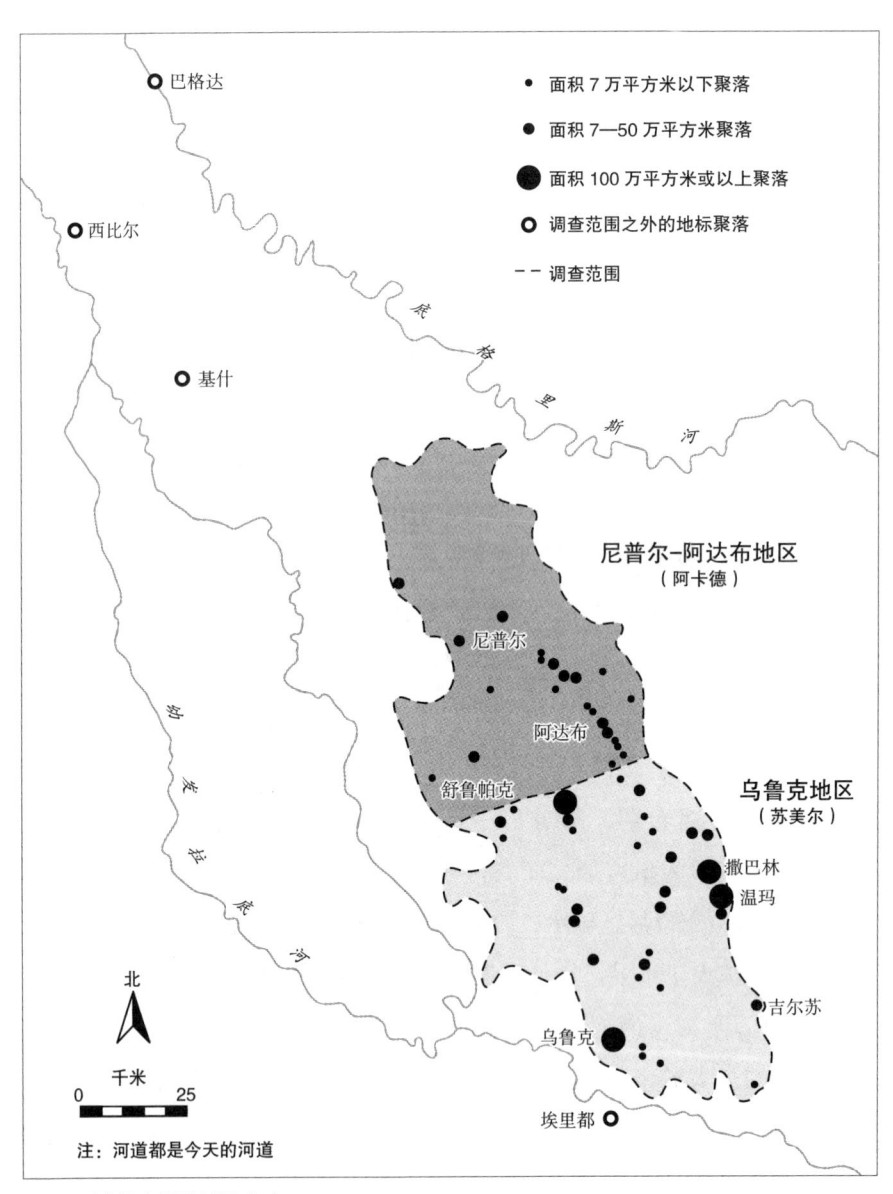

图 11　城邦晚期的城镇分布

来，而埃里都亦重新兴起。

此时在上美索不达米亚也出现了第二次城市化，同时还出现了和南部相若的有防御设施的城市。马里（Mari）及埃勃拉（Ebla）的文书显示，它们成为重要的城邦国，由世俗的统治者统治。和上一次的城市化一样，北部的发展动力和文化因子都是来自南方。

在南部地区，河道的进一步变化，特别是幼发拉底河的主河道东移，使旧河道上的主要城市乌鲁克、尼普尔的舒鲁帕克等走下坡；在新河道及底格里斯河上的城市，如阿达布、温玛、吉尔苏（Girsu）及扎巴拉姆（Zabalam）却繁荣起来，特别是温玛。由于处于同一主河道之上，温玛与吉尔苏在边界和运河上的纠纷时见于文献。这时的聚落如珠串般沿主河道分布，依附由主河道引水的灌渠。每个城市都努力将灌溉区内的生产与土地整合，形成自己的势力范围。不过因为河水不断减少，边界问题进一步恶化，而有能力的城邦乘机扩大影响力，通过武力去建立新的泛区际政治实体，该地区进入了激烈的城邦争霸时代。这一时段早期较强大的邦国如乌鲁克、舒鲁帕克、温玛和拉格什等，形成一个霸主轮替的局面。

从有关记录可以整理出这时期在两河流域的阿卡德和苏美尔地区称霸的盟主的大概时序：

1. **乌尔**（约前2500）美什－安－帕塔（Mesh-Ane-Pada）打败乌鲁克，统治基什，自称"基什王"；
2. **埃勃拉**（约前2600—前2240）称霸叙利亚、黎巴嫩以及部分土耳其地区，曾统治17个城邦；
3. **拉格什**（约前2500—前2350）；
4. **温玛**（约前2325）卢加尔－扎－克西（Lugal-Zage-Si）统治乌鲁克及乌尔，控制整个苏美尔25年；
5. **阿克沙克**（Akshak，约前2400）打败基什，称霸苏美尔及阿卡德；

第一章　两河流域古城市文明

6. 阿达布（约前2400）卢伽尔－安－蒙图（Lugal-Ane-Mundu）统治乌鲁克、乌尔、拉格什，由波斯湾至地中海；
7. 马里（前2400—前2350）在阿卡德地区称霸；
8. 阿卡德（前2334—前2154）击败温玛，建立两河地区首个帝国。

拉格什邦国在高峰时（约前2400）征服了不少邻近邦国，领土扩大至1600平方千米，有17个较大城市、8个区首府（被征服的前邦国首都）和约40个村落。其首都吉尔苏面积可能达到100万平方米，人口1.9万。

上述盟主及同盟国的势力范围很多时候都超过了苏美尔地区，甚至阿卡德、亚述及埃兰等地区。其中，如阿达布王，一个苏美尔外（阿卡德地区）的城邦主便几乎统一了整个苏美尔地区。有关他的铭文说："他使所有的外族国家向他定期纳贡。他把和平带给各国人民。他为所有的大神建立神庙。他恢复了苏美尔昔日的光荣。他执行着整个世界的王权。"由于频繁的战争，普通公民的人权和自由受到限制。如吉尔苏出土的文献显示，拉格什的统治者没收土地所有权并挪用神庙资金来发动战争。在和平时期，统治者也同样征收苛捐杂税，从养羊到生产香料无一例外。当时规定，如果丈夫与妻子离婚，那么他要付给统治者5个谢克尔；如果一个人死了，官员将参加他的葬礼以攫取一部分殉葬品。

这一时期，特别是其晚期，神授王权观念流行，王族被神圣化，王位亦由一个家族世袭。王室权力扩大，促使王室广建并供养神庙，王也在神庙内接受人民朝拜。同时王室深挖运河，发动战争以扩大国土。在乌尔等城市发掘出的公元前2550—前2400年众多的王陵、丰厚的陪葬品和大量的人殉，都说明了王权的扩大。

城邦管治：由政教合一到王权独揽

城邦鼎盛期的另一发展主轴乃王权的扩大和王权与神权关系的变化。在前期，城邦首领被称为"恩"（en，祭司或统治者）、"恩西"

（ensi，神庙基础的君主）和"卢伽尔"（lugal，大人、族长或主人）。第三种称谓只是当首领和城邦名字连在一起使用时才用作城邦首领的称呼。前两种可反映城邦首领兼有宗教和世俗功能，是主神的最高祭司，往往被视为神所挑选的代理人，甚至神之子或亲属（彩图 5）。他负责掌管祭祀、管理神庙经济和修建神庙。在世俗方面，他主要的事务是修建水利工程、管理城邦行政，并担任最高军事统帅。然而在城邦鼎盛期前期，城邦首领的权力仍然受到贵族会议和公民大会的限制，如《吉尔伽美什史诗》就记录了吉尔伽美什打算出兵抵抗基什的入侵却遭到贵族会议的反对，最后因为得到公民大会的支持才能发兵。

贵族会议的主要成员是祭司贵族，很多高层官员由祭司贵族或神庙人员充任。如在舒鲁帕克的文献中，城邦首领亦称"恩西格尔"（ensi-gal），即由长老任命的统治者，地位低于贵族会议的祭司贵族。神庙控制了大量的土地与经济，而城邦首领的经济地位并不显著，如拉格什城邦内的 20 多座神庙，占有全国四分之一到三分之一的土地。神庙工作人员可从神庙获得份地和优厚报酬，他们中的一部分更可升为神庙管理人员。神庙及其依附者都拥有大量奴隶，温玛出土的一个祭司像显示了该祭司拥有大量土地、房屋和牲口（彩图 10），一块公元前 2500 年的泥板则记录了神庙的大量牲口买卖（彩图 11）。

此时，公民大会已经没落，只是偶尔在城邦首领与祭司贵族争持不下时才被一方利用。世俗统治者与神庙联为一体，前者除了肩负军事与行政等方面的职责，还有很多宗教义务，因而神庙和国家势均力敌。考古资料提供了相关佐证：在主要城邦首府，这一时期未发现与神庙没有联系的多功能建筑，即仅具有世俗功能的行政机关。

到城邦鼎盛期晚期，城邦首领逐渐脱离贵族会议的制约，取得较全面的统治权，权力的天平开始向宫廷倾斜。国王权力的扩张亦促使两河地区出现了多次统一各国的尝试，其背后的主因乃各城邦对水资源、土地和贸易通道的争夺。它们之间的战争产生了大量战俘、奴隶，让城邦公民分化（战败国公民丧失公民身份），也使国有土地和私人土地流入战胜者手中或者市场。如舒鲁帕克共有人口1.5万—2万，大部分是奴隶，公民只有2015人。考古文献也出现了不少土地买卖的记载，国王也逐渐控制了城邦的重要资源——农业。统治者通过掠夺和赏赐土地来巩固其政治地位，使王的权力比神庙的更强大。考古成果亦显示了王权与神庙的逐渐分离：在基什发现了约建于公元前2600年的大型宫殿建筑，有与主神庙门道相当的庞大门道和精致的公共用房，可容纳世俗统治者及其行政机构。它们都有厚厚的内外围墙，显示恩或恩西已不再住在主神庙里了。

拉格什城邦铭文提供了王权逐渐超越神庙的案例：自乌尔南塞（Ur-Nanshe，约前2500）起，拉格什城邦一共有8位王，都是父子相传（其中只一个传给弟弟）。而乌尔南塞崇奉南塞女神超过城邦的主神宁吉尔苏，反映了他与主神庙的关系恶劣。不过，庙宇拥有200—300平方千米的土地，仍是最大的地主。然而乌尔南塞是个军事强人，征服了乌尔城邦与今天的波斯湾区域，成为强大的城邦霸主，令外国对他进贡。他的五世孙恩铁美那（Entemena）已经不出任主神宁吉尔苏的最高祭司，说明国王已经不作为全国的宗教领袖了。此时王的地位已经起了变化：(1)王已直接掌握了国家政权，不由贵族会议左右；(2)王宫已成为国家的统治中心，在王之下出现了一个世俗官僚机构，包括城邦统治者的助手、地方首脑、书吏、宫廷管事及税务官等；(3)王室经济已超过神庙经济。基于此，易宁推论，拉格什城邦已完全摆脱政教合一，采用了君主制政体。

社会及城市特点

公元前3400年起，两河流域经历了近千年的"城市革命"（实际上是城市演变），导致了在城邦鼎盛时期聚落形态与社会结构的变迁，使人口大量流入城市，亦使城市分布更广、重要城市相互交替，并让城市成为两河文明的基本单位。因而两河流域自进入文明起便是个古城市文明。

城邦中的大多数城市平民在职业上为农夫、工匠、商人、渔民和养牛人。因此，有学者估计城邦鼎盛期高峰时（约前2600—前2500），两河地区的城市人口占总人口的80%，即城市化率达80%，是极高的城市化水平。但在城市内仍有大量农、牧、渔人口，非农经济亦不是城市的经济支柱。这个高峰过后，两河流域的城市化率慢慢下降至公元前2000年的约50%。

城市的手艺人阶层，包括石匠、铁匠、木匠、陶工和宝石匠，靠在市场上出卖自己的手工艺品为生。当时人们是用银块或银环作为支付货币。城墙外是农田，虽然有部分城市居民脱离农业，但他们的生活水平最终仍取决于农田的收成。大部分土地属于国王、祭司和一些富人。他们将土地划为小块，连同种子、农具和耕畜一起，分配给为他们服务的农民。农民提供劳动力，将农产品用于自需外，还要把多余的缴纳给土地所有者。

农作物主要是大麦和小麦。牲畜是山羊、牛和绵羊，它们提供肉类、奶、皮与羊毛。羊毛和亚麻是主要纺织纤维。蔬菜包括洋葱、蚕豆、豌豆、大蒜、韭、葱、小萝卜、莴苣和黄瓜。水果则有甜瓜、椰枣、石榴、无花果和苹果等。公元前5千纪，苏美尔人已开始使用犁，但要到公元前1700年他们才懂得轮作方法可以增加收成和保持地力。在早期的农场里养着鸭和鹅，直至公元前1千纪，鸡才成为普遍的家禽。他们将大麦磨成粉，烘焙成面包，又把大麦、小麦、黑麦发酵成啤酒。有学者估计，大约40%的谷物收成被制成啤酒。

在苏美尔出土的泥板中，有些是学生的作业和教科书，显示学校已具雏形。这些学校多位于王宫、神庙和书吏居住区附近，它们为王室和神庙培养书吏，也培养商业贸易方面的私人书吏。此外，在尼普尔和乌尔还发现了一个神庙图书馆。

两河南部为冲积平原，石料和木头稀缺，因此苏美尔人使用"日晒砖"建造房屋台基和墙壁，在表面贴上陶砖以防水。在两河北方的亚述地区，由于气候湿润，往往采用烧干的砖。石灰石和更贵重的石料只用于神庙和王宫的装饰，私人住宅仅使用黏土。艺术高度发展，特别是在乌尔王陵出土的公元前2500年前后的玻璃器具、滚筒印章、象牙雕刻、石雕、镶嵌画、青铜器、金银工艺品（彩图12）和琉璃砖等都具有很高的艺术水平。有一些更是反映出当时贵族生活的奢华，如乌尔王王冠，王后普阿比墓出土的化妆品、头饰和镶嵌贝壳的两人对弈用的棋盘与棋子，其中牛头竖琴、笛子、"灌木丛中的山羊"雕像（彩图13）和"乌尔军旗"为代表作品（彩图14）。除了高超的艺术水平，它们还形象地反映了当时社会各阶层在战争与和平两种状况下的面貌及主要活动。

简言之，这时期的社会与城市文明可体现为：

1. 城市聚落的形成与扩展；
2. 防守性城堡成为城市的重要建筑；
3. 出现众多的士兵；
4. 出现王陵或王室墓葬群，墓中陪葬品有大量兵器及军事装备，如战车；
5. 出现大量反映邦国间争端和战事的神话、史诗与铭文；
6. 新兴的世袭君主取代神庙祭司成为军事上的决策人与负责人。

在这个新社会里，氏族社会的特征消逝，出现了阶级社会；财富和土地也向私人集中；奴隶数目与日俱增，成为家仆、杂役，被用于农业及手工业生产。不过，神庙仍有重大的功能，仍是每个城邦及其首都的核心，也是最重要的社会组织结构，同时占有最多的土地。出土文献中记录了很多与神庙土地有关的交易（彩图11）。国王是神在人间的代表，也是神庙的首领，负责修建神庙，并给神献祭。国王的这个角色在当时和后来的文献和艺术中均有反映（彩图5、彩图15）。神庙的功能包括：

1. 城邦中主要城市的主神庙是整个邦国的宗教中心；
2. 神庙的供给来自城市及其周边地区；
3. 神庙负责照顾众神，出资与组织各宗教节日的庆典，为私人主持各种仪式（如葬礼），负责执行律法及为人宣誓等；
4. 和王室一起培育书吏，并保存档案；
5. 在经济上向农人和商人贷款，以及在发生天灾时提供救济。

拉格什城邦首都吉尔苏公元前2400年的1500多块泥板所记录的文献反映了上述的神庙功能。当时拉格什城邦的神庙拥有遍布全国的土地，显示它依然拥有雄厚的经济实力和社会影响。

英国学者古特金德（Gutkind，1965）对苏美尔城市的空间结构与布局做过研究，撮要如下：

1. 城墙和神庙是两个重要组成部分；
2. 居住建筑以公共大型建筑为核心而铺开；
3. 公共建筑位于市中心且分布规律，但城市其他建筑则杂乱无章，小路曲折且没有铺设路面；
4. 主路和城门都指向市中心；
5. 重要城市的面积超过100万平方米；
6. 贸易是城市的一大功能，亦是城市化的一大动力，贸易范围远至印度河流域及今叙利亚地区；
7. 城市内有大片空地，还有农田、果园、花园以提供食品；
8. 城市碉堡掌控全城，位置靠近城墙，有兵营、仓库及苦力宿舍，形成军事小区。

钱特和古德曼（Chant and Goodman，1999）亦从文献中总结出苏美尔城市的 3 个构成部分：

1. 内城：在城墙内，主要有神庙、王宫、私人住屋及城门；
2. 城郊：有住屋、花园和牧场以满足城市自给；
3. 商业区（港口）：专责进出口贸易，是本地与外来商人集中区，似乎享有自治权及特殊法律地位。

城邦鼎盛期的代表城市：乌鲁克

在城邦鼎盛期，王位已经世袭，主要城市都与周边或腹地形成了一个新型的宗教、经济、政治与军事复合体——城邦国家。这些主要城市不一定是经济中心或手工业中心，但如乌鲁克一样，它们一定是港口及交易中心，靠水运而繁荣，并且建有军事防御设施。

上文图 8 所描述的是公元前 2660—前 2600 年间的乌鲁克，当时吉尔伽美什打败基什，称霸苏美尔，使乌鲁克城进入了复兴时期，它体现了城邦鼎盛期前期邦国首都的特点。德国考古学家尤利乌斯·乔丹（Julius Jordan）估计，这时的乌鲁克已建成了一道 9 千米的城墙，墙内面积仍是约 400 万平方米，城市总人口 5 万—8 万。他还认为乌鲁克是当时世界上最大的城市。

据《吉尔伽美什史诗》记载，乌鲁克除了有坚固的城墙，也建造了安努与伊南娜的神庙（应是重建或扩建）。它们是城中最显著的公共建筑，与宫殿构成控制城市乃至整个城邦的两个互相依存的机构，并由方正的围墙分隔。国王与祭司共同拥有城市及城邦最多的土地，成为城市居民的最大雇主。除了杂役与工匠，相当一部分城市居民参与农牧业，并为城市和城邦的运河与灌溉网的维修服力役。《吉尔伽美什史诗》亦道出了城墙内的土地利用：三分之一是花园果圃，三分之一是耕地，因此只有三分之一（约 120 万平方米）是城市用地。

这时期的考古成果有宫殿、神庙、泥板、印章、印迹、浮雕、石碑、人物雕像、器皿及工艺品，说明库拉巴已取代埃安纳，成为邦国的行政中心。一般民房都是低矮而稠密的，但由于未有发掘，具体情况仍不大清楚。城内没有发现手工作坊区，但在城郊发现了一个金属或沥青的作坊区。

帝国时代的城市演变（前 2340—前 2160）

从阿卡德到乌尔第三王朝

公元前 2340 年，阿卡德城邦的萨尔贡（Sargon）王，也是其最后一位城邦霸主，洗劫了乌鲁克和乌尔城，俘虏了它们的王。之后他发动 34 次征战，征服其他邦国，结束了约 800 年的城邦分立局面，建立了一个庞大的帝国——阿卡德帝国。这个帝国统治两河流域近 200 年（前 2334—前 2154，约是中国龙山晚期），开创了两河流域古城市文明的一个新时代，即专制王权的时代。国王不单集政治、经济、司法、军事与宗教权力于一身，第四任君主纳拉姆辛（Naram-Sin）更自称为神，在自己名字前加上神的尊称，头戴象征神的牛角冠（彩图 16）。

帝国建立了一套中央及地方的行政、军事管理制度，并由常备军及各城市、各地区分队组成王室军队，将领由王室分给耕地作为俸禄。最高统帅称"沙基纳"（sagina），之下的将领是帝国属下各城邦/省的统治者恩西。后者负责该城士兵的征召，并为王室提供军饷和装备。不过首都阿卡德城不设恩西，士兵由王室直接征召，组成常备军，人数达 5400 人。这支军队是两河地区首支常备军。各恩西不但是地方军事首领，也是地方行政首长。萨尔贡更让原来各个城邦的王成为阿卡德人的恩西，恩西之下的副将是职业军人，分驻各地，也靠王室分给土地生活。但绝大部分士兵不是职业军人，在军事行动结束后便返回家园。萨尔贡又将阿卡德语用于文献以取代苏美尔语，并统一度量衡。该度量衡在两河流域延续了近千年。阿卡德王室又在国境内大量购买土地，部分用于分给军人和大臣。萨尔贡及纳拉姆辛的女儿出任乌尔城伊南娜神庙的大祭司，使王室直接控制庙产和宗教。正因如此，他对祭司阶层的压制使其反感，加上北部地区严重干旱，引致大规模叛乱，令帝国进入了50年的纷乱，也导致阿卡德帝国走向了衰亡。主要城市乌尔、拉格什、阿达布、温玛等都出现叛乱，后来更脱离帝国，再度成为独立邦国。帝国最终被来自西北部山区的游牧民族联盟古提人（Gutian）灭亡。

古提人的新政权（前2218—前2041）统治了两河流域部分地区，采取阿卡德化政策，继续使用阿卡德语和文字。它后来被乌鲁克的恩西领导的苏美尔联军击败，并被逐出两河地区。联军将领乌尔纳姆（Ur-Nammu）建立了乌尔第三王朝（前2113—前2004，约中国夏代初期），在他和儿子的努力下，乌尔帝国领土扩大至亚述及埃兰的苏萨，因而他自称"上海和下海之王"（地中海和波斯湾）。苏美尔语再度成为两河流域的官方语言，乌尔第三王朝因此被称为"苏美尔的复兴"。

乌尔第三王朝沿用了阿卡德帝国的集权制，国王是最高法官和行政首长，由他直接委派各省的行政长官（恩西），在全国建立驿站与邮递制度，同时以强大的军队与官僚体系维系全国。这些措施使王朝经济繁荣，并有能力进行大量建设，如在首都乌尔和主要城市乌鲁克、埃里都、尼普尔、舒鲁帕克等地新建或重建主神庙。建造神庙也成为国王的特权，而地方行政首长只能建筑被神化了的国王的神庙。国王在各大城市如乌尔、温玛等大量雇用书吏，遗留下大批泥板文书，这些泥板文书提供了当时生产、税收、贸易等记录和律法，如目前人类历史上第一部成文法典《乌尔纳姆法典》，划分帝国行省界线的土地登记簿，还有赞美诗等有价值的历史文献。我们因而得知，国王垄断了部分产业如纺织业，白银是主要通货，神庙的资产亦由王室控制，等等。从舒尔吉（Shulgi）起，国王开始把自己神格化，通过"圣婚"成为主神的至亲，将王权与神权结合以巩固手中的权力。由王室主导的赞美诗，成为宣传国王的"神王"新地位及其伟大事迹的工具。

王朝的首都乌尔号称"世界第一座大城市"。可惜两河流域在公元前2100—前2000年遇上了严重的干旱，虽然王朝通过运河的开通与修复在短期内仍保持丰产，但土地盐碱化最终使收成下降。邻近沙漠的游牧民族闪米特人、阿摩利人和东面的埃兰人，亦因气候干旱和被乌尔高度繁荣的城市文明吸引，逐渐渗入帝国，其后更攻占主要城堡，切断帝国首都与北面数行省的交通，造成乌尔粮食供应短缺等问题。而重税也导致一些省份叛变。公元前2004年，埃兰人抢掠了乌尔城，乌尔第三王朝就此灭亡。之后，苏美尔出现了阿摩利人的两个弱小王朝，正式进入伊辛-拉尔萨时期（Isin-Larsa period）。从此，苏美尔与阿卡德的政治力量便退出了历史舞台。因此狭义上的两河流域古城市文明在经历了约1500年的演变后便告终结，代之而起的乃不属于本章讨论范围的巴比伦-亚述文明，不过楔形文字仍随着新民族和新政权的需要不断发展，沿用至约公元前100年。

城邦鼎盛期晚期及帝国时代的代表城市：
乌尔（前2500—前2100）

在两河流域发掘出很多城邦时期至帝国时期的城市遗址，如基什（前3100—前2660）、吉尔苏（前2900—前2335）、苏萨（前3100—前2900）、尼普尔（前2700—前2000）、舒鲁帕克（前3000—前2000）、温玛（前2900—前2300）、亚述（前2600—前2500）、埃勃拉（前2600—前2240）、马里（前2900—前1759）、阿克沙克（前2500）、尼尼微（前3000—前2260）等，出土了不少文物。因为乌尔比其他城市有更详尽的资料，所以我们选择它以代表两河流域古城市文明晚期的城市发展和社会状况。

乌尔的考古发掘始于 1850 年代，1922 年至 1933 年还进行了更大规模和更深入的发掘，城墙及核心区都得到了详细勘探，出土了很多珍贵文物。这些考古成果对了解城邦时期及帝国时期的苏美尔城市乃至整个两河流域古城市文明的贡献很大。

在欧贝德文化晚期，乌尔便出现了月神南纳的小庙。由于乌尔处于肥沃的河口区、便利的交通要冲，并接近波斯湾，所以不久后便和埃里都一样，以宗教圣迹为中心，吸引附近的农民聚居，成为欧贝德文化晚期的重要聚落。到乌鲁克文化时期，由于乌鲁克的强大，欧贝德逐渐衰落。在公元前 3400—前 3000 年，乌尔未能发展成初城，仍只是一个面积 10 万—15 万平方米的聚落。

约在公元前 2600 年，乌尔开始重新发展，成为一个强盛城邦的首都，乌尔第一王朝建立，这个王朝共传了 4 位王。在其鼎盛期时，即公元前 2500—前 2400 年，城市面积扩展到 40 万平方米，城市人口约 2.4 万。估计整个城邦总面积约 1000 万平方米，人口约 50 万，大部分聚居地为村落，分布在灌渠网上。

在乌尔城核心塔庙附近发现了一座公元前 2500—前 2400 年的王陵。这是城邦国王和王后的墓地，其中有 16 个大墓，王族成员会把身穿漂亮衣服，手捧黄金、珠宝和祭品的官员和仆人都一起带到"冥府"。王陵亦出土了大量泥板文献、滚印、印痕及其他文物珍宝，包括多个城邦印和"乌尔军旗"（见前文），这不但反映出乌尔城繁荣的经济、重要的远途贸易，以及城邦盟主的地位，也让我们了解到两河时期的邦国争霸与古城市文明。

乌尔在公元前 2400 年后开始衰落。不久，在萨尔贡的征伐下，乌尔城墙被毁，整个邦国被贬为阿卡德帝国的一个行省，其后又被古提人管治。《王表》提到乌尔第二王朝传了 3 位王，却没有提供其他资料。

这时期亦没有相关的考古资料，其中一个可能原因是：乌尔第三王朝时，大型建设很多，其建造工程破坏了前期的文化层，使我们现今找不到当时的文物及建筑遗迹。

公元前 2112 年，乌尔纳姆率领苏美尔联军取代阿卡德及古提人，建立乌尔第三王朝，乌尔小成为新国都。该王朝共传 5 位王，在王朝统治之下城市得到很大发展，留下了不少大型公共建筑和宫殿遗迹、楔形文字等历史文物。这一时期被称为苏美尔文明的复兴时代。

公元前 21 世纪，乌尔纳姆在位期间，城市扩展至 70 万平方米，修建了巨大的城墙，开凿了新运河，新建和修复了遍布全城的神庙。其中最大的，也是迄今仍然保存得最完好的就是月神南纳的塔庙——库拉布（Kullab）塔庙。城市平面为卵形，有内外两重城墙与城壕，有两个港口通往幼发拉底河主河道。城市面积为 88 万平方米，人口约 3.4 万。至公元前 1980 年，城市面积更扩大至 100 万平方米，人口约为 6.5 万，乌尔号称当时的世界最大城市（图 12、彩图 17）。

城市的中心区高踞西北高地，为厚重的内城墙围抱的宫殿、庙宇、贵族僧侣府邸。核心区的围墙外是普通平民和奴隶的居住地与工业作坊。核心区分隔明显，防卫森严，其中心是 7 层高的夯土塔庙（月神台），夯土台基上贴有一层砖。台基层层向上收缩，总高约 21 米，顶上便是乌尔城主神月神南纳的神庙（图 12、彩图 17）。台基上还有宫殿、各部门（如税收、司法）的衙署。内城墙内还有商业设施、作坊、仓库等，它们形成城市的公共中心。宫殿是四合院式的，由若干院落组成。庙宇多是方形平面，由厚实的土坯墙包围起来。除了中央土台，城内还保留着一些耕地。民房一般密集排列，街宽仅 3 米左右，有利于阻挡烈日。房舍都由软泥晒干的砖块建成，没有窗户，阳光要由房屋中央的天井照入。外城有不少小型作坊、小神庙、学校，而大型市场及集会空间主要分布在通往城门的路上。大型作坊多设在城外，如距城东南 1.5 千米的小区便是个手工业区，出土了不少滚印及与缝纫有关的文物。

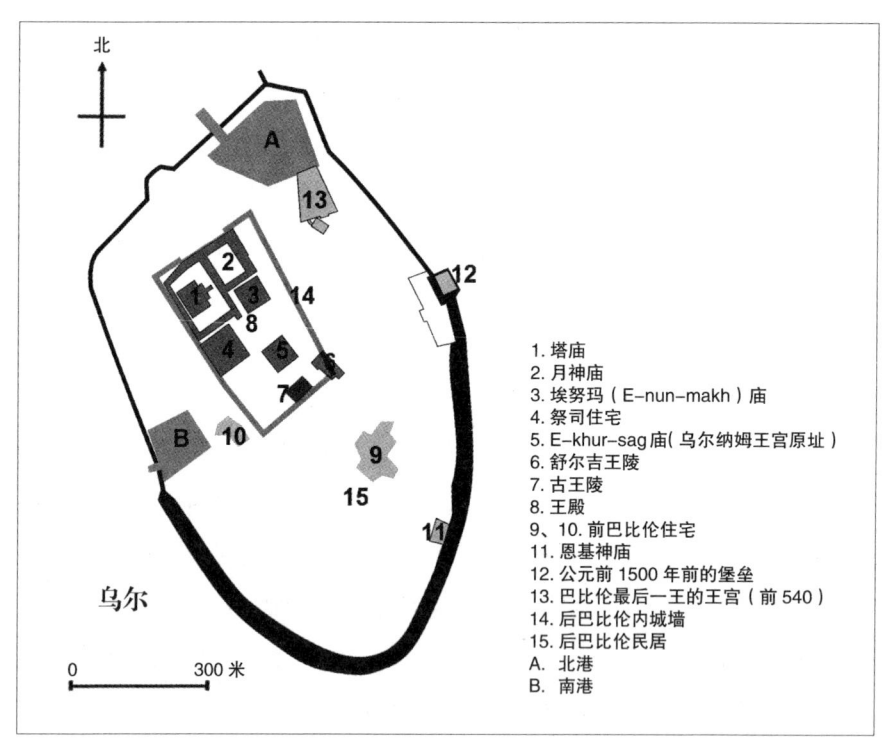

图12 乌尔城平面图

1. 塔庙
2. 月神庙
3. 埃努玛（E-nun-makh）庙
4. 祭司住宅
5. E-khur-sag庙（乌尔纳姆王宫原址）
6. 舒尔吉王陵
7. 古王陵
8. 王殿
9、10. 前巴比伦住宅
11. 恩基神庙
12. 公元前1500年前的堡垒
13. 巴比伦最后一王的王宫（前540）
14. 后巴比伦内城墙
15. 后巴比伦民居
A. 北港
B. 南港

　　整个乌尔城由一道 8 米高的城墙环绕，城墙外更是一望无际的麦田，以及流经乌尔城的幼发拉底河。城外农民的房子由芦苇搭建而成，据估计，大约有 20 万农民居住在乌尔城附近。彩图 17 是公元前 2030 年的乌尔城想象图，呈现了乌尔及其近郊的大概形象。看得出，乌尔是个防卫严谨的城市，同时它的中心区仍是由神庙与王宫双核心组成的，反映了王权与神庙之间依然存在着紧密联系，以及水运对于城市经济和居民供给的重要性。

　　第三王朝灭亡后，乌尔先后附属于巴比伦诸王朝和波斯帝国。公元前 4 世纪，乌尔因幼发拉底河改道而被逐渐废弃。

结论：两河流域古城市文明的兴起与特点

我们在本章介绍了两河流域聚落的起源，指出该地域南部的苏美尔地区在新石器时代早中期居民稀少，相对于两河上游及北面山区，是个落后地区。但它后来居上，发展为两河的高产农业区，并在公元前3400—前3200年间，发展出了文化水平很高的社会，出现了"初城"。考古学家对乌鲁克及一些其他遗址的发掘与研究证明，早期文字已经出现，快轮已在制陶上应用，铜器及金银器的工艺已十分进步，在大型聚落中已出现了巨大堂皇的公共建筑。然而，农业上使用的工具仍主要是石制的，苏美尔的经济基础由神庙与灌溉农业相结合，是神庙经济。但私有土地仍未出现，社会组织仍以氏族为基础，贫富悬殊的情况仍然不明显，国家还未出现。苏美尔的乌鲁克为我们清晰地展现了初城时期大型公共建筑的具体形象和较细致的社会状况，这都是至今为止在其他远古文明中未能发现的。

在广阔的中东地区，为何苏美尔会首先迈出走向城市文明的第一步？在本书的引言中，我们认为这是自然条件与人类主观选择的结合。人类在文明之前的选择，往往是一个集体性的选择，而当中最有效的媒介就是宗教。两河流域的苏美尔为我们提供了一个具体案例，我们由此看到远古时期让人类由新石器时代晚期走向城市文明的"人地相应"或"天人合一"过程。

自然条件的缔造

幼发拉底河的河口区是个广阔的浅滩，水资源丰富，沼泽与潟湖密布，又和西边的草原、北边山峦的坡地及东南部的波斯湾相接，形成一个适合远古人类生存的生态多样化地区。然而该地区因为在水平线之下，不宜农耕，仍只是牧、猎和渔业区，难以支撑固定的村落和较多的人口。自公元前5000年起，由于河口浅滩地区受地球地壳运动影响而隆起，导致海水向波斯湾倒退，海岸线南移，浅滩露出大片可耕而又肥沃的土地，苏美尔因而迎来新的发展机遇。河口区在地理上是开放型的，西南面的游牧民族、东北面的山区民族及上游的居民都很容易进入，再加上新形成的土地没有主人，更吸引了周边依赖低收旱作及从事牧、猎业的人口迁入。

乌尔西南方12千米的埃里都，当时正处于河口的最南部岸边。它的历史可以追溯到公元前5300年的欧贝德时期，也是后来（公元前2900年后）苏美尔诸城中最南边的一座。在苏美尔《王表》中，埃里都被列为苏美尔最早的城市。《王表》的第一行有颇具深意的描述："当王权从天而降，埃里都首沐王恩。"

埃里都的主神为恩基，是水神，相传它的居所是埃里都地下的一个透水石层。埃里都就是这个淡水石层露出地面的地方，而水被认为是万物之源。埃里都的传说形象地点出了河口区自然环境的变化和欧贝德灌溉农业文化的兴起。初期露出水面的浅滩，土地盐分过高，难以耕作，要经数百年的雨水和河水冲淡才可能成为耕地，因此有淡水石层露头的个别地方，便首先成为可耕之地。埃里都主神恩基的庙——"水神之家"，亦因而成为首个苏美尔圣迹。埃里都就是环绕着"水神之家"而兴起的。简言之，水资源成为高产农业出现与发展的契机，埃里都是两河古城市文明的始源。

两河往北及向东延伸的支流更沟通了流域内的河运和沿海的航运，便利了剩余产品的远途运输及与更广大地区间的产品交换，这是促进农业生产专业化的另一重要因素。正是高产土地与水上运输条件孕育了苏美尔，让它成为整个两河流域经济最发达的地区，促成其神庙经济的扩大以及对文字记录的需求与发明，使文明最先在这里出现，也使这个文明的关键要素（楔形文字、宗教观念和灌溉技术）向两河流域上游传播，形成众多邦国，后者又都采用了苏美尔的文字、宗教信仰和典章制度。因此苏美尔文明在空间上不断扩展，发展为整个两河流域的文明。

人的选择与自然的变迁

上文提到埃里都"首沐"从天而降的"王恩",是对苏美尔文明的一个标志性的撮要:宗教或神庙主导了自公元前4000—前2000年两河流域的文明进程。

在这长约2000年的时间中,前1500年基本上是宗教主导的神庙经济。就算是在国家已出现了的城邦时代的前期,王还相当依赖神庙。他只是神的代言人与经理人,灌溉农业乃至对征伐的组织与推动,都要假借神的选择与决定。无论是出自贵族长老还是大家族的推举,两河流域内诸城邦的王都肩负了宗教与世俗的功能,需要借用神的权威以执行人的集体选择与意志。在这漫长的10多个世纪中,宗教核心,即主神庙或神庙区,一直是城市的核心,同时亦是邦国的政治与行政中心。两河流域的城市考古,从未发现在公元前2600年前王宫或世俗权力在空间分布上与神庙分离,也从未发现以人为主或世俗性的第二个中心。

在其后约500年间,即城邦时代晚期到帝国时期,国王开始独揽大权,在城市空间分布上亦出现了王宫与神庙的分离,但王权仍然需要以"神的授予"为支撑,以取得合法性和权威性。当然,这些变化亦可说明王代表了人民的集体意志。这一时期土地愈来愈多地被王室和私人拥有,而庙产亦走向国有化或由王控制,宗教的影响似乎走向衰落。不过,到乌尔第三王朝,国王仍需要用"圣婚"拉拢与神的关系,并为自己和祖先建庙以神化自己。这些都显示出王依然依赖宗教,正如当时王的赞美诗一样,最主要的内容就是5个字:"神选择了他。"

自然环境的变迁使两河河口区的农业发展自公元前4000年起逐渐超越了阿卡德的冲积平原和上美索不达米亚(上游区)。然而,亦是自然环境的变迁,即幼发拉底主河道的东移,使乌鲁克城邦走向衰亡。而得益于新河道的贯通,阿达布、温玛及拉格什等城市却在同一时间兴起。此外，阿卡德帝国和乌尔第三王朝的灭亡，多少亦和气候变化、地力下降有关。为了争夺水源及对河运的控制权，城邦由结盟转至互相攻伐，加上河谷开放型的自然地理环境，周边民族容易乘虚或乘乱来袭，各政权兴起又走向衰亡。自然的变迁与人类的回应，成为两河流域古城市文明演变背后的重要因素。

两河流域古城市文明特点

我们在总结此章时，必须指出两河古城市文明的特点及其与埃及和中国的古城市文明明显不同的地方：

1. 它是个高度城市化的文明；
2. 宗教成为文明发展的起因及核心力量；
3. 保留了远至公元前 3400 年的大型神庙和公共建筑遗迹；
4. 遗留了较早及较完整的文字记录；
5. 留下了文字发展全过程的证明；
6. 保存了世界上最古老的典章制度，包括官职体系及法典；
7. 以印章和石刻的方式形象地将远古城市文明的神祇、人物、器物与事件保留下来；
8. 乌尔出土的各类艺术品之细致与精美，举世无双。

在中国，我们对公元前 2800—前 2000 年，即龙山时代和夏代初期的古城市文明的理解，明显远少于对同期两河流域文明的了解，主要原因乃中国没有当时的文字记载和刻在金石或陶器上的重要人事。除了考古发掘，我们主要通过汉代（约 1800 年后）的传说来猜想当时的粗略状况。直至今天，我们仍不知已发掘出来的 61 个龙山时代邦国的任何一国的名字，更不清楚龙山城址中建在夯土台基上的大型建筑的功能或形制。在中国，城市及城邦的出现或许早于苏美尔，它们的数量也远多于两河流域，但对于它们，我们除了一些未能证明的传说，所知的确很有限，远不如对两河流域的古城市与城邦的了解。

通过本章的梳理，我们更清晰地认识了两河流域璀璨的古城市文明。它的确为世界提供了重要的知识，包括宗教对古城市文明产生的重要性，国家如何出现，初城的特点，以及世俗王权如何演进，这些都是伟大的世界遗产。

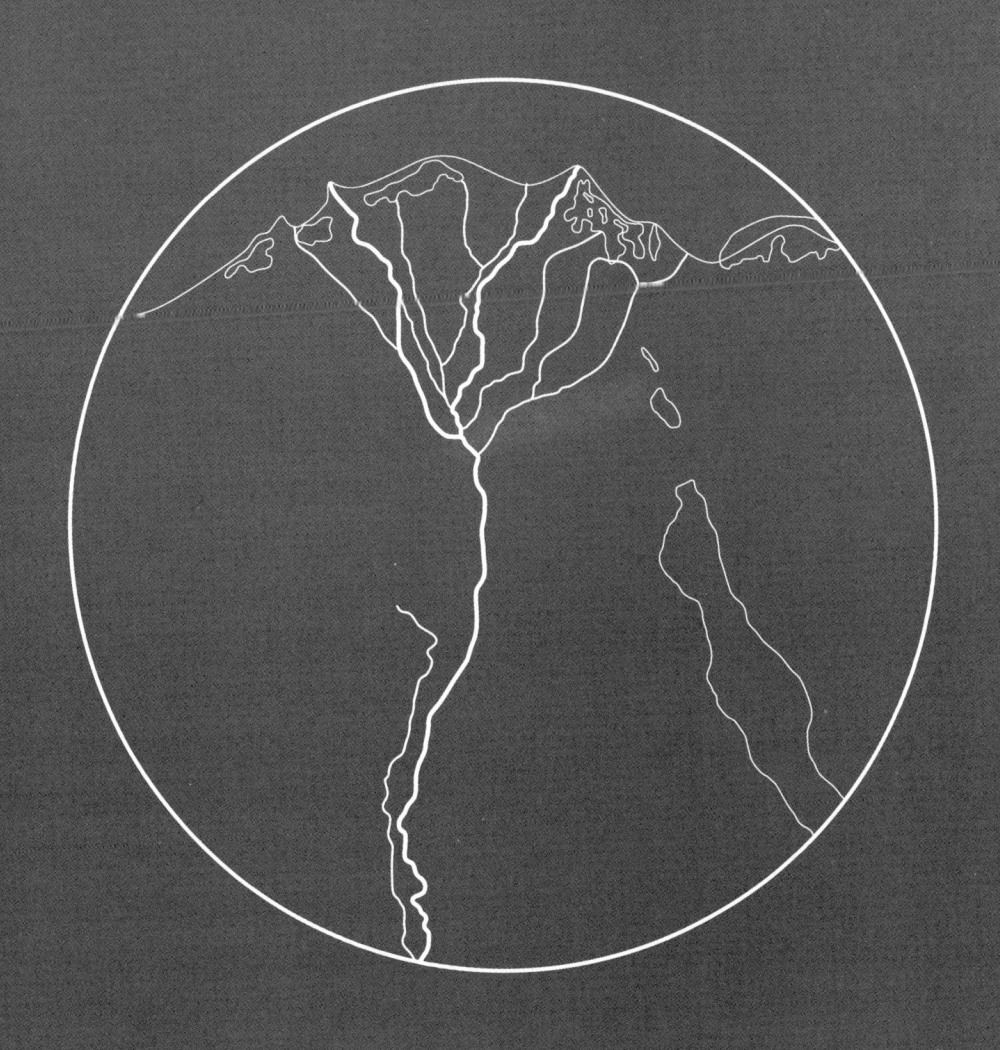

第二章

埃及古城市文明

埃及古城市文明特点

埃及的地理环境

埃及文明是非洲东北部尼罗河中下游一个历时约3000年的古城市文明，约在公元前3600年起便已进入初城时期，约在公元前3200年进入了文明期，比中国和两河流域早了约400年。约150年后，纳尔迈[Narmer，一说是美尼斯（Menes）]便统一了上下埃及的大部分，建立第一王朝，开创了远古史上第一个广域国家，其创立时间也比中国的夏朝及两河流域的阿卡德帝国早了近1000年。这个文明延续至公元前1069年，因新王国亡于外族而终止。埃及文明的崛起及其衍生出的文明特性延续了超过2400年，并与尼罗河有着非常密切的关系，在各大古文明中有独特的魅力。

埃及的母亲河尼罗河全长约6650千米，是世界上最长的河流，流经非洲东部与北部，上游有两条主要支流，即白尼罗河和青尼罗河。白尼罗河源于今天的非洲中部卢旺达，向北流经乌干达、南苏丹和苏丹。青尼罗河源于埃塞俄比亚的塔纳湖，流入苏丹后在喀土穆与白尼罗河相汇，形成了尼罗河。尼罗河从这里穿越沙漠，流贯非洲东北部，注入地中海，在入海口形成一个巨大的三角洲（彩图18）。

今天埃及境内的一段尼罗河长约1350千米，其南部的细长河谷段长约1150千米，最宽处约50千米，但大部分河谷只有10—30千米宽。1960年代因在阿斯旺建了上游水库，沿河两岸的河谷平地缩小至只有3—16千米宽。自开罗市郊（古孟菲斯）开始，北向约200千米的一段便是三角洲。在尼罗河三角洲，主河分成2支（古代是8支）河道流入地中海。今天三角洲的面积约为2.4万平方千米，细长的河谷地区面积只有约1万平方千米。在古埃及时期，河谷地区面积可能比现在多一倍，但三角洲的面积应比目前小很多。

由于埃及属热带和亚热带地区，而尼罗河流经的地方均是沙漠，埃及的古文明只能依靠河水的周期性泛滥所衍生的灌溉农业才能形成和兴旺。除少数海港和海岸附近的城市，埃及古文明的城市和大多数居民都集中在阿斯旺以北的尼罗河畔这狭长河谷中。

古埃及保持长期统一

虽然埃及和两河流域的古城市文明的产生和发展都依赖大河河谷及其三角洲，但两者有如下不同之处：

一是古埃及的非农业资源较多并较易取得。尼罗河河谷有花岗岩、砂岩、泥岩等岩脉，易于开采；东部沙漠有黄金、石材；西奈半岛有铜、半宝石。尼罗河也为这些物产提供了便利的运输。而两河流域南部的苏美尔和阿卡德虽然运输便利，却缺少这些非农业资源。

二是尼罗河有可预见的周期性泛滥，使古埃及的农业经济、政治及社会相对稳定。尼罗河不同河段在每年7—9月河水上涨泛滥，为河谷平地带来上游肥沃的火山灰与有机物。9月农民便可以播种，而有强烈日照的10—11月是作物的生长期，来年的2—3月便是作物的收成期。之后的4—6月是尼罗河的旱期，河谷耕地龟裂，让收割后的土壤透气以利耕种。同时，泛滥期的河水也可洗去泥土中的盐碱，防止土壤沙化。这些情况在苏美尔地区是没有的。古埃及每年4—9月间漫长的干旱期和河水泛滥期，为法老提供大量闲置农民劳动力。政府亦把以税收形式收取的一部分农业剩余价值，通过大型工程以食物供应形式返还给农民。

三是尼罗河的农耕大部分属于常年自然灌溉，只有离河道较远的绿洲耕地需要提水灌溉。因此，整个埃及形成了和尼罗河联结在一起的意识。加上河道较直、水流平缓，由南至北可顺水而下，而由北至南，亦由于盛行风都是南向的，易于掌帆顺风逆流而上，因而交通便利。同时，因为河谷狭窄，河流难以呈东西向延伸，这使尼罗河发挥了纵贯南北的"通衢"作用，沿河各地在灌溉农业、商品贸易和意识形态上容易融为一体，形成一个泛埃及特色、神权与王权结合的法老体制。

四是埃及人与外族分隔并远离其威胁。埃及北面和东面分别是地中海和红海，红海和尼罗河河谷之间亦有东部沙漠。埃及的西面是沙漠，南面则是一系列大瀑布（第一至第六瀑布）。北部的河口区虽与地中海相接，但在泛滥时是个大湖，水退后仍是一片难以穿越的沼泽。只有东北部边缘有通道与西奈半岛接连，并可经此通往西亚（彩图18）。这样的地理阻隔，使外族难以大规模进入，故而古埃及能在长约3000年的时间里很少受到外族侵略。外族则要到很久以后，由于科技的进步和军事实力的强大，才能跨越了地理的阻隔，对古埃及造成威胁。同时代的两河流域与此相反，它的周边地区相对开放，因此它经常被来自周边的不同民族主宰，并在约公元前2000年被外族灭亡。

正是上述原因，使尼罗河河谷内的远古城市大多发展为开放型或不设防的城市，且呈多片状散布，很少建有防御城墙。埃及的城邦争霸时期亦十分短暂。大一统局面从公元前3050年起便已出现，前后共持续约2000年（中间亦有三次称为中间期的内部分裂与割据）。埃及文明基本上是个长期和平稳定的古文明。反观苏美尔地区，在大一统后约300年便被外族瓜分，之后更被灭亡，消失在历史长河中。

埃及文明没有城市？

埃及、两河流域及印度河流域古城市文明都是"已死的文明"，然而埃及留下了最古老的文字与图像、始建于 5000 多年前的一系列完整的王墓/王陵、独有的金字塔墓葬、法老的享庙及神庙遗存。我们基本上可以重构它在公元前 4000—前 1000 年这约 3000 年（约中国仰韶中期至西周初期）间的主要历史事件和文明演进过程（表 5）。不过，和两河流域一样，埃及考古出土的文物及相关文字记载，一度因欠详尽而留有不少事实空隙，引起了一些解读上的争议。其中最显著的问题乃埃及文明是不是个没有城市的古文明？

表 5　埃及古城市文明进程

时期	年份（公元前）*	年数	王朝序号	性质
涅伽达一期	4000—3600	400	—	史前文化
涅伽达二期	3600—3200	400	—	初城
涅伽达三期 A—B（零王朝）	3200—3050	150	0	城邦
涅伽达三期 C—D（早王朝时期一）	3050—2890	160	1	城邦
早王朝时期二	2890—2686	204	2	城邦
古王国时期	2686—2181	505	3—6	统一帝国
第一中间期	2181—2055	126	7—11	分裂
中王国时期	2055—1650	405	12—14	统一帝国
第二中间期	1650—1550	100	15—17	分裂
新王国时期	1550—1069	481	18—20	统一帝国
第三中间期	1069—656	413	21—25	外族统治
后王国时期	664—332	332	26—31	外族统治

* 对于具体年期，不同学者有不同看法，至少有 7 种不同版本，这里主要参考了刘文鹏（2008）版本。

霍克斯和伍利（Hawkes and Woolley，1963）认为，和拥有众多城邦的两河河谷相比，统一的埃及王国的最大不同在于它并没有城市存在。威尔逊（Wilson，1972）甚至表示："直至新王国时期，埃及是没有城市的文明。"历史学家柴尔德（Childe，1966）也觉得古埃及的聚落人群及其中的木匠、珠宝匠、铁匠、陶匠和泥水匠等，只构成供养已逝法老的陵园及为其提供劳动的群体，这些聚落不是城市，而这些人群也不是市民；其他一些似乎是城市的聚落也依赖法老赋予的功能，当它们失去这些功能后便会降格为一般农村。正如哈蒙德（Hammond，1972）所说，埃及古城市缺少经济上的自给自足，而经济功能正是西方学者界定城市的核心。对于古埃及"没有城市"这一现象，柴尔德的解释是：法老利用其独裁统治将国家的大部分资源投放在王室死后生活的安排上，而不是用于创造一个供生人生活的城市。

上述见解，除了缘于这些学者采用了特殊的角度看待远古埃及，也因为1970年前的埃及考古主要集中在金字塔、帝王谷及相关的遗址，鲜有对城址进行发掘，更因为此前从未发现过城墙，以致强化了"没有城市的古文明"的误解。随着近年来对上下埃及，特别是对涅伽达的深入而系统的考古，"没有城市的古文明"这一误解已被逐步澄清。如肯普（Kemp，1977）便做出结论：尼罗河河谷不但有众多真正的城市，亦存在前所未知的古代城市规划。难怪2008年《纽约时报》指出，古埃及是没有城市的古文明的说法，已因1980年代以来的考古新发现而不攻自破。

然而正如前述，埃及的古城市文明不同于其他古城市文明。古埃及深受尼罗河泛滥所衍生的灌溉农业的影响，在宗教信仰及价值观上营造了法老王权和全国上下"重死不重生"的传统，使神庙与王陵在古埃及约3000年的历史长河中占有主导地位。它们以坚固的岩石建造（或建于岩石内），很多得以留存至今；而城市及民居，乃至王宫，都是用泥砖建造的过渡性建筑，成了短暂停留的历史过客。在今天的埃及，我们看不到宏大城市的历史遗存，但辉煌的阿蒙神庙、帝王谷的法老享庙和金字塔，以及与它们连在一起的作为特殊工匠与祭祀人员居所的城镇，都诉说了埃及的古文明不同于其他古城市文明的独特城市化特点及文明特色。

我们将在本章详述这些埃及远古城市及其文明演变的主要脉络和特点。

文明的曙光：初城的出现（前3600—前3300）

古埃及考古发现的特殊性

对于埃及古城市文明的出现及其早期的状况，由于过去30年的考古成果，我们掌握了相对于两河流域及中国同期更多、更详细的资料，知道前王朝诸王的名称、王宫的样式、邦国的名称、重大的历史事件、当时社会的服饰、主要手工业和远途贸易的商品与范围等。这些资料能被保存5000多年，原因之一是这个文明从开始起便是个"重死不重生"的文明，而且当地气候干燥，墓地的选点又都位于泛滥平原上的稍高位置，一来避免占用耕地，二来也反映了原本是沙漠游牧民族的埃及人的传统。这些墓地的地理位置，对古墓、古迹及其中的文物起了保护作用（彩图19）。

更重要的是当时的统治者采用了不易腐烂的物料来制作他们的陪葬品的标志，如在象牙片上刻上拥有者的名字或徽号。远古埃及还发展了两种具有特色的记录重大历史事件的手段：坚硬石材制成的权标头和调色板（彩图20、彩图21）。权标头原是武器的一种，后发展成象征王权的礼器。调色板与埃及的气候有关，男女都调制颜料来涂抹眼盖以抵御烈日。早期的调色板是一小块青石，以便研磨颜料，其后也发展为比一般调色板大很多倍的礼仪用器，在其上浮刻隐喻王权的图像。这两种特色艺术品成为国家重器，被供奉在主神庙内多年，之后经过一番仪式，再被深埋在神庙里，得以保存数千年，成为世界上最早且最详尽的形象式的特殊历史文献（见下文）。

除此之外，考古学家还发现了7块巴勒莫石碑（Palermo Stone）残片，记录了第一至第五王朝（彩图22）的王的名字及他们统治期间的大事，佐证了在下文提到的阿拜多斯（Abydos）及希拉康坡里斯（Hierakonpolis，埃及名为Nekhen）出土的前王朝及早王朝王墓主人的身份。

根据这些考古发现，威尔金森（Wilkinson, 2003）提出了古埃及发展的6个阶段：

1. 前诺姆期（Nome，前4000—前3900，涅伽达一期A）：各自独立的小村庄；
2. 酋长国（前3900—前3800，涅伽达一期B）：邻近小村组成酋长国，从后来出土的旌旗样式推断，上埃及可能有49个酋长国；
3. 国家出现前的诺姆期（初城期，前3700—前3300，涅伽达一期C—涅伽达二期B）：在上埃及出现了8个由贵族领导的初城（图14），其中最强大的3个逐渐征服了其他初城；
4. 城邦形成期（前3300—前3200，涅伽达二期C—D）：两个强大的政治实体在上埃及出现，其势力向北方的下埃及和南方的努比亚延伸，将仍存在的酋长国并入其版图（上下埃及范围可见图14）；
5. 城邦扩张期（前3200—前3050，涅伽达三期A—B）：一个强势的王控制了上下埃及大部分地区，并在黎凡特地区（Levant）建立行省，开展了零王朝；
6. 统一帝国（自前3050起）：由第一王朝首位王阿哈（亦有说零王朝最后一位王纳尔迈）建立的覆盖整个埃及地区的统一广域国家。

下一节将讨论为何埃及的文化自公元前4000年起开始发展，并由下埃及转移至上埃及，以及初城的出现。

文化发展重心转移至上埃及的涅伽达

公元前6000年，尼罗河两岸的广袤区域还是适宜游牧的草原。北非土著和来自西亚的游牧民族闪米特人在此融合成古埃及人，但他们并不居住在湿润和定期泛滥的河谷的平原地带。约在公元前5500年，随着农业技术的进步，其中一些部落开始迁入河谷，形成以农业和畜牧业为主的村落。最早的农耕文化可能始于下埃及的村落，如奥玛里（El-Omari）、莫林达（Merimda）和法尤姆（Faiyum）（图13）。由于它们分别处于几个不同的重要区域，这些新石器文化各有特色。法尤姆在公元前5450年已经种植大麦和小麦。莫林达在公元前4800年从事农耕和畜牧，但捕鱼和狩猎仍是它重要的经济来源。

在南方的上埃及，最早的史前文化，巴达里文化（Badarian Culture，前4500—前4000）比下埃及或河口区晚了数世纪。这个上游地区在公元前4000年开始干旱，北非草原退缩，迫使这些散居上埃及的史前人类放弃游牧，寻求固定水源以开展耕作作为新的谋生办法。尼罗河有规律的泛滥，为农业的发展创造了优越的条件，吸引他们向尼罗河河谷迁移、定居、建立房屋，并从事农耕和畜牧。

这一时段的古埃及文明进程，即由分散的相对独立的新石器晚期农村，迈向以少数社会精英为首的复杂型社会，形成初城及之后出现的国家，较详细和具有系统性的考古证据都出自上埃及的涅伽达（Naqada）中心带（图13、图14）。这一地区位于尼罗河唯一的大河曲两旁。由于有坚固的岩石露头，平直的南北向河道在这里被迫拐弯，营造了较宽阔的洪泛平原，也提供了穿越东部沙漠抵达红海岸边和深入西部沙漠绿洲的天然通道，使涅伽达人可以便利开采这两处的黄金与其他矿产。因而这里兴起的古聚落阿拜多斯、涅伽达和希拉康坡里斯都被称为"黄金之城"。埃及古城市文明的孕育区，就位于阿拜多斯和希拉康坡里斯之间，南北向沿河距离约250千米，直线距离只约150千米，整个地区约1.25万平方千米。

在这核心区的巴达里人及其后的涅伽达人（涅伽达一期，前4000—前3600）都属农、牧、渔结合的混合型社会。在公元前4000年，与该地区相距1千米处便有一个小村，那里每平方千米的肥沃土地可养活

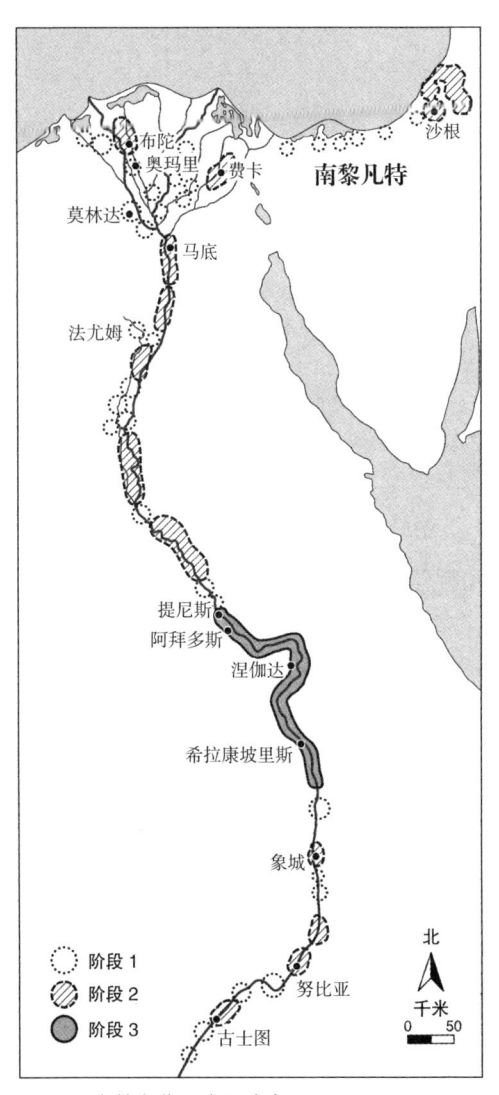

图 13　史前文化及古国演变

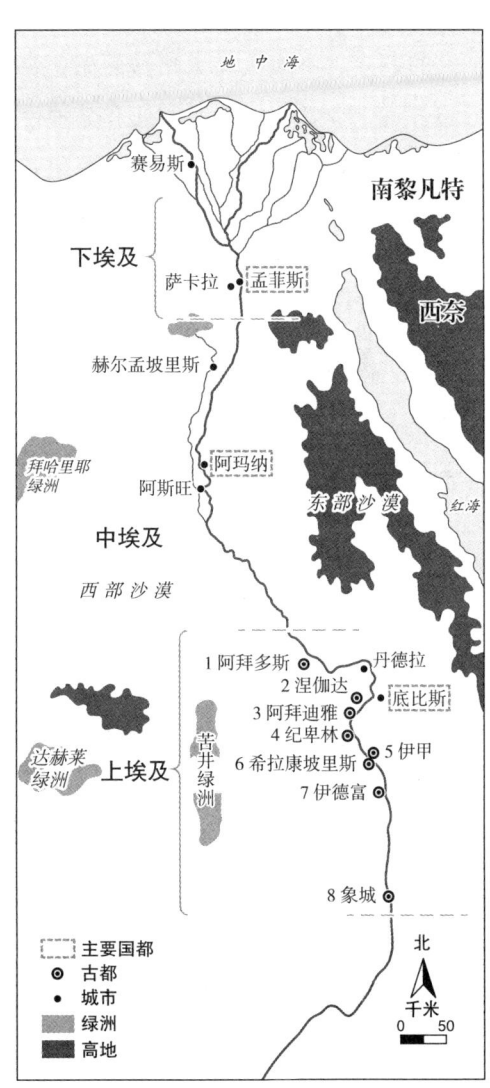

图 14　上下埃及的大致范围以及古都和统一后的国都的位置

76—114人。到了涅伽达二期（前3600—前3200），因为清除了区域内一些水草并建造了排灌渠，耕地增加了4—8倍，每平方千米土地可养活的人口大幅增加至760—1520人。农业生产力的提高，产生了巨大的剩余，不但提供了贸易商品，也使大量人口脱离农业，专注于工商与管理，令燧石业、制陶业和其他手工业有了相当发展。他们采掘优质的燧石以生产双面刃口大刀和鱼尾状大刀或矛，制造彩陶、精美的石花瓶、富有本土特色的化妆用的调色板，以及用黄金、青金石和象牙制成珠宝。

在希拉康坡里斯发现了涅伽达二期晚期规模巨大且使用时间很长的烧窑，由此得知当时出现了矿工和技工阶级。他们在尼罗河和红海之间开采黄金，具有一定的财富，并由此建立了多个政治中心，如涅伽达、希拉康坡里斯和阿拜多斯等。这时，上埃及专业化生产的物品已向下埃及、南黎凡特和努比亚扩散。而从希拉康坡里斯墓葬发掘出的大量奢华的陪葬品与墓饰可见，拥有这些作坊和控制其贸易的人的权力逐渐增强。此时上埃及的发展反而超过了河口区的下埃及。

这个发展历程和肯普（Kemp，1986）的假说吻合。他认为上埃及的尼罗河河谷进入了农耕的早期（涅伽达一期），由于人口稀少和土地资源众多，分散在不同聚居点的农民并没有很大的土地利益冲突。然而，到涅伽达二期，尼罗河水运的发展（风帆的出现）、农耕技术的进步和农业剩余的出现，以及贸易控制与垄断成为经济发展的最大动力及社会分化的推手。一些聚落因为较有效地利用水运，发展较快，进而超越其他农业聚落成为城镇。涅伽达二期出现的大墓及后来的王墓内的物品，反映了上埃及一些沿河地点在经济与艺术上有高度发展。少数精英不但拥有大量财富，垄断了艺术，亦发展出了埃及特有的宇宙观与宗教观，这都显示了他们崇高的社会地位，印证了一个复杂社会的形成。他们的墓穴陪葬品亦印证了他们已经与西亚等地区发展了远途贸易，并由此积聚了财富与权力。因此，在涅伽达二期，上埃及涅伽达文化区的涅伽达、希拉康坡里斯、阿拜多斯已发展为以初城为中心的数个古国（图14）。

初城和古国的出现

按安杰尔科维奇（Anđelković，2011）的说法，至涅伽达二期初，上埃及众多的酋长国通过兼并成为8个古国（proto-state，图14）。其中最强大的是希拉康坡里斯、阿拜多斯和涅伽达。考古学家在这3个古国位于低沙漠边沿区的墓地上，发掘出了数千个墓，提供了有关这时期的古国和它们的初城的重要信息。其中希拉康坡里斯是这个时代最早和最重要的初城（图15）。

希拉康坡里斯遗址自巴达里文化开始发展，跨越旧石器、新石器、早王朝、古王国至新王国结束的数个时代，其发展高峰期（前3800—前3500）为初城时期。当时聚落在沙漠边沿的洪泛平原上南北延伸2.5千米，又向西深入沙漠3千米，但现今遗留的城址只有150万平方米。此外，它有运河与距离5千米的尼罗河连接，出土文物多属涅伽达二期的初城时期。

初城的占地面积约为750万平方米（图15），远大于王朝时代及之后的希拉康坡里斯城。初城内有不同的住宅区、墓地、手工业区、宗教中心与垃圾堆填区。它的土地功能划分明显而复杂，反映了一个复杂社会的出现。据估计，公元前3500年的希拉康坡里斯约有1.05万人口，居住在泥砖建造的小屋。由于尼罗河东移，初城与零王朝的城区都在西边，王朝时代的城市则位于东面的洪泛平原。之前的城区多被冲积土破坏或覆盖，只余一些较坚固的建筑和位于稍高位置的墓葬。虽然一些王的标志性文物已经出现，但由于文字仍未出现，所以这座城还未踏进文明门槛，因而我们将它归纳为初城。

初城北面的HK24主要是个手工业区，内有十多个大型啤酒厂，还有大型谷仓、制造陶容器的窑址等。这些设施的使用时期约为公元前3600年，显示出大量农业剩余和一个制度化的生产系统，亦间接说明

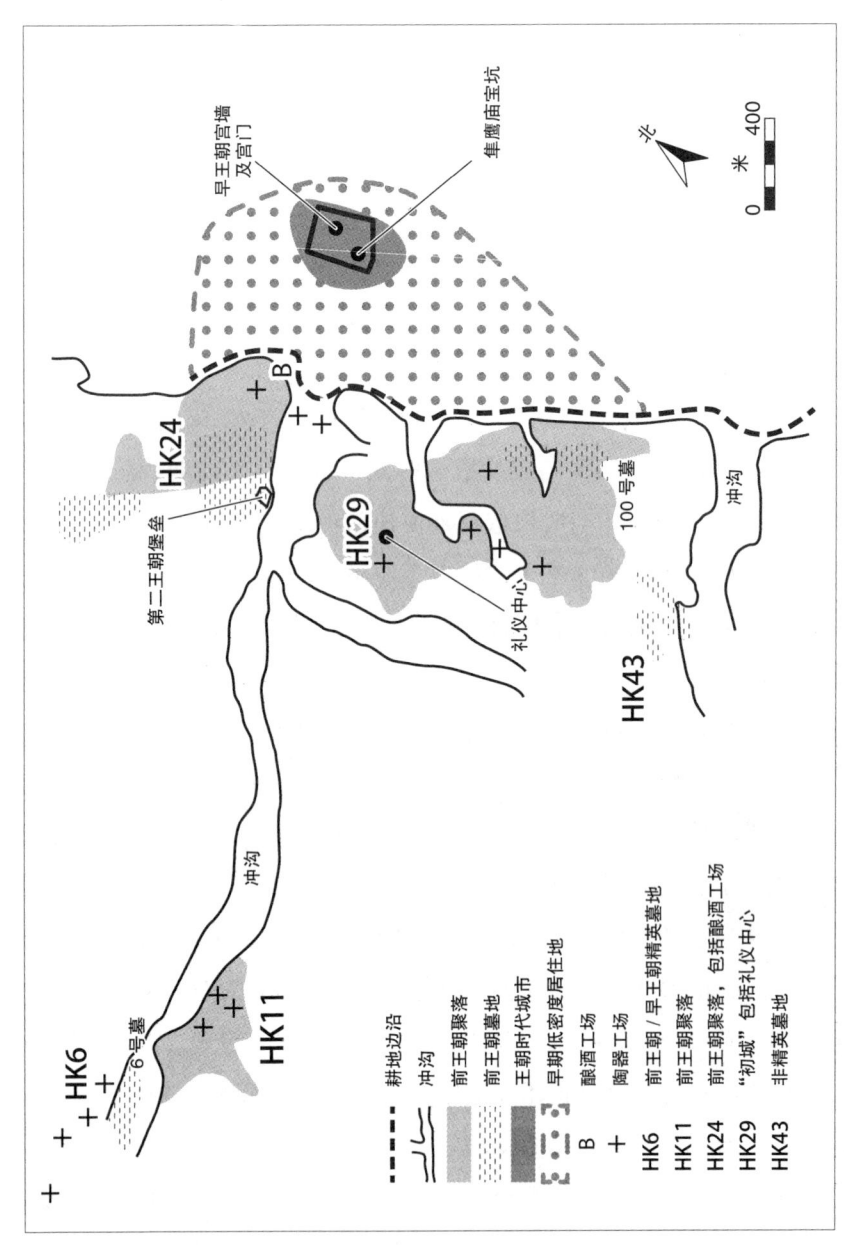

图 15 希拉康坡里斯城市范围和主要考古发现分布图

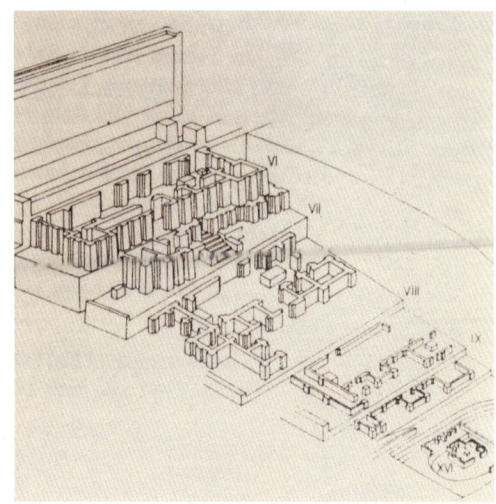

彩图1 公元前 3800 年的埃里都神庙想象图
右图显示了埃里都神庙下叠压的多层旧神庙。

彩图2 基什出土的原始象形文字泥板（前 3500）
资料来源：阿什莫林博物馆（Ashmolean Museum）。

彩图 3　滚筒印章及印迹（前 4000—前 3000）

彩图 4　安放在神庙中的祭司像及供养者像（前 2900—前 2600）
资料来源：伊拉克博物馆，出土自阿斯马尔丘（Tell Asmar）。

女神　　　已收贡品

城邦领导者

公民

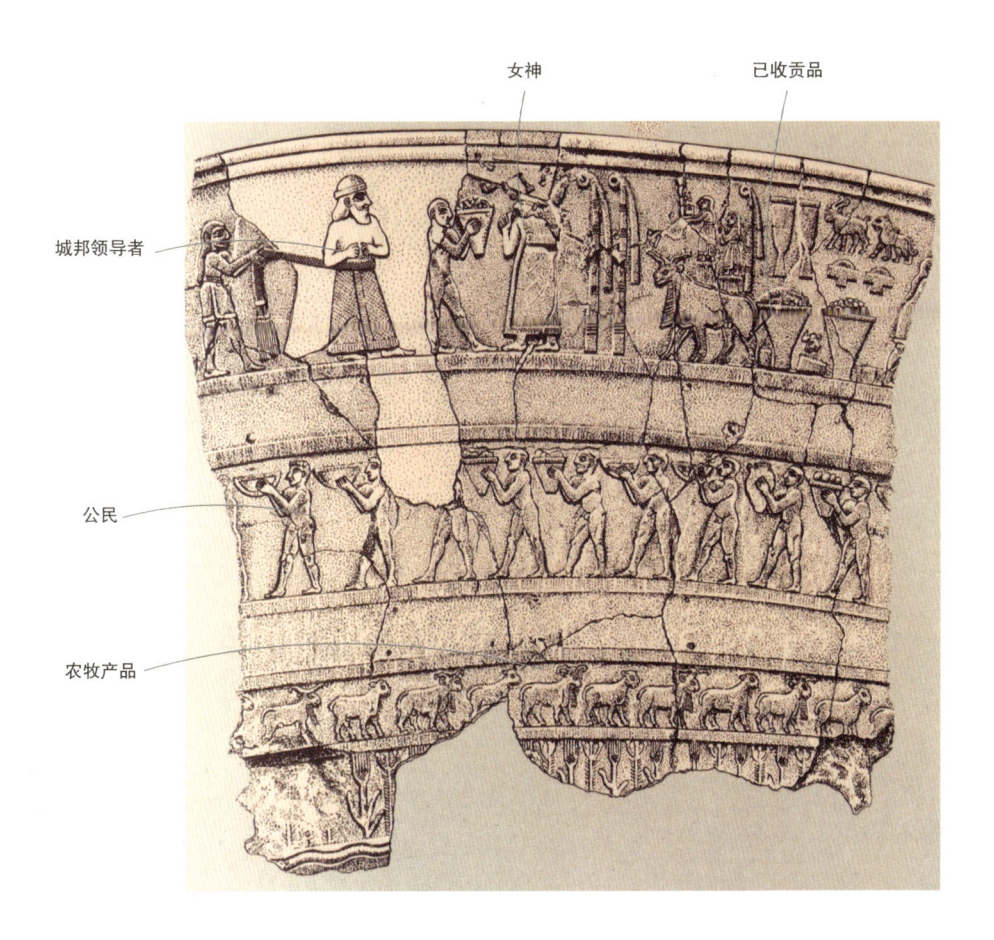

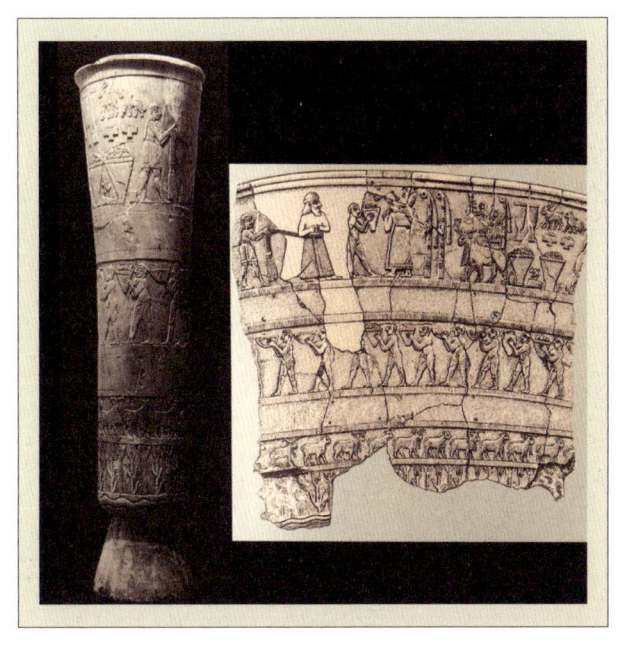

农牧产品

彩图 5　伊南娜神庙出土的大理石瓶（前 3200—前 2900）
资料来源：伊拉克博物馆。

彩图 6　乌鲁克晚期滚印印迹（前 3400）

彩图 7　安努塔庙想象图

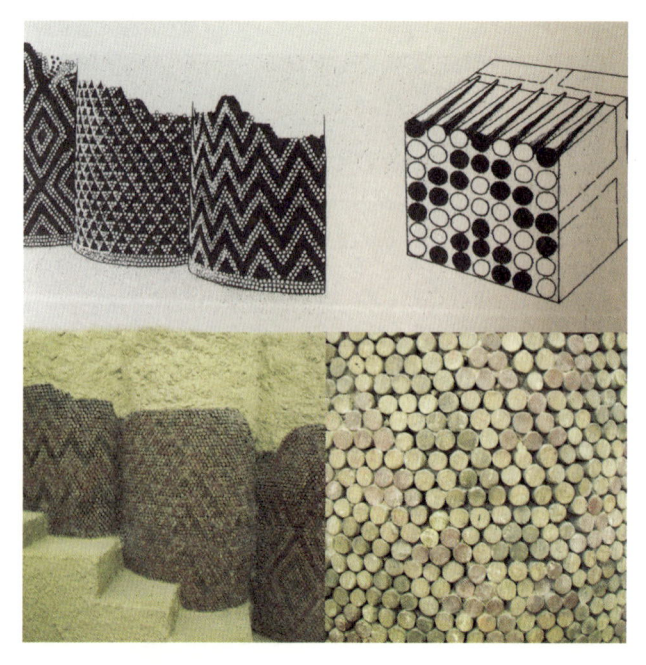

彩图 8　镶嵌柱原理及出土的镶嵌柱

彩图9 早王朝早中期城邦印及印迹（前2900—前2650）
印迹共有13个城邦，可辨的有基什、乌尔、阿达布及捷姆迭特·那色。
资料来源：宾夕法尼亚大学考古学与人类学博物馆，出土自乌尔王陵。

彩图10 温玛祭司Ushumgal浮雕像（前2900—前2700）
雕像周边文字记录了土地、房屋及牲口交易，并有小人像（可能是见证人）。

彩图11 神庙的牲口交易记录泥板（前2500）
资料来源：大英博物馆。

彩图 12　乌尔王陵出土的金匕首及金容器（前 2550—前 2440）

资料来源：宾夕法尼亚大学考古学与人类学博物馆。

彩图 13　乌尔普阿比墓出土"灌木丛中的山羊"及牛头竖琴

资料来源：宾夕法尼亚大学考古学与人类学博物馆。

身形较大的王与群臣畅饮　佃户缴纳作物和牲口　献俘　战车杀死敌人　官员/贵族领着仆人　献俘　竖琴乐师与歌者

彩图 14　乌尔王陵出土的"乌尔军旗"
可能是扩音箱，四面有镶嵌画，上图是战争主题，下图是和平主题。资料来源：大英博物馆。

王头顶工具，领导人民建庙

坐在椅上的王为庙的建成祝圣

彩图 15　拉格什王乌尔南塞建庙浮雕（前 2550—前 2500）
资料来源：卢浮宫博物馆。

彩图16 阿卡德王纳拉姆辛（萨尔贡孙）征服山地部落记功碑浮雕（前2254—前2218）
这是目前全世界最早的大型浮雕艺术摆设。
资料来源：卢浮宫博物馆。

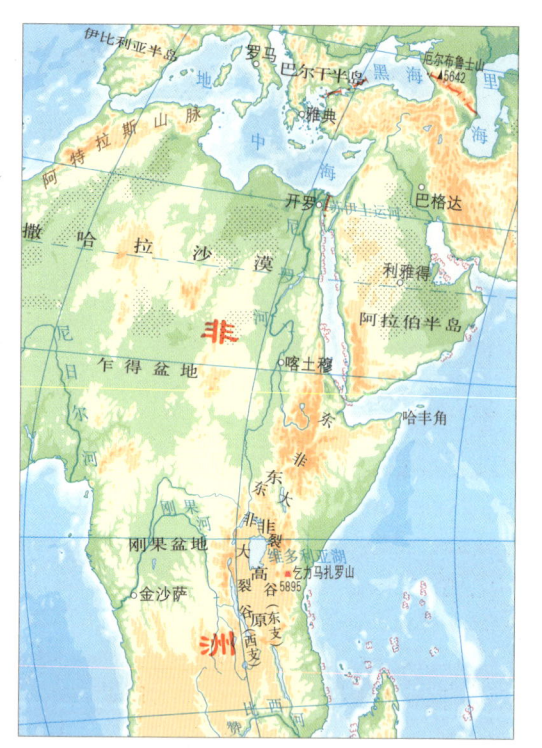

彩图18 埃及地理位置

彩图17 乌尔城复原图（城市核心部分）
资料来源：W. R. Mattfield。

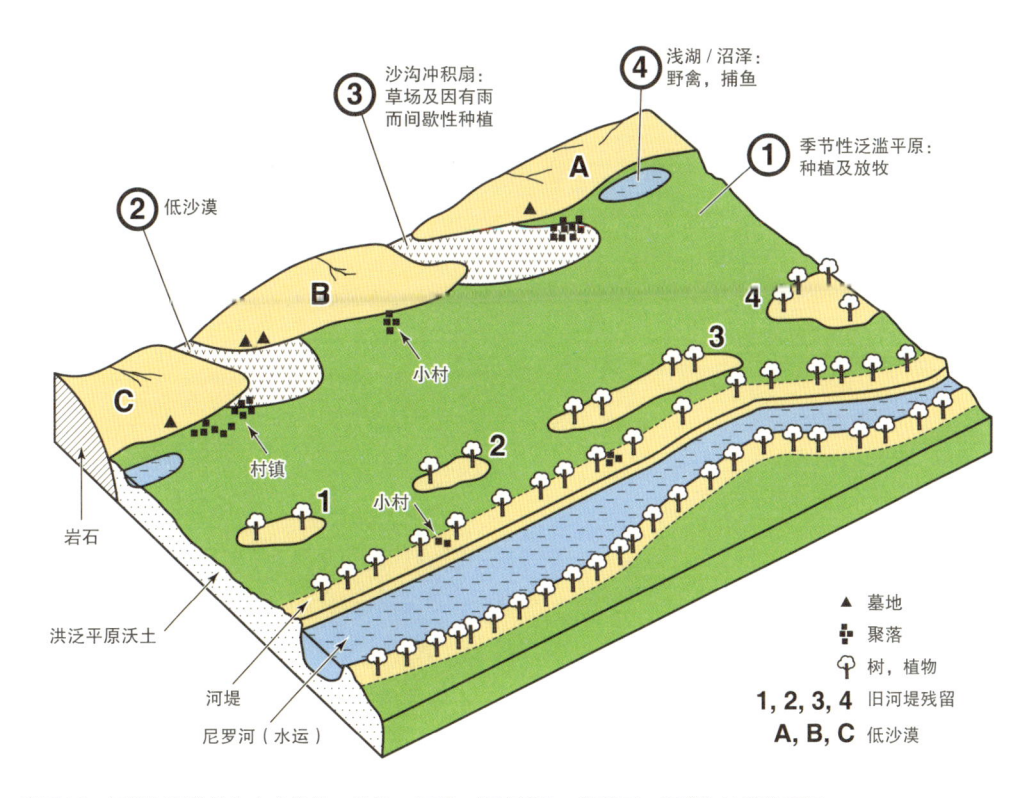

彩图 19　尼罗河河谷的生态多样化、耕地、聚落、经济活动、墓葬区、河道与沙漠关系图

彩图 20　权标头
资料来源：布鲁克林博物馆（Brooklyn Museum）。

彩图 21　鸟形调色板
资料来源：布鲁克林博物馆。

彩图22 巴勒莫石碑"王表"
记录了第一至第五王朝的帝王名称及他们统治期间的大事。

彩图23 希拉康坡里斯100号墓出土的彩色墓画
它是目前世界上最早的描绘内容丰富的彩画,其内容包括王打击敌人、狩猎、征伐、巡游等细节。
资料来源:R. Friedman。

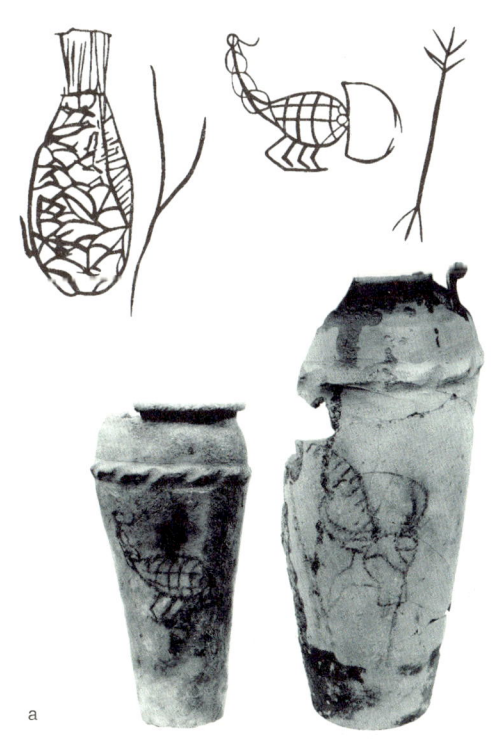

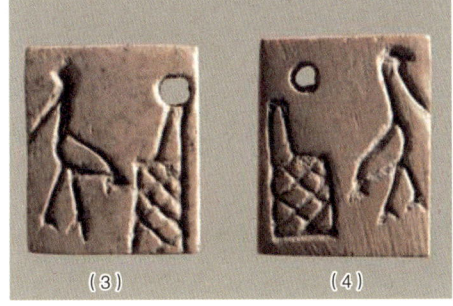

彩图 24　蝎王 I 墓出土的部分文物
a. 刻有早期文字的陶容器；b. 刻有早期文字的象牙制或木制的陪葬品标签，小孔方便用绳将标签绑在容器口或盖上。
资料来源：G. Dreyer。

法老保护神：隼鹰

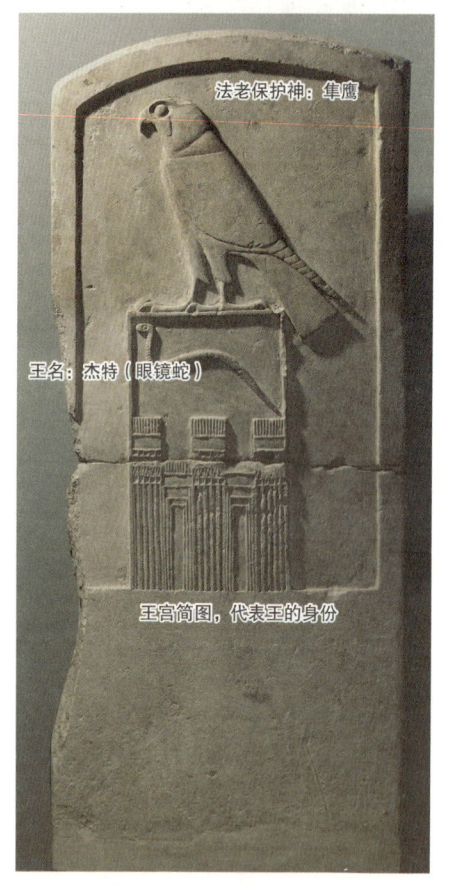

王名：杰特（眼镜蛇）

王宫简图，代表王的身份

彩图 25　第一王朝时的王名印迹及墓碑
上：印有阿哈王王名的陶器碎片；下：杰特王墓碑及王名印迹。
资料来源：大英博物馆、卢浮宫博物馆。

彩图 26　卡塞凯姆威王石像
这是最早的王像，座下侧面及正面刻有王降服敌人的形象。
资料来源：阿什莫林博物馆。

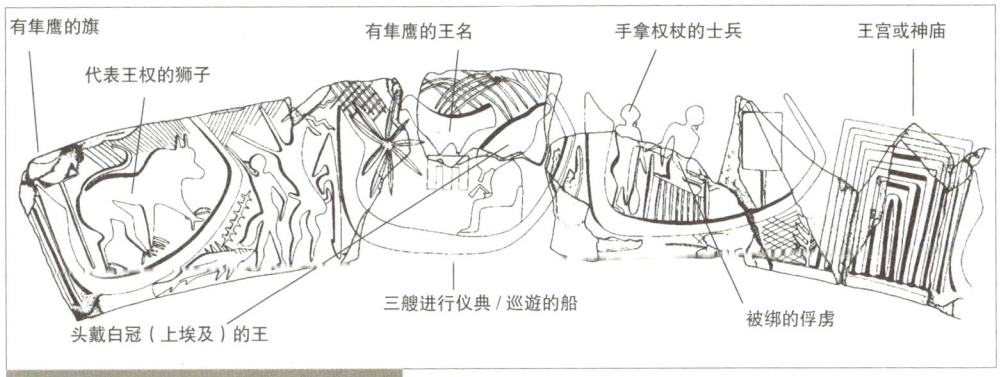

有隼鹰的旗　　　　　有隼鹰的王名　　　手拿权杖的士兵　　　王宫或神庙
代表王权的狮子

头戴白冠（上埃及）的王　　三艘进行仪典/巡遊的船　　被绑的俘虏

彩图 27　古士图香炉及香炉上的雕纹印记
资料来源：芝加哥东方研究所博物馆（Oriental Institute Museum）。

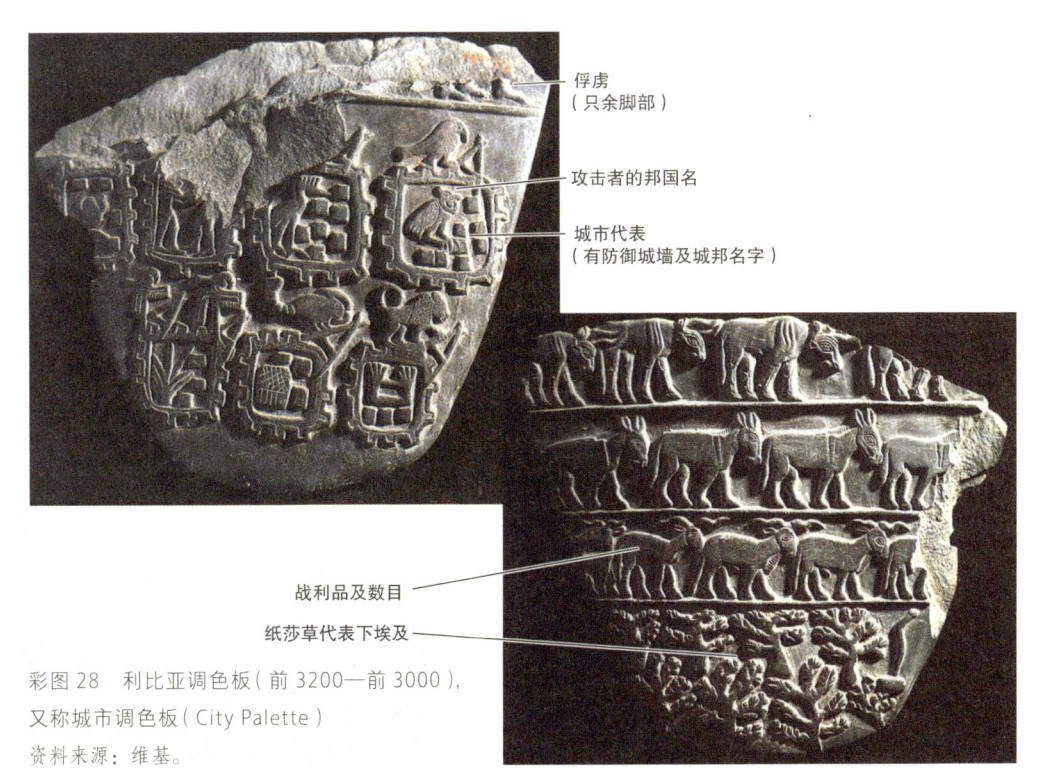

俘虏
（只余脚部）

攻击者的邦国名

城市代表
（有防御城墙及城邦名字）

战利品及数目
纸莎草代表下埃及

彩图 28　利比亚调色板（前 3200—前 3000），
又称城市调色板（City Palette）
资料来源：维基。

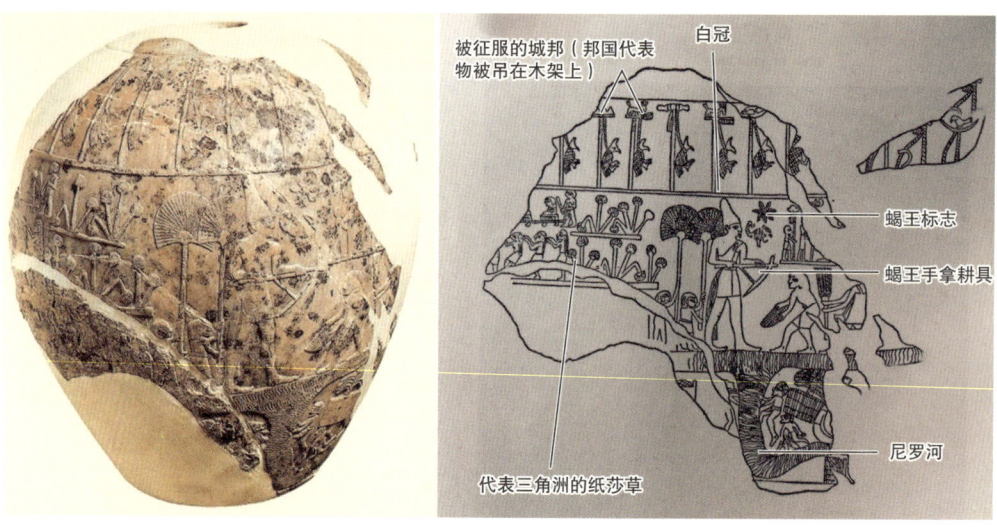

彩图 29 蝎王权标头及其图案（约前 3150）

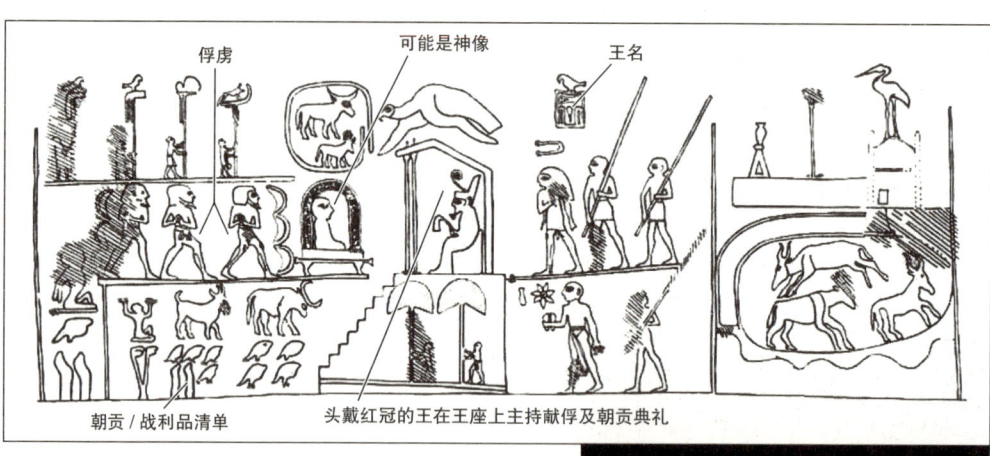

被征服的城邦（邦国代表物被吊在木架上）
白冠
蝎王标志
蝎王手拿耕具
尼罗河
代表三角洲的纸莎草

俘虏　可能是神像　王名
朝贡/战利品清单
头戴红冠的王在王座上主持献俘及朝贡典礼

彩图 30 纳尔迈权标头及其图案
图案表现头戴红冠的王在王座上主持献俘及朝贡典礼。
希拉康坡里斯出土。

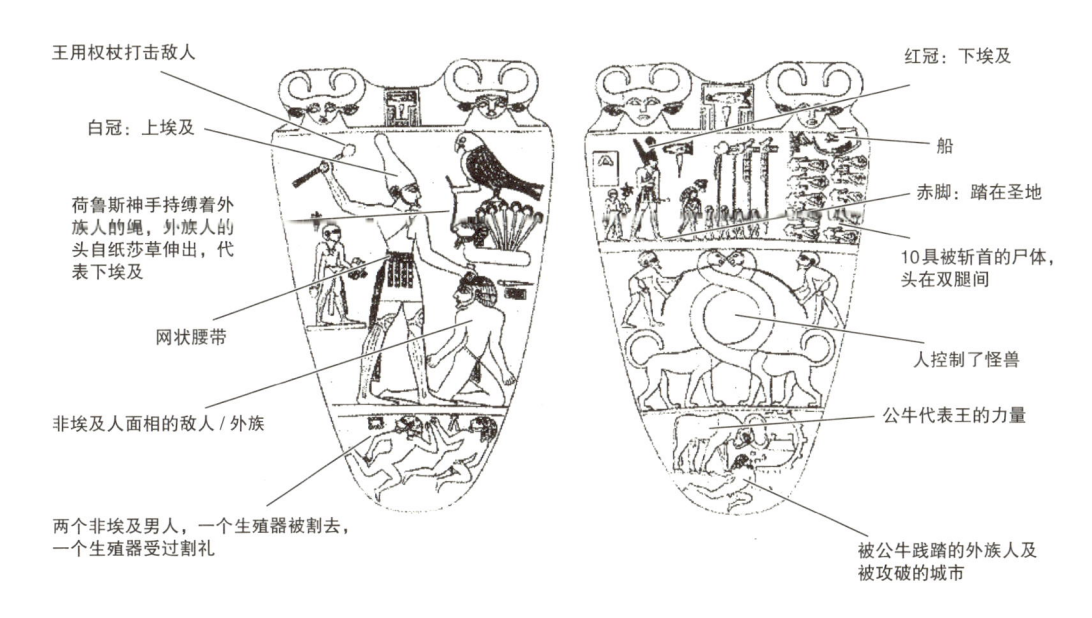

反面　　　　　　　　　　　　　　　　　　　正面

- 王用权杖打击敌人
- 白冠：上埃及
- 荷鲁斯神手持缚着外族人的绳，外族人的头自纸莎草伸出，代表下埃及
- 网状腰带
- 非埃及人面相的敌人/外族
- 两个非埃及男人，一个生殖器被割去，一个生殖器受过割礼

- 红冠：下埃及
- 船
- 赤脚：踏在圣地
- 10具被斩首的尸体，头在双腿间
- 人控制了怪兽
- 公牛代表王的力量
- 被公牛践踏的外族人及被攻破的城市

彩图 31　纳尔迈调色板及其图案

图案表现头戴红冠的王在王座上主持献俘及朝贡典礼。希拉康坡里斯出土。

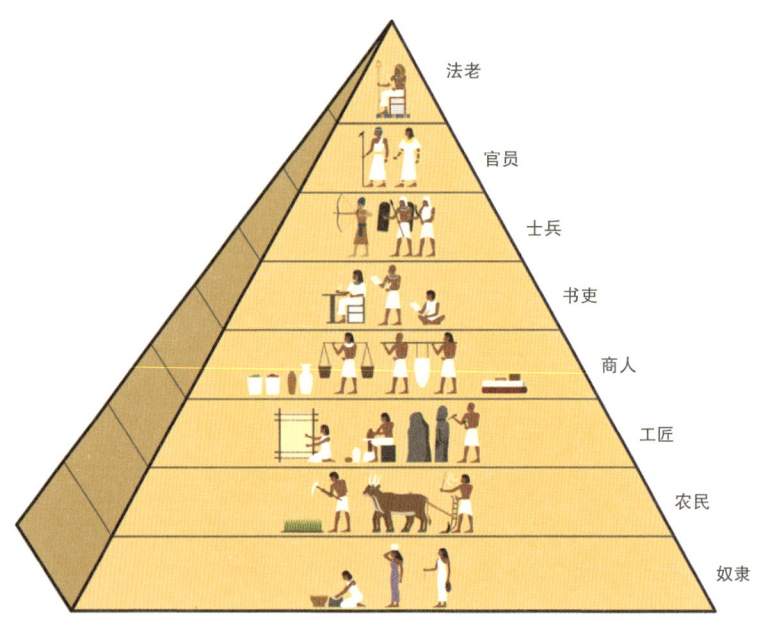

彩图 32　埃及法老时代的社会阶层

彩图 33　胡夫大金字塔及狮身人面像

了这个区域是个重要的经济与分配中心，或许是古埃及王朝时代分配性经济的始源。

初城中部发现了行政中心与宗教礼仪中心（图 15 中的 HK29），由一排大木柱建造的墙围着，墙内面积达 1 万平方米，内还有制造燧石工具，以及半宝石珠子、石瓶等奢侈品的手工作坊。宗教礼仪中心约为 45 米长、13 米宽，大门向南，由 4 条大柱形成门道。它大概被使用了 500 年，其旁有多处垃圾坑，出土了约 3.75 万块动物骨骼，包括已驯化的和野生的动物，是常年定期举行祭祀的证据。祭祀目的似乎和尼罗河的泛滥周期及农业有关。对自然的定期祭祀和君主行政功能的结合开创了古埃及特有的帝王术（royal ideology）的先河。

初城西部深入沙漠约 2 千米、位置较偏僻的地方，主要是精英阶层和王者的墓地。其中的 6 号大墓，展示了公元前 3650 — 前 3550 年远古埃及文明的高水平发展，也开拓了古埃及其后的人殉制度、"重死不重生"的价值观、陵墓与享庙的结合、法老的帝王术等埃及古城市文明的特点。6 号墓是初城时期已发现的最大王墓（4.4 米 ×2.6 米），虽然遭受盗掘，但也出土了 115 个陶容器，其中一个刻有最早的牛头女神神像，还出土了 2 个陶制面具，后者是最早的法老葬仪传统的证据。王墓四周有以亲疏远近及官位高低排列的 13 个陪葬墓（内中共 36 个人殉），在其外围还有 46 个不同动物的陪葬墓，包括来自境外远方的 10 岁非洲象和原牛。众多珍稀动物的陪葬体现了他对野蛮外敌的降服与对混乱局面的控制，这也是王者权力的象征。6 号墓群南边出土了一群享庙，最大的一间由 24 条产自黎巴嫩的杉木大木柱支撑。享庙内发现了鸵鸟蛋壳、象牙棒、象牙箭镞、动物石雕、最早的隼鹰石像，以及真人高矮的石人像残片等。

希拉康坡里斯在公元前 3500 年后开始走下坡，再没有发现精英墓地，东面的一部分精英墓地更被一般民众墓侵扰。但这个古国初城似乎仍保有一定的势力与影响。在城南的非精英墓地 100 号墓出土了一幅大型彩色墓画，形象地展现出当时社会的各方面情况，包括尼罗河上的水运和贸易，以及王者的征伐、狩猎、巡游、打击敌人等，证明了社会的高度复杂化和王权的出现（彩图 23）。

公元前 3400—前 3200 年，希拉康坡里斯的面积进一步明显收缩，其权力及影响力似乎已转移至阿拜多斯。这时出土的考古资料不多，重要的有零王朝的王墓（位于 HK6）、第二王朝的一个王庙（被误称为堡垒），以及在零王朝时位于洪泛区新城的王宫和邻近的荷鲁斯神庙。在这神庙旁边的一个礼器坑中出土了蝎王权标头、纳尔迈权标头和纳尔迈调色板等著名的零王朝末至第一王朝文物，显示希拉康坡里斯在涅伽达三期仍是个有影响力的城市。然而，证明上埃及跨越文明门槛最多的证据发现于希拉康坡里斯北面的阿拜多斯。

城邦时代及古城市文明的传播（前 3300—前 2890）

阿拜多斯进入文明的城邦时代

阿拜多斯在尼罗河西约 7 千米，位于河谷耕地的边沿。自 19 世纪末起，考古学家已在这里发掘了超过 100 年，证明自涅伽达一期起至第二十六王朝，这里不断有重要王墓与神庙兴建，是古埃及的主要圣地。然而阿拜多斯在埃及古城市文明史上最显著的地位在于，这里出土了可能是前王朝及第一王朝全部的王墓，提供了世界上最早的古城市文明最详尽的资料（表 6）。

阿拜多斯在公元前 3800 年起由一个酋长国过渡至以初城为核心的古国，并约在公元前 3300 年进入了有文字记录的文明时代（图 13、图 14）。它在公元前 3300—前 2890 年的王墓亦印证了古埃及长达约 400 年的城邦时代。这个古国及其后的城邦被命名为阿拜多斯，首都提尼斯（Thinis）是第一王朝的发源地，离阿拜多斯遗址只有数千米。但提尼斯遗址至今仍未被发现，"提尼斯"可能就是阿拜多斯的别名。

阿拜多斯的王家墓地，包括前王朝的 U 墓地和 B 墓地，以及第一王朝的 B 墓地和 Umm el-Qa'ab（意即"碎瓦地"），集中在城市以南的低沙漠区（图 16）。虽然这些王墓饱遭盗掠，但看似不值钱的陶容器、泥印迹、象牙标签、墓碑等都被遗留了下来，加上大墓的形制未受破坏，因此我们可确知墓主人的身份、墓葬的年代，以及社会、经济、政治等方面的概况。U 墓地跨越公元前 3700—前 3050 年近 700 年，共有约 700 个墓。其中王墓 8 个，年代都在公元前 3300 年后（表 6）。著名的"蝎王 I 墓"（U-j 墓）的年代为公元前 3215—前 3200 年，出土了最早的埃及文字，遗留下成熟的官僚行政管理、专业手工业分工、远途贸易、王者庄园、王宫形制及财富大量集中等信息，体现了古埃及已步入城市文明时代，而且其艺术水平已相当高（图 17）。

蝎王 I 墓共出土陶瓶约 2000 个，其中约 700 个来自中东迦南地区。

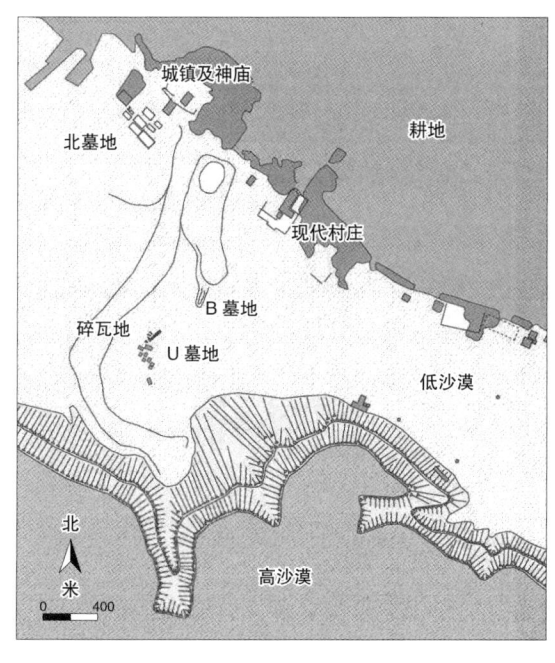

图 16　阿拜多斯位于耕地边缘的零王朝和早王朝墓地

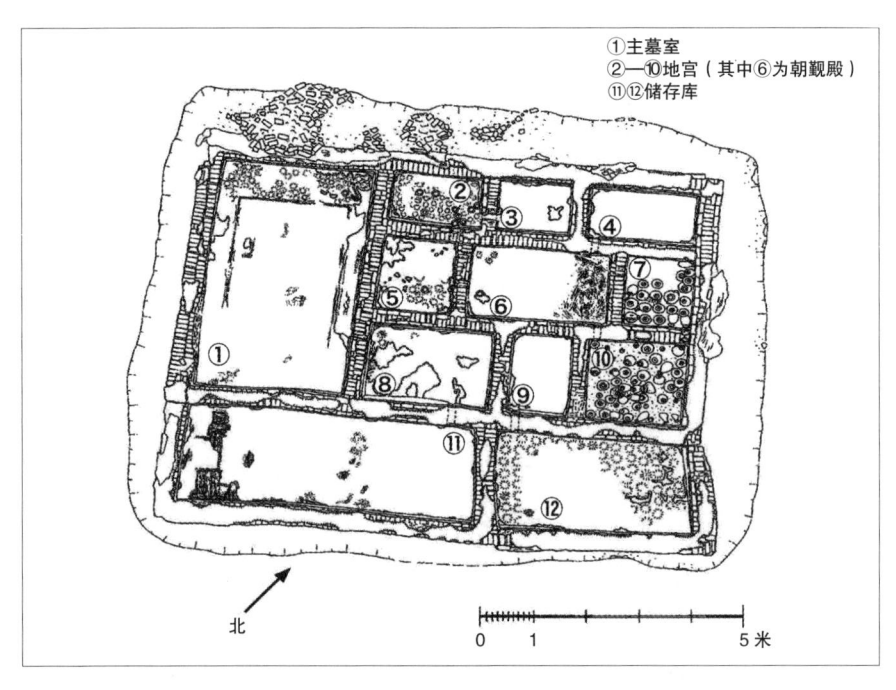

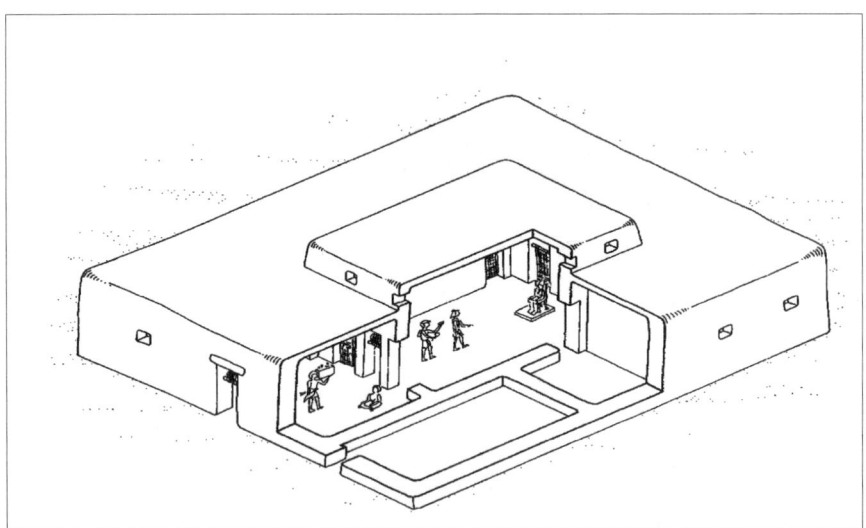

①主墓室
②—⑩地宫（其中⑥为朝觐殿）
⑪⑫储存库

北
0 1   5米

图17 蝎王I墓（U-j墓）的结构（资料来源：G. Dreyer）

表6 阿拜多斯城邦王系表（零王朝和第一王朝，前3300—前2890）

王名	大概年代（公元前）	墓地位置	陪葬墓（个数）
不知名	3300	U	—
不知名	?	U	—
毕-霍尔（Pe-Hor）	3270	U	—
蝎王 I（Scorpion I）	3250	U-j	—
双隼（DoubleFalcon）	3215	U	—
奈-霍尔（Ny-Hor）	3180	U	—
伊利-霍尔（Iry-Hor）	3145	B	—
卡（Ka）	3115	B	—
鳄鱼（Crocodile）	3085	U	—
蝎王 II（Scorpion II）	3055	U	—
纳尔迈（Narmer）	3050	B	—
阿哈（Aha）	3025	Umm el-Qa'ab	338
哲尔（Djer）	3000	Umm el-Qa'ab	269
杰特（Djet）	2985	Umm el-Qa'ab	154
美丽奈茨（Merneith）	?	Umm el-Qa'ab	(79)
登（Den）	2965	Umm el-Qa'ab	135
阿涅德吉布（Anedjib）	2940	Umm el-Qa'ab	63
瑟莫赫特（Semerkhet）	2915	Umm el-Qa'ab	69
夸（Qa'a）	2890	Umm el-Qa'ab	26

这些进口的陶瓶都盛载着来自远方的葡萄酒与橄榄油。储存库与主墓室还有放置其他陪葬品的木制容器。容器已不存在，贵重物品亦早已被盗取，但容器上的标签是最早的文字载体及行政管理的印证。这些木制或象牙制的标签共约160个，刻有物品数量或源产地。此外，又在125件陶瓶或破碎陶片上发现了雕刻或用墨书写的文字符号（彩图24）。这些最早的文字体现了古埃及文字的特色：僧侣书写的文字正体与草体共存，音义结合，如植物的音为ba，椅子的音为st，但两个符号放在一起就变成Bast［一个位于三角洲的地名，彩图24（b4）］。

进入第一王朝后，文字、王权和王室体制有了进一步发展。王名或王室的标记已发展出定制（被称为Sekhet）：代表王权神授或王的保护神隼鹰站在代表王宫正门的长方形图案上，而图案内上部空间写的就是王的名字（彩图25）。在碎瓦地墓地出土的第一王朝8位王的王墓（包括登王母亲美丽奈茨墓，她能在王陵安放大墓，显示她可能是个女王，但她的墓碑没有王的定制标记），除了美丽奈茨墓外都有石灰岩墓碑标示王名（似乎和古代中国的墓碑近似）。王墓旁亦有高级官员和其家属的陪葬墓，墓的大小和陪葬品的质量标志着墓主人地位的高低。人殉制度在初城时期的6号王墓已经出现，但自第一王朝才成为固定体制。不过由于它对高级人才的浪费及引起王室近亲的恐慌，自杰特（眼镜蛇）王时达到顶峰后便开始式微，到了第二王朝时这个制度便消失了（表6）。自第二王朝起，阿拜多斯城邦国的势力向北扩展至河口部分地区，它的首都亦迁至孟菲斯（Memphis），王陵也转移至萨卡拉（Saqqara）。不过第二王朝的最后两位王，可能因为首都动乱而逃回阿拜多斯，他们的享庙亦建在那里。

在哲尔王墓发现的王的手臂遗骸上的手链及拖鞋上绑着的象牙标签，体现了手工艺的进一步发展和王权的进一步具体化，即王起到了稳定人类社会与自然力量中的动乱和不确定性的作用（图18）。这些王权特点在艺术上得以体现，亦可见于第二王朝最后一个王的王墓出土的王像（彩图26）和其王庙中的容器。头戴白冠的卡塞凯姆威（Khasekhemwy，第二王朝，约前2685）王石像是世界上现存最早的确

图18 哲尔王墓中发现的王的手臂遗骸及其上的手链

知的王像，它的底座刻有降服敌人的画像。

前王朝及第一王朝的享庙都建在陵墓区北面近城市的位置，都有泥砖围墙、广阔的中庭和窄小的祭坛，其东西两墙都有王衔上所描绘的宫墙上的波浪纹装饰。已知阿哈王的享庙有3个，哲尔王的有1个，其后的享庙只发现1个，似乎是由诸王共享的。这些资料说明古埃及"重死不重生"，以及王墓和享庙的结合以神化法老的特色自前王朝制度化，至第一王朝时已成为定制。

涅伽达城邦国

正如前述，在底比斯（Thebes）北面约30千米的涅伽达核心区，约在公元前3600年也出现了一个有城墙的初城（图19），它是已发现的最早的有围墙的古埃及城市。城内有泥砖建造的长方形民居和精英居住的宫殿式建筑，出土了来自两河流域的滚印及有两河流域特色图案的陶器，显示出涅伽达在初城时期已是个有着广泛贸易影响的强大古国。

图19展示了涅伽达二期的南城和北城，以及前王朝时期的多处墓地，目前在3个主要的前王朝墓地已发现了2000多个墓葬。城市与墓地呈南北向的狭长带状发展，以减少耕地浪费和避免被泛滥期的河水淹没，反映了彩图19所显示的尼罗河、耕地、聚落与沙漠的空间关系。该城东面有路接通古国以东的沙漠中的黄金产地，因而在王朝时期涅伽达被称为黄金之城。前王朝遗址或可居住250人，现存面积约3万平方米，有用柳条编织物环绕木柱搭建而成的建筑，部分建筑中还遗留了大量碎石和泥砖，其中有炉灶和贮藏坑。南城有城墙与防御工事残迹，北城没有城墙，但南北城都出土了涅伽达二期的陶器。

涅伽达T墓地是涅伽达二期末的典型墓地。这些墓规模大，结构复杂，其中T20墓与希拉康坡里斯的画墓规模非常接近。每个墓地的陪葬品至少有三四十件。似乎在涅伽达二期中段以前，涅伽达仍是个独立的邦国，但在公元前3200年后可能已成为阿拜多斯邦国的一部分。

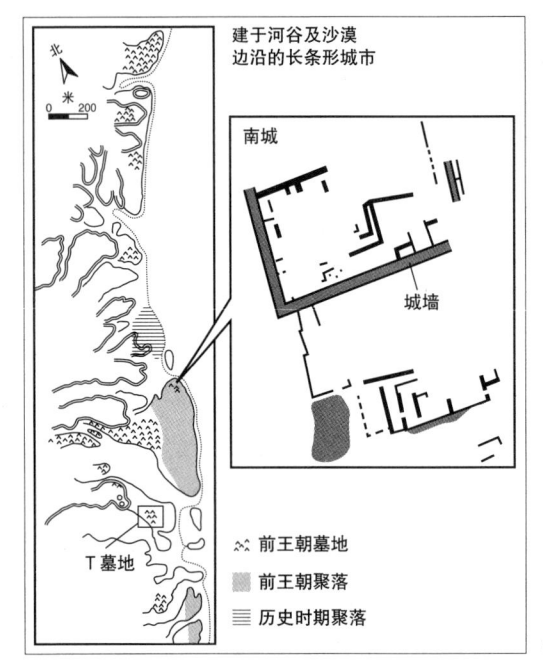

图 19 前王朝时期的涅伽达城位置和南城简图

可以推论,自前王朝最后一王即纳尔迈起,两个独立的城邦国——阿拜多斯和希拉康坡里斯——已经统一或结成一个联合王国,而其主要行政中心及经济中心是涅伽达。不过希拉康坡里斯依然保持着它特有的圣地地位,这解释了为何纳尔迈调色板和蝎王权标头会被供奉及埋在希拉康坡里斯的神庙内。

上埃及城邦文明的向外发展及可能存在的城邦国

当涅伽达二期上埃及发展到初城时期时,同期的下埃及已发现的遗址只有马底(Maadi)和一些村落,如奥玛里。这些遗址里都是些简易房屋和大量的仓储空间(内有残余的商品),似乎是沟通河谷与地中海的贸易点。上埃及这时的文化领先,可能是相对于三角洲的沼泽地而言,上埃及的河谷土地更易于发展高产农业。下埃及这一时期的遗址密度呈现出陡然下降的态势。此外,孟菲斯和上埃及之间的中埃及地区

（图 14）亦呈现出较低的定居密度，这是因为中埃及地区的盆地环境使得泛滥期时河水涌溢严重，需要大量人力排掉洪水后才可耕作。另外，中埃及地区的定居点及早期文物，也可能因洪水频发而被淹没在历史长河中了。

简言之，在涅伽达二期前的下埃及看不到重要的民居痕迹，不过自涅伽达二期起，上埃及的人开始向下埃及殖民。一个证据乃起源于上埃及的隼鹰，即荷鲁斯（Horus）王衔符号，已由涅伽达向北传播到法尤姆的玛拉克和开罗附近，甚至远至三角洲东端，而下埃及的法尤姆文化A和马底文化都是由上埃及移民带来的。也有学者提出了三角洲的布陀（Buto）可能与上埃及的希拉康坡里斯文化同期，但迄今为止的资料仍不能使人得出确切的判断。

然而在西奈半岛至约旦和以色列南部的黎凡特地区，也自公元前3300年起出现了从涅伽达地区来的移民，他们形成聚落并与上埃及建立了逐渐频繁的贸易往来。在今天的开罗东北约120千米的法尔卡丘地（Tell el-Farkha），上埃及在公元前3200—前2900年间（前王朝及第一王朝）发展到移民高峰。当时交易的商品有陶器、工具及来自上埃及和黎凡特的原材料。在那里发现了一个当时最大的礼仪建筑（300平方米）和精英墓，出土了印章与一些珍贵文物，包括一个披大衣的王者雕像、两个木雕像残留下来的金外壳、代表王权的大型石刀、鸵鸟蛋、项链等。在精英墓中亦发现了珠宝、调色板、工具、陶器等，有些刻有前王朝及第一王朝的数个王名，显示出这个城市与涅伽达城邦国的紧密关系。因此法尔卡是个上埃及移民建立的独立邦国，或是阿拜多斯的一个殖民地。但自第一王朝中起，法尔卡便走向衰落。

上埃及和黎凡特的贸易网络在更早的公元前4000—前3500年已经逐步建立起来。希拉康坡里斯的早期王墓，如6号墓已出现来自黎凡特的进口物品，包括陶器、葡萄酒、橄榄油、铜器、工具和宝石。自前王朝起，通过西奈半岛的陆路及尼罗河进入阿拜多斯的进口物品更多，如蝎王 I 墓的陶容器。在蝎王 I 时代，加沙已出现了多个上埃及殖民点、殖民镇及殖民城市。最大的乃沙根（Tell es-Sakan，图 13），是个有防御城墙的城堡。但自第一王朝起，这个地区的殖民活动似在走下坡：自杰特王起，上埃及的王墓已没有来自黎凡特的进口物品出现，到古王国时，这个殖民区似乎已经不存在了。

同处在尼罗河谷地带但位于上游或更南端的努比亚，早期缺少形成文明的客观条件。但在涅伽达初期，努比亚在器物与墓葬上开始受到苏丹、埃塞俄比亚和来自上埃及希拉康坡里斯文化的影响，形成了有地方色彩的 A 类文化（A-Group），显示出不同于涅伽达的风格，如来自苏丹及埃塞俄比亚的进口物品和岩画中上埃及的货船形象等。在涅伽达二期至三期间，沙阿拿大墓更出土了调色板、铜器、铜块、武器、两个权杖柄的金封套及黑口红陶瓶，显示出王者的存在，说明沙阿拿可能是一个邦国。

努比亚古士图（Qustul）12 个大墓（约前 3200—前 3100，图 13）的规模及陪葬品显示了和阿拜多斯 U-j 大墓相当的财富和发展水平。虽然墓中的一些滚印在设计上与埃及和巴勒斯坦的不同，不过有个别文物展现了早王朝王者名称的特殊徽号 Sekhet，也都显示了明显的行政管理功能。如古士图香炉所显示的王者的功能和形象（彩图 27），与蝎王权标头及纳尔迈调色板的内容近似。其中更出现了一个可能代表古士图城邦国的初期文字：Ta-Seti。它与同期的 Ta-Mehu（上埃及）、Ta-Shemau（下埃及）和 Ta-Tjehenu（今天的利比亚一带）代表了当时已知的四大地区。

除了这些独立的邦国，在努比亚还有上埃及开采金矿的早期聚落，如在涅伽达二期的多德（Kör Daud）。总言之，在城邦时期，可能存在的邦国远不止上文的涅伽达的 3 个城邦，它们不但存在于上埃及，更向北延至河口区和黎凡特，向南伸展至尼罗河上游的努比亚，而这些地区的邦国都受到上埃及古文明的影响。

城邦时期的文明特色

在古埃及 400 多年的城邦时期，众多的城邦国由最南面的尼罗河第二瀑布，沿着狭长的河谷分布，往北伸延至河口、西奈半岛乃至南黎凡特。河谷两旁的沙漠使沿河分布的文化难以横向发展，但南北纵向的便利水运和河水有规律的泛滥产生了"通衢"作用，使早期分散的地方文化容易融合。在这过程中，涅伽达地区以其较优的地理资源条件得以较早地进入文明。

有关埃及城市起源的最早文献记载是夏巴卡石碑（Shabaka Stone，公元前 2700 年的原碑已不存，公元前 800 年重刻）和记录第一至第五王朝王系的，可能刻于公元前 7 世纪的巴勒莫石碑（彩图 22）。夏巴卡石碑提到："在它［普塔（Ptah）］完成了每一件事及神圣的法规以后，普塔因此而满意。它塑造了众神，它建设了城市，它创立了诺姆（城邦及后来的州），它把众神安置在它们的神殿中。"这显然是一部埃及创世纪，把埃及的所有城市、城邦国甚至其他万物全归普塔所造，反映了古埃及人的城市和城邦概念及其宗教思路是一致的。有关城邦国的特点及它们最后如何走向统一的古埃及帝国，我们可以归纳如下：

（一）以城市为核心的政治实体

公元前 3300 年左右形成的城邦国，被一些学者称为"诺姆"。古埃及统一后，诺姆成为州的代名。第三王朝时，在上埃及有 22 个这类的初期城市国家，下埃及则有 18 个。这些城市国家是以一个城市为中心，聚集周边一些村庄而形成的小国。从古埃及文字"诺姆"的象形看，它的地域是由河渠划分的，是沿尼罗河分布、由灌溉渠紧密联系和划分的农耕地域。诺姆内的主要聚落以主神庙为核心，周围为行政机构、储存食品和物资的仓库、武器库和手工业区等，外围筑起了墙垣以保安全。这种主要聚落成为这些小型原始国家的宗教、经济及行政中心，徽号和主神则成为整个城邦国的代表。

诺姆的徽号来自原酋长国的鹰、母牛等动物图腾，一般以四方形的有防御设施的城市为标记，国名就写在城市图案中。著名的利比亚调色板（彩图28）就显示了城市是埃及远古文明的载体，一般都有城墙，而且存在着城市或城邦联盟。有学者认为该文物描绘了上下埃及间的战争：以希拉康坡里斯为首的上埃及联盟击败下埃及联盟，取得胜利后带回俘虏。利比亚调色板亦刻画了以猫头鹰、鹭、圣甲虫和荆棘等为标志的7个带有雉堞的城堡（下埃及联盟），但它们分别被隼鹰、狮子、蝎子、双隼鹰等7种动物（上埃及联盟）破坏，这些图案表现了上下埃及两大联盟间的战争。

部分遗址的发掘显示城邦时期的小村庄可能住有50—200人，但是较大的居住地可能有400—500人。希拉康坡里斯则是由一个较大的中心和多个附属村组成的城市，有2500—5000人。有学者估计这时期的埃及的全部居民为10万—20万人，但我们认为这一数目太低了，较合理的数字可能为约35万人。这个总人口，在面积3万平方千米以上的河谷和河口三角洲地区，仍然属于低密度，不存在人口压力。因此，城邦国之间未必如两河地区一样，因对有限农田的竞争而出现持久的征伐。虽然古埃及礼器上常出现俘虏和打击敌人的场景，但考古界至今仍未发现战争的遗存。对于阿拜多斯和希拉康坡里斯的关系，学者倾向二者是和平地达致合并的。礼器上武力征伐的场景和俘虏的形象所代表的含义，下节再予讨论。

（二）政教合一：王者的功能

涅伽达二期时，随着经济和贸易发展，社会深度分化，在上埃及控制了大规模手工业及贸易的领导人物已成为王。在这时，他们利用尼罗河向外输出陶器等先进产品，与外界交换原材料和奢侈品。以文字、公共建筑、社会阶层分化、城市、青铜器等为主要元素的文明社会，更于公元前3300年左右已在阿拜多斯出现，将远古埃及推进至文明时代。

在这个过程中，宗教也是重要力量。统治阶层用兼具世俗性和宗教性的大型建筑，以及王陵和享庙来表现自己的地位，神化手中的权力。在涅伽达文化三期（前3200—前3000），阿拜多斯的前王朝及第一王朝诸王都把荷鲁斯奉为保护神并将其用作王名的标记，显示了君权与神权的紧密关系。

此外，埃及古文用于表达"城市"的词 niwt，意为"神的居所"，其相关词 hwt-ntr 也被解读为"神的宅第"，亦是"王的宅第"的意思，其象形为一长方形、四角有门楼的堡垒。niwt 的象形乃道路的交叉点，或包围街区的圆形环壁，代表了具有城防工事和一定规划且有核心点的城区。它们具体地反映出古埃及城市起源及其特点的三大元素：神庙（宗教）、王宫（王权）与防御设施（军事）。

从初城时期至第一王朝，在陶器、象牙雕或木雕、礼仪祭器（权标头和调色板）、墓画上，都能看到王打击敌人、巡狩、进行祭祀仪式等场面，反映了王的主要功能或职责。在公元前3600—前3050年间，这些形象是一致的。不过，被打击的往往不是敌人，而是自然界的灾害。王通过自己与神的关系，用献俘、纳贡、祭祀和仪典等方式祈求避免自然界的突变。这个帝王术的具体内容在城邦国末期已发展得很成熟，并通过多件希拉康坡里斯出土的礼器（调色板和权标头等）形象地表达出来（彩图29—31）。

（三）"重死不重生"：王墓与享庙制度

阿拜多斯王墓中的大量陪葬品、王墓周边等级分明的陪葬墓和王生前已在使用的享庙，都显示了人们对王的死后世界的重视及对王再生的期望，说明王墓与享庙结合的古埃及体制已经发展成熟。在古王国后，这一体制进一步发展为古埃及特有的王陵制度，体现王的神人地位和对死后安排的重视。此外，古埃及特有的用凶猛、稀有的动物陪葬，体现了王权与宗教结合的特色。第一王朝王陵的人殉制度，亦比中国商朝的人殉制度更早也更具体。

（四）由城邦国迈向统一帝国

个别城邦国为了垄断河运贸易，挤压上下游的其他邦国，城邦间的争霸与联盟随之而生，促进了邦国的最终统一。尼罗河泛滥的周期性及其通衢作用，也使上下埃及很早便有了共通的文化元素，有较为充分的统一基础。传统上有个说法：城邦时代终结前，上埃及和下埃及分别有个强大的联盟。它们的盟主分戴不同的王冠：下埃及盟主戴的是红冠，上埃及盟主则戴白冠。

考古资料显示上述说法错误，因为王冠形象最早出现于上埃及涅伽达王墓的陶片上，该王冠是红冠。这个判断也得到了巴勒莫石碑的佐证，因为石碑保留了头戴红冠的上埃及前王朝9个王的名字和形象。白冠最早见于上文的蝎王权标头及纳尔迈调色板，属上埃及前王朝末的两个王。因而红冠有可能是涅伽达的王冠，后来的白冠则代表了希拉康坡里斯的王权。至于红冠代表下埃及，那该是较晚的传统。

纳尔迈权标头被认为记录了征服下埃及的历史时刻及当时取得的战利品：12万个俘虏、40万头牛、142.2万头羊。同时，纳尔迈调色板的正反两面亦分别出现戴红冠和白冠的纳尔迈，被解读为上下埃及的两头怪兽亦被两个官员用绳控制了，加上浮雕上的其他内容，纳尔迈因而被认为是统一上下埃及、开创古埃及统一帝国的王（彩图30、彩图31）。

然而，奥康纳（O'Connor，2011）却认为纳尔迈调色板并不是对一个特定历史事件的记录，而是对王者的主要功能和责任，即王权性质及帝王术的一般描述，包括祭祀、仪典、降服自然界、解决人类社会的不平衡与不和谐，以及供奉太阳神等。这个传统，即王者通过礼器上精心刻画的艺术形象来体现自己的身份，在公元前3600年起已出现，并延续至王朝时代。因此，古埃及的统一要到第三王朝才完全实现（约前

2633）。不过在公元前 3050 年，纳尔迈可能已初步统一了上埃及的诸邦国，或把涅伽达、阿拜多斯和希拉康坡里斯合并，自己则成为零王朝的最后一个王。

（五）古城邦史上最完整的历史资料

因为古城邦的城市特色是王陵，而它们一般位于尼罗河河谷中能为文物提供最佳保存条件的地理位置，加上王陵及陪葬品多采用石块和象牙作为文字和图像的载体，使诸邦国关键的历史资料，包括王的名字，物品产地，船、王、大臣、奴隶、房屋及仪典的形象都被保存了下来。它们是世界古城市文明史上最早、最清楚，也是最详细的资料。

邦国时代的发展为其后续的古埃及帝国的城市文明的出现奠定了基础。从古王国起，古埃及进入了一个基本上大一统的长达 1500 年的王朝时代或法老时代。它在政治与社会上的稳定，以及文化艺术上的发展，无与伦比。下一节先简述王朝时代的政治和社会状况，作为理解这个时代埃及城市化及城市建设特色的背景。

王朝时代 / 法老时代的发展与演变

传说古埃及统一后，第一位法老为了巩固他在下埃及的统治，定都孟菲斯。在那里，他更易控制三角洲的农业和劳动力，以及来往黎凡特的贸易。法老亦继承了早王朝传统，将自己神化，把"重死不重生"的价值观进一步加强，更重视死后的安排与祭祀。这条文化主线也反映在对城市建设、日常居所和生活的轻视上。精心建造的石室墓、金字塔，考究的埋葬仪式，包括木乃伊和享庙等，都成为埃及古城市文明的特色，也给予王朝时代一个别称——法老时代。

统一帝国的兴起与灭亡

法老时代的第一阶段为古王国，即第三到第八王朝（前2686—前2181）。此时，古埃及已发展为一个中央集权帝国，确立了以官僚为基础的法老独裁统治，并且开始了以举国之力去营造埋葬法老的金字塔、享庙和国家主神庙的特殊城市建设历史。这些坚固的建筑亦成为世界古城市文明的重要遗存。

法老以神王的权威垄断了土地，使王室能集中全国的经济剩余，以组织一个庞大的官僚体系与司法系统来维护和平与秩序，并进行特有的建设。在维西尔（Vizier，相当于宰相）的指导下，官员征税、兴修水利以提高农作物产量，并征用农民在农闲时参与大型公共工程，包括水利工程。但更重要的是，法老从登位的第一天起便开始动员全国去建造神化他的庙宇和他死后的陵墓。这些建筑工程，也使得王陵区或金字塔区出现了经特殊城市化且具有特别功能的城镇，即造墓工匠及守护享庙者居住的特殊城市。国家财政的盈余亦支撑了王家工场，后者制作出最终用于陪葬法老的杰出艺术品。古王国时，法老乔塞尔（Djoser）、胡夫（Khufu）和他的子孙修建的金字塔便成为至今仍可亲眼看见的古埃及城市文明的象征，也是今天埃及最重要的旅游景点之一。

但5个世纪的金字塔及其相关建筑的巨大花费，削弱了古埃及的经济实力，地方官员因而开始挑战法老的权威。再加上严重干旱，古埃及自公元前2181年起便陷入了第一中间期长达120多年的内战（图20）。地方官员割据一方，"重死"观念开始地方化，各州也出现了社会各阶层的更大、更好的墓葬。艺术家亦改变了只服务于王权的主旨，他们的作品出现了多元化的风格和内容，丰富了文学与艺术。

公元前2160年，赫拉克利奥坡里斯（Heracleopolis）的统治者统一了下埃及，而底比斯的因提夫（Intef）家族则统一了上埃及。公元前2055年，底比斯军击败了赫拉克利奥坡里斯军，古埃及再次统一，进入了中王国时期（前2055—前1650）。此时，埃及与叙利亚和地中海的

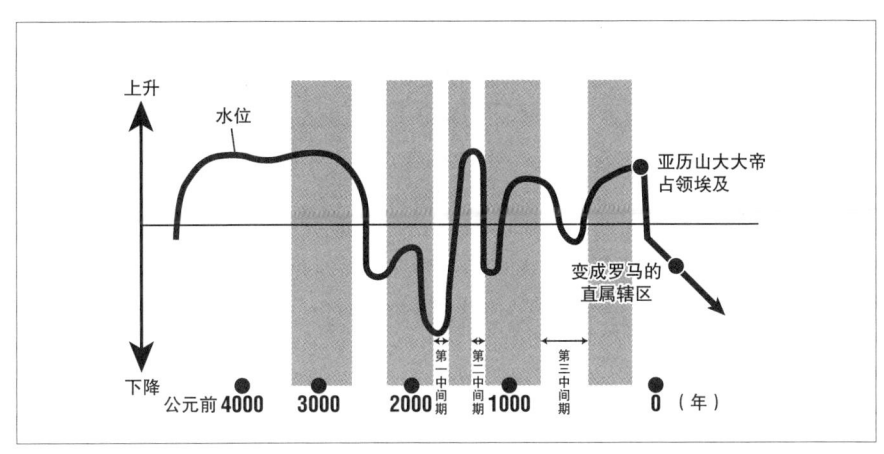

图20 埃及王朝兴衰与尼罗河水位周期的关系

克里特岛的交往扩大。公元前1985年，法老将首都迁往法尤姆绿洲的伊塔威（Itjtawy），实行垦荒和灌溉以增加这一地区的农业产量。此外，法老又征服了南部的努比亚，获得了丰富的石料和黄金，加强了国家实力。古埃及的人口、城镇、艺术和宗教因而被推向更广阔的空间（表7）。

中王国的最后一位法老允许亚洲移民进入三角洲，为他的采矿业和水利工程提供劳动力。但由于尼罗河水量不足，影响到农业发展，加速了国家的衰落（图20）。约在公元前1650年，居住在三角洲的亚洲移民喜克索斯人（Hyksos）发动叛变，夺取了三角洲，迫使法老迁往底比斯并称臣纳贡。喜克索斯人的领袖开始自称为法老。

公元前1555年，底比斯军开始挑战喜克索斯王朝，并在30多年后打败努比亚人和喜克索斯王朝，开创了新王国时期（前1550—前1069）。法老借此扩展古埃及的疆界，打通了古埃及重要原料铜和木材的进口通道，令帝国在第十八王朝时（前15世纪）达到鼎盛，国土还包括今天的苏丹、埃塞俄比亚、利比亚的一部分、西奈半岛和迦南平原（图21）。

新王国的法老推崇太阳神阿蒙-拉（Amon-Ra），因而大兴土木建筑卡纳克（Karnak）神庙，并广树纪念碑（方尖碑）以为自己的成就增

表7 古埃及耕地和人口估计

年代（公元前）	耕地（平方千米）	人口（万人）
4000	8000	35
3000	8000	87
2500	9000	160
1800	9000	260
1400	*	420
1250	10 000	440
1150	*	360
930	*	350
550	*	360
150	16 000	490

* 数据不明

色，这些建筑也成为这时期城市建设的最大特色及城市文明最重要的遗存。公元前1350年，阿蒙霍特普四世（Amenhotep Ⅳ）开始激进的改革：奉太阳神阿顿（Aten）为最高神，禁止崇拜其他神；打击僧侣集团，还将首都迁往新城埃赫塔顿（今天的阿玛纳）。这个新建的城市体现了阿蒙霍特普四世的新型宗教和艺术特色，是埃及古城市文明阶段性的发展。

第十九王朝的拉美西斯二世（Ramesses Ⅱ）于公元前1279年登位。他是埃及历史上修建神庙、竖立方尖碑最多的法老。他率军抵抗赫梯（Hittites）的入侵，缔结了有史以来第一份被记载的和约。然而，埃及的财富最终成为利比亚人和"海上民族"的目标。在这些外族的攻伐下，古埃及失去了叙利亚和巴勒斯坦等地，加上尼罗河水位下降影响农业收成、国内腐败、盗墓贼涌现、动乱等因素，古埃及国力急剧衰弱。底比斯阿蒙神庙的大祭司分裂国家，使埃及进入了动乱不断和政局不稳的第三中间期。其间，古埃及经历了利比亚人、努比亚人和亚述人的统治（前1069—前656）。因而可以说古埃及时代在公元前1000年左右便结束了。

公元前525年，古埃及被波斯帝国彻底消灭。第二十六王朝后裔为了

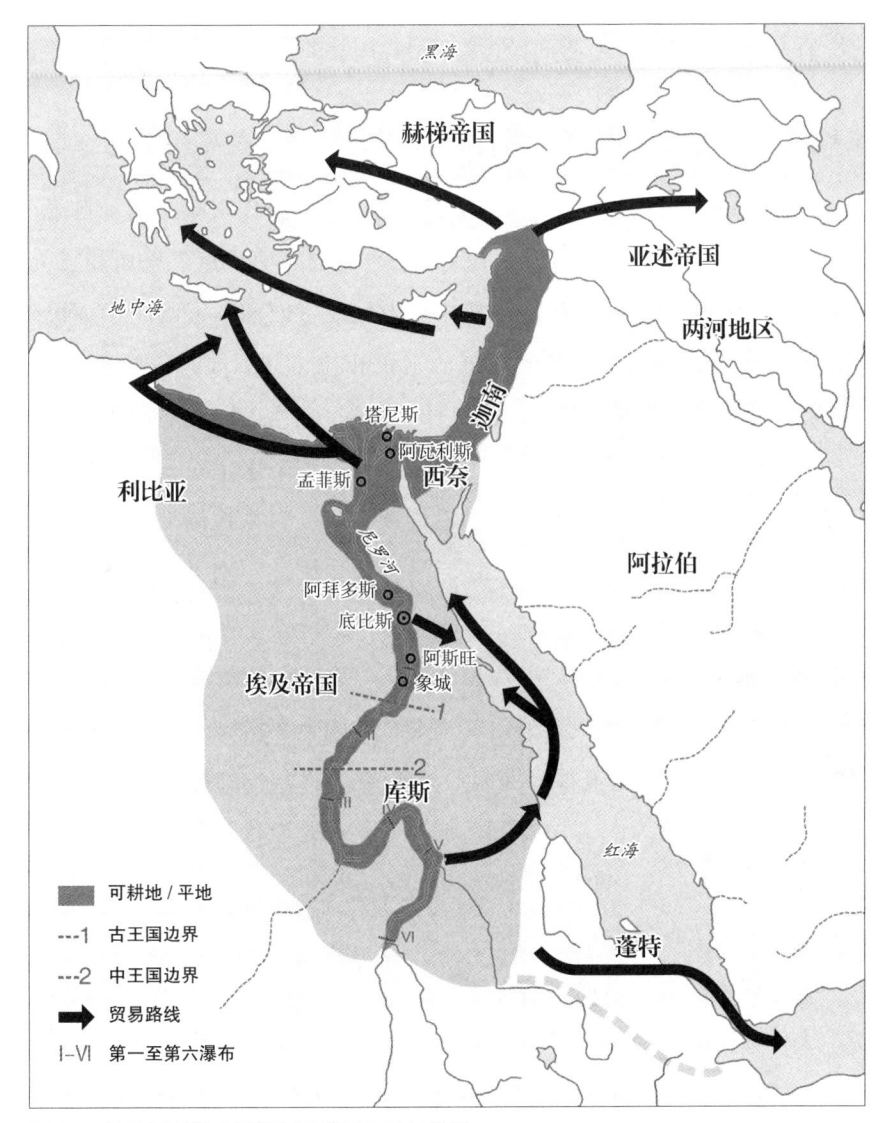

图 21　新王国时期高峰期王国范围及对外关系

反抗波斯人，曾建立了短暂的第二十八、第二十九和第三十王朝。公元前332年，埃及最终被亚历山大大帝统治。亚历山大大帝死后，其部将建立了托勒密王朝，自称为法老。古罗马崛起后，埃及也被其占领。公元7世纪，阿拉伯人再次入侵，古埃及原有的文明最终因被阿拉伯文明取代而消失。

影响城市发展与建设的文明特色：法老崇拜、金字塔与帝王谷

古埃及的君主被称为法老。"法老"一词原本解作宫殿，源于自第一王朝起便已出现的王名专用符号 Sekhet。法老之下有贵族、祭司和官员，他们构成特权阶级，拥有田地和奴隶。农民、工匠和商人则属于平民阶级，生活平稳，与同期的两河流域的平民相比，并不艰苦。奴隶（战俘或罪犯）属于古埃及的最底层，没有任何权利，生活困苦（彩图32）。

法老延续了早王朝体现在纳尔迈调色板上的帝王术——为国家应对不规律的自然现象并协调地区间的不均衡力量，包括控制尼罗河、打击来自沙漠及努比亚的外敌，带来稳定与秩序。因此，法老的形象也被定型：头戴代表上下埃及的红白冠（合冠），手持沙漠牧人的弯杖（代表慈悲与引导）和皮鞭（代表权力和惩罚），腰围代表三角洲及尼罗河的渔网。这套神王的价值观更通过大型建筑（如金字塔、帝王谷王陵、神庙）、艺术风格和大型节日等对老百姓产生潜移默化的影响。因此费根（Fagan，2001）认为，"法老崇拜"成为"国家的神话及代表主义的地理空间机制"，是古埃及稳定发展与长久统一的基石。法老崇拜亦是古埃及城市文明最大的特色。

法老和他的世俗官僚机构形成了一个流动政府，在全国各地不断转移，于各地神庙主持宗教仪式，并受臣民崇拜。他们往往只在一地停留数周，所以王宫及中枢办公场所都是临时建造的，较为简陋，甚至设在神庙的一角（图24）。因此，古埃及实际的首都有别于其他古城市文明的首都，不是一个固定的行政中心，而更像一个宗教中心，此亦是埃及古城市文明与两河流域或中国古城市文明的最大差别。新王国时，法老

图 22 新王朝的流动王廷（资料来源：S. Snape）

在全国拥有 19 个位于不同地点的王宫：三角洲 5 个、孟菲斯地区 3 个、中埃及 3 个、底比斯地区 6 个、西奈半岛 2 个（图 22）。

通过流动的内阁及特设的戏剧化巡回和仪典，法老得以维持全国各地百姓对他的臣服与崇拜。图 23 显示出法老在首都底比斯定期举行的巡游，将主神庙、墓葬和享庙联结在一起。"法老崇拜"这一特别的王权与宗教的结合形式，加上尼罗河水运的便利和通衢作用，使古埃及似乎从未形成过大城市，同时其首都规划也十分松散（没有王权与行政核心）。首都似乎只有庞大的神庙和在城区西岸的王陵区，然而通过由法老主持的公开大型的、全城臣民参与的宗教仪典，这个看似模糊的城市又成了一个活的、全社会参与的精神生活共同体。这些构成了古埃及特殊城市化及城市文明的其中一些特点。

公元前 2649 年，法老崇拜进入了一个新模式：法老成为太阳神拉（Ra）的儿子，死后借太阳的光线升天而成为死神奥西里斯（Osiris）。为此，金字塔这种象征登天的阶梯和标志着太阳光芒的建筑，成为新的王陵。现已发现的金字塔超过 100 座，主要在尼罗河西岸可耕谷地以西的沙漠边沿，延续了前王朝王陵及墓地选址的传统。大型金字塔都建于第三至第六王朝。首都孟菲斯以北不远的吉萨（Giza），还有利斯特（Lisht）等地都有大量的金字塔遗址。在这些金字塔旁形成了金字塔城、工人村和王宫（因为法老与内阁亦需花费不少时间去监督和检查工程进度，并举行不同的巡游、祭祀典礼），它们构成了一种特殊的城镇群（图 24）。

建于公元前 2589—前 2566 年间的胡夫大金字塔是其中最大的一座。它占地约 5.3 万平方米，高约 146 米，由 200 多万块均重约 2.5 吨的石灰岩石块（最大的石块超过 15 吨）垒成，是世界七大古代奇迹之一。在它旁边建有一座狮身人面像，是埃及最大且最古老的室外雕刻巨像，代表着法老的智慧与勇猛，也被当作金字塔的守护神（彩图 33）。金字塔除了体现法老崇拜与"重死不重生"的观念，还显示出古埃及帝王术的另一面，即对百姓的控制与农业税的部分返还（见下文）。关于金字塔的政

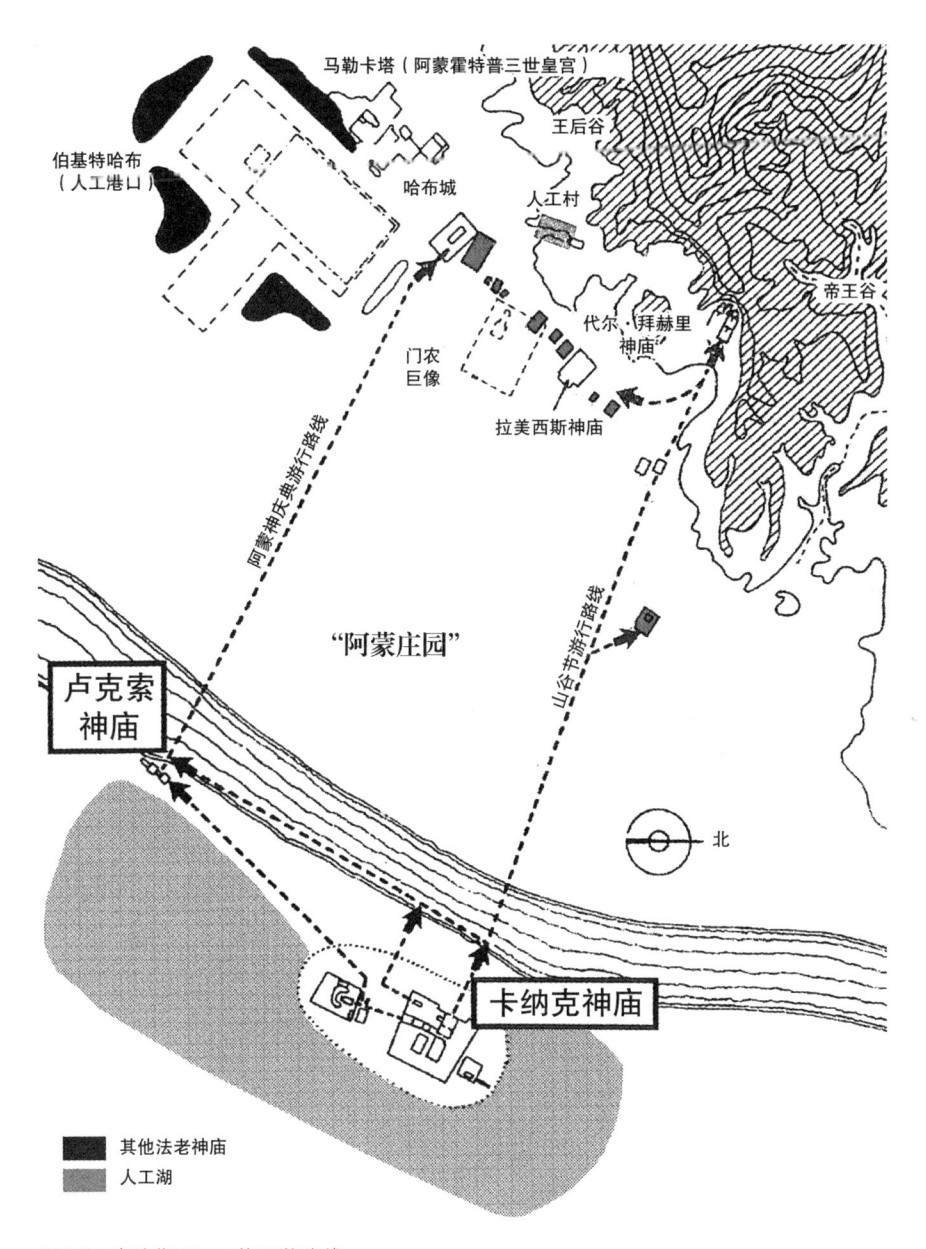

图 23 底比斯 Opet 节巡游路线

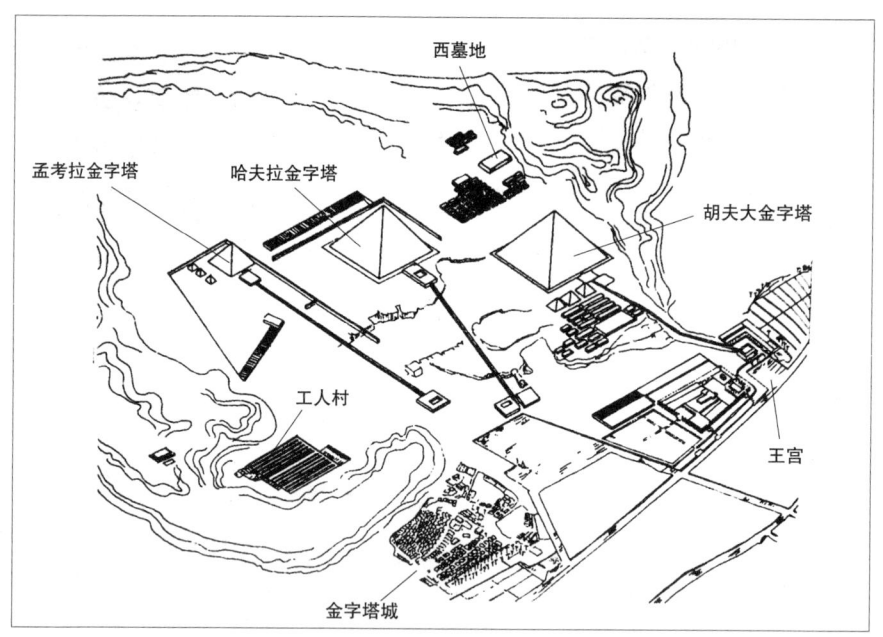

图24 吉萨金字塔和附属城镇

治与社会意义，费根（Fagan，2001）有如下说法："金字塔的建造将百姓和他们的保护者法老及太阳神连在一起，后者是人类生命与农业丰收的泉源……金字塔所导致的巨大公共工程为法老的权柄做出了清晰的定义，也使臣民更依赖他。"

中王国的法老们较为开明与人性化，因应技术进步和国外新发展，更注重内部安全和稳定，他们在西奈与沙漠边沿建立了防御性城市，并大力开发法尤姆绿洲以调节尼罗河的泛滥和开垦新耕地。法老们更利用进口的新武器与战术，通过军事征讨扩大埃及的疆土并掠夺外国的人民与财富，成为新型帝国的军事强人与民族英雄。这些举措导致了一个新阶段的城市化，以及更广泛的城市空间分布。但法老们将战争与经济建设的成就归功于阿蒙神，对神庙贡献了更多财富，间接种下大祭司弄权、法老地位下降的恶果。

第十八王朝以后，阿蒙被认为是"众神之主"、法老的父亲，以及法老在世和去世后的保护者。法老们在底比斯为阿蒙建筑了大型神庙区：卡纳克神庙区和卢克索（Luxor）神庙区。两区都被围以高大的满布壁画的墙和门楼，这些画像描绘了法老在神的带领下击败外敌的场景。在每年一次的庆典中，法老在神庙向民众宣示他得到了新的神谕，以宣传新法老崇拜。这些建筑和在其中举行的活动也成为埃及古城市文明的又一特色（见上述和图23）。同时，法老又在底比斯西岸的山坡建筑王墓，并在邻近地区建造大型王陵及享庙，其周边地区亦成为王亲与重臣们的墓地。这便是帝王谷的来源，也是古埃及又一种独特的城市化元素。

政府、军队与社会阶层

在法老之下，中央政府的最高官员是维西尔，他对各个政府部门进行监督和管理，如立法、建筑、国防、国家资源调查和分配、征兵、祭祀等。维西尔在古王国时都由王子出任。王朝集中农业剩余与劳动力，除了供应王室、军队与精英阶层，亦通过大型水利、王陵及神庙等公共工程为人民重新分配资源，使他们亦间接获益。维持这个社会资源的循环系统需要一支庞大的官吏队伍，负责从估计尼罗河的泛滥水位、当年农业的收成、政府可收岁入，至管理政府行政开支、河渠的建造与维修、建造庙宇和金字塔所需的人力物料及粮食供应等工作。因此，官办书吏学校的毕业生支撑起了这个官僚系统，促成了倾向于保守的长期规划与统筹，也推进了文字、数字与工程发展，包括金字塔、神庙、享庙及特殊城镇的建设等。

维西尔之下设有司法、财务和军事等部门。司法部分为高等法院和地方法院（诺姆法院），神庙亦有"神判所"，受理一般案件。财务部负责税收、国库、土地丈量、外国贡品等，但在新王国时期，其权力逐渐转移给内宫总管，实际上强化了法老的权力。地方诺姆的财权由州长（诺姆长）掌握，他为国家在本州收集、运送谷物和负责税收，为法老提供大型工程的劳动力，也兼任地方神庙祭司的监察长。在中王国后期，在约400万的总人口中，由贵族与高层官僚构成的精英阶层约有2000人，占总人口的极少数。

古王国以后，维西尔这一职位被非王族控制，从而威胁到了法老的王位。如中王国时，维西尔发动政变，取代了第十一王朝的末代法老。此后维西尔成为法老的情况时有发生。在军事方面，古王国至新王国都是中央集权的。在军事发达的新王国，军队被分为步兵、海军和战车部队。全国步兵分属几个军区，各拥几千人，之下设连、排、班等组织，新兵一般从埃及和殖民地征集。古埃及还设有常备军，人数不超过2万，多是奴隶或雇佣兵，负责法老和王宫的安全。

大部分古埃及人是农民。由于位处沙漠地带，古埃及人一早便懂得修筑水库以储存每年七月泛滥的河水，挖掘水渠以引水灌溉农作物，用牛拉动犁耙以翻松泥土，他们还发明了抽提河水以灌溉农田的汲水器。农民的田赋不重，约10%—20%，但偶尔亦有达50%的。此外，他们还要向国家提供力役，但都是有报酬的（如提供食宿）。因此，古埃及的农民和其他百姓都是自由民，生活得比同时代的西亚居民好。

通过王朝时代的王墓、王陵及贵族和官员们的坟墓中的壁画，我们对古埃及王朝时代的不同时期的农业、匠人活动、作坊面貌、市场交易等都有较清楚的了解。它们提供的各类活动的信息远早于并多于其他古文明（彩图34—36）。

不过在新王国以前，工贸活动由王室与神庙垄断，不存在私人工场或专业商人。三角洲盛产的芦苇为古埃及人提供了造船的好材料，芦苇船成为尼罗河、地中海及红海的主要交通工具，使古埃及人在贸易便利外有统一的文化和价值观，亦能把他们的文明及生活方式传播至其他地方，特别是希腊和爱琴海。此外，它以农业为主的经济模式对其他手工业产品亦有很大需求，因此古埃及是古代重要的贸易进口和加工国家。中王国时，造船技术有很大发展，埃及人还在尼罗河和红海之间开凿运河。新王国时开始出现新式的官方贸易，即国与国之间互赠礼物，周边国家通过这种"进贡"的方式成为埃及的属国,埃及这时的状况和秦汉后的中国相似。此外,政府开始发行类似货币的金属圆环,其价值与金银挂钩。当时埃及的主要贸易是从其他地方进口原料(如木材),然后制造武器和战车出口。新王国晚期起因帝国分裂,贸易不再受国家控制,才出现真正的商人,他们更多地利用金属圆环作为贸易媒介。埃及从此步入了货币时代。

宗教与神庙的权力

自前王朝起,宗教一直是古埃及文明最重要的部分,是营造埃及古城市文明的主要动力,它直接影响了大型公共工程的建设、社会分工、城市化进程,城市功能、城市的主要建筑和景观。古埃及的宗教,除了与其他文明共通的神创世和奖善罚恶观念,还包括下列几个特殊要素:

来世的重要性:"重死不重生"

古埃及人相信生命有两大要素:人体和灵魂。灵魂是"巴"(Ba),人死后,"巴"飞离尸体,但尸体仍是"巴"依存的基础。为此,公元前3500年已出现了特有的尸体处理方式,其后在第六王朝演化出木乃伊(彩图37),以保持尸体的外形。此外,又要举行仪式,使亡魂经过死神的审判后能够复活,在来世生活或得到永生。亡者因在死后"生活",要有坚固安全的场所以及大量食品和生活器皿。这种坚固安全的死后住所便是前王朝时的马斯塔巴(Mastaba)墓葬,它在古王国时演化成金字塔,在中王国和新王国时进一步演变为在山坡挖掘的墓室。不过第二王朝前的人殉已被陶俑取代了。简言之,法老乃至官员的葬仪和陵墓花费极大,体现了古埃及人重来世轻今生的观念,并成为埃及古城市文明最重要的遗存与文明印记。

多神

古埃及信奉的神超过 2000 个，不少神具有人、动物或其他自然物的形象，且有不同的属性，如农业的神、阴间的神、工匠技师的神（如孟菲斯地区的普塔）等。动物形象的神，一般来自原始氏族部落的图腾崇拜和祖先崇拜。但众神没有系统有机的联系，往往还与另一个神混为一体。随着古埃及的统一，法老开始推崇自己出生地的神，并称之为主神，使其被全埃及共同崇拜。古王国时期的主神是鹰神荷鲁斯（它是法老的守护神，代表王权、月亮、天空和太阳，是个多神合并体），后来主神改为太阳神拉；中王国时期则崇拜阿蒙；在新王国时期，拉和阿蒙相结合，形成主神阿蒙-拉。在中王国的一段短暂时期内，太阳神阿顿也曾成为主神。简而言之，太阳神不断变化，但一直是全国的主神。由于太阳每天在西方落下，所以，王陵都建在尼罗河西岸，代表法老必经西方冥界，然后重生。

法老是神

法老生时就被认为是神，各神庙都设有敬拜法老的圣所。法老也用神的名字作为自己名字的一部分，并通常是国家主神的大祭司。他建造巨大的神庙，赐予神庙大量土地和奴隶，亲自主持重要宗教仪式，更将征战的胜利归功于神祇。如在中王国时，底比斯主神的庙产庞大至可以和王室相比。当时神庙占有全国 14% 的耕地，而其中 62% 是主神神庙的庙产。新王国时期，古埃及通过武力扩张积累了空前的财富，但很大部分被用来修建和供养神庙。

重视宗教使祭祀主神的大祭司拥有第二大权力，包括设立"神判所"以拥有几乎所有案件（除了与国家安全相关的重大案件）的审判权。他可以以神谕为口实反对法老推举的维西尔人选，一些大祭司更篡权成为新法老。鉴于此，第十八王朝时阿蒙霍特普四世进行了宗教改革，废除阿蒙-拉，以阿顿为全国主神（图 25），关闭所有旧神的神庙，还迁都以远离大祭司控制的底比斯及阿蒙-拉神庙。这说明了宗教与古埃及城市

图 25 宫墙上的浮雕展现的是阿蒙霍特普四世、王后和女儿,以及法老出巡的仪仗,画面中可见太阳神阿顿(资料来源:B. J. Kemp)

建筑和功能的重要互动关系。由于底比斯的阿蒙-拉神庙祭司们权力过大，这次宗教改革只经过短暂历程便失败了。

古埃及的城市（前 3050 —前 1069）

城市性质、特点及区域城市化特色

上一节对王朝时代的经济发展、宗教观念、法老崇拜、帝国发展和外交等诸方面的检视，体现了古埃及城市在性质、功能、结构、布局与发展上，是与古埃及文明的发展一致的，同时突显出古埃及文明与苏美尔文明和西方文明在城市概念上的明显不同。具体地说，王朝时代的古埃及城市和城市化有如下特点：

1. 神庙在城市占有核心位置，规模巨大，形制规整，用岩石建造而且雕刻精美；神庙成为城市的行政、社会及文化核心。
2. 王宫规模小，建筑简陋，不在首都核心地段；王室及内阁是流动式的，分布于全国，类似行宫，有时更附设于神庙之内。
3. 王宫与民房多以泥砖建造，与神庙及王墓形成强烈反差，反映了"重死不重生"的观念。
4. 邦国时期，城市多设有防御城墙，但王朝时代的城市多没有城墙，只有边缘城市及殖民地城市出于防御需要建有城墙。
5. 都城是开放型的没有城墙的城市，但神庙区自中王朝起都加建了防御围墙。
6. 王都的范围包括王陵、享庙、王宫，以及附属的城镇，往往绵延数十千米，使城市边界及城市形象模糊。
7. 宗教观念的转变（指主神的变化、法老死后升天）及法老的个人主观（如王朝向外扩展及抵御外敌的需要）主导了城市化的发展方向，产生了不同功能与规划的城市。
8. 全国城市受尼罗河及其三角洲的影响而分布，都处于离河岸不远的地方并在河谷耕地之内，呈明显的线状分布。而城市的具体位置及其兴起与衰落，亦受河道迁移的影响。

古王国时期，埃及是一个强盛且政治稳定的大国，王朝的首府和后来演变为宗教中心的几个城市发展为重要城市，并出现了与它们联系在一起的王陵和王族墓地。这些元素主导了城市化，比如孟菲斯就一直是古王国时期的最大城市，也是全国经济和行政中心；涅伽达（或提尼斯）是南部的古都；早王朝的第一个城市阿拜多斯是王朝的发源地，也是国王先祖及第一至第二王朝的国王的墓地和全国的宗教圣地；布巴斯提斯（Bubastis）是下埃及的区域行政中心，控制下埃及自孟菲斯通往西奈的贸易路线；赫里奥坡里斯（Heliopolis）又称"太阳城"，其太阳神庙是全国性圣地。这一时期亦产生了金字塔建造者及其监督者的金字塔城镇，开创和树立了王权与宗教对城市化、城市性质和发展形态有直接影响的埃及古城市文明特色。

第一中间期和中王国时期，政治与经济中心转移，外族入侵，促进了军事堡垒的建筑，也催生了新的城市化和城市建设。此外，对河谷以西的法尤姆绿洲的开发增加了不少城镇；西奈的采矿业促使一些专业性殖民城市的出现；孟菲斯以西的王陵的建造工程也促成了建墓者聚集的城镇的兴起。这时期的新城镇包括赫拉克利奥坡里斯、拉罕（Kahun）及南方努比亚地区的多个要塞，如布亨（Buhen）、塞姆纳（Semna）等。

新王国时期，经济发展与人口增加使不少古老城市不断扩展，除了首都还出现了基于法老决定的不同性质的"王家城市"。这时期的都城包括大幅扩张的阿蒙城底比斯，以及因为宗教改革而新建造的阿玛纳。后者印证了宗教与王权对古埃及城市规划与发展的直接影响。边境城市是王家城市的一种，多建于尼罗河上游新并入帝国版图的努比亚地区。

殖民城市多是具有"神庙城市"性质的王家城市，如戴尔巴拉斯（Deir el-Ballas）、马尔卡塔（Malkata）及培尔-拉美西斯等。王室将附近的农田、矿床等赐予神庙，而神庙按产量向国家纳税。在这些城市中，庙宇及其附属粮仓、行政建筑，以及为国王短暂到访而建筑的小王宫形成了城市的核心。整个核心区由厚重的防御墙包围着，而民居及相关设施就分布在墙外。这些以神庙经济为依托的神庙城市式的城市化成为开发与管治努比亚的基本方略。王家城市也包括建造、供养王陵和享庙的工匠所居的村镇，国王对外征伐时的驻地，等等。

城市的种类

基于上述王朝时期社会与城市发展的特殊性，我们可将古埃及的城市大概划分为几大类。

一是都城。早王朝及古王国时期，孟菲斯位于上下埃及之间，在古埃及统一时被选为国都。中王国后，政治与经济重心南移至底比斯，底比斯也成为千年国都与宗教中心（阿蒙之城）。第三个都城乃"短命"国都阿玛纳，它代表了新法老与阿蒙神庙祭司集团在政治上的决裂。由于阿玛纳有较详细的记录，后人得以进一步理解古埃及国都的规划与城市面貌，我们将在下文详述这座都城。此外还有中王国的王朝行政中心伊塔威，以及第九至第十王朝的首都赫拉克利奥坡里斯。伊塔威距离阿蒙涅姆赫特一世（Amenemhat I）金字塔不远，处于上下埃及交界地段，规模较小，除了内阁只有少数行政官员。赫拉克利奥坡里斯位于进入法尤姆地区的水道上，是上埃及第二十州的首府、第一中间期的国都，亦是中埃及的重要城市与供奉奥西里斯神的宗教中心。

二是王家城市或王室指定功能城市，包括金字塔村，如中王国的拉罕；专业工匠村，如新王国的戴尔美迪纳（Deir el-Medina）；采矿城镇，如哈特努布（Hatnub）；军事要塞，如中王国的布亨与古王国的扎维耶迈伊廷（Zawyet el-Maiyitin）；王宫镇，如新王国的马尔卡塔。

三是贸易及绿洲城市，如艾斯尤特（Asyut）与卡普托斯（Coptos）。

四是边境要塞及殖民城市，如中王国的塞姆纳、库玛（Kumma）、阿斯库特（Askut），新王国的沙尔伐克（Shalfak），以及在西奈和利比亚建造的城市。

五是州首府。它们作为各州的行政中心，负责地方农业基建、为中央收税、两年一次进行人口及牲畜的统计，并为王室工程项目供应力役。上埃及有些州首府因为州的特有资源而负责开采和为王室供应矿石。

我们在下一节将选取一些具有代表性的城市，进一步介绍和讨论它们的城市规划、功能与发展。

城市案例

孟菲斯

孟菲斯的名字 Memphis 来自希腊语，即美尼斯选择的首都之意，埃及原名为 Inbu-Hedj，意为白色堡垒。相传孟菲斯是由纳尔迈于第一王朝开国前所建，是早王朝前中期及古王国时期的国都（前 2950—前 2181），也是古王国时期的经济与行政轴心和最大的城市。其遗址在开罗南面约 24 千米。有学者称它是当时埃及唯一的"真正的城市"，也是当时世界上最大的城市。

孟菲斯位于上下埃及交界点，在古埃及由众多城邦国迈向统一帝国的发展过程中有重大战略意义。它的所在地亦是个重要农业区，粮食供给便利。此外，它是进出三角洲和连接西奈半岛的主要商路的起点。正因为尼罗河的通衢效应，它成为埃及古城市文明高峰期的首都长达近 1000 年，是世界历史上历时最长的国都之一，亦是自第二王朝至新王国末近 2000 年间古埃及的最大城市及最重要的宗教中心和经济中心。

古王国后期因为大祭司弄权与尼罗河干旱，国家权力散落，埃及开始了纷乱的第一中间期，但孟菲斯仍是名义上的国都。公元前 2055 年，底比斯贵族重新统一埃及，开始了中王国时期，国都移至底比斯，孟菲斯则变为重要的宗教中心、商业城市，以及人口最多的城市（公元前2000年时人口约为6万，国都底比斯只有4万）。其主神普塔是造神之神及工匠之神，具有全国性影响。

中王国与新王国时期，孟菲斯仍有重大影响，主要的法老每年都在那里短暂居住，并且在城内建庙及竖立雕像、纪念碑。这段时期孟菲斯的所在位置与古王国时期的位置不同，因为尼罗河不断东移，旧城区被废弃，法老要跟随河道变化建立新城区，因此它被称为"移动中的城市"。今天的遗址位置与古王国遗址已相距3.2千米，分布在南北4千米、东西1.5千米的地域上，其中有中王国及新王国时期的宫殿与神庙。遗址只有小部分露出，主要是普塔神庙的遗址（图26）。

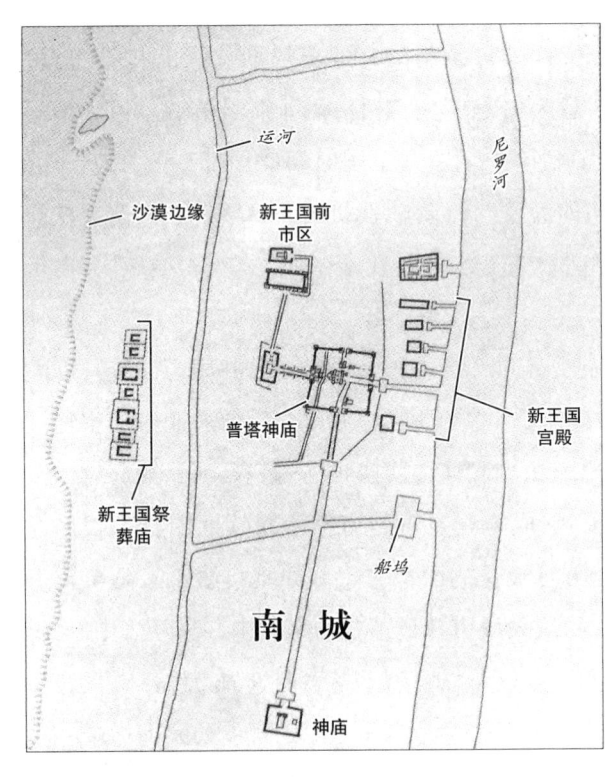

图26 孟菲斯主要考古遗迹和城市位置

自第一王朝起，孟菲斯对岸、尼罗河西岸的萨卡拉和吉萨逐渐发展为最大的王家墓地及贵族和官员的墓地。这里有最大的金字塔群，包括上文提到的胡夫大金字塔。因为长期建造王墓和王家享庙的需要，这里出现了由祭司管理的建墓者村镇和管理享庙者的村镇。

底比斯

底比斯 Thebes，埃及原名为 Waset，遗址在今天的卢克索。古王国时，底比斯由一个小村逐渐发展为上埃及第四州的首府。在第一中间期时，它的领导者挑战上埃及主要地方力量，成为统治范围南至象城（Elephantine，位于今阿斯旺）的上埃及霸主。中王国曼图霍特普二世（Mentuhotep Ⅱ）统一埃及后，它便成为国都，但因为阿蒙大祭司弄权，帝国在公元前1129年开始走下坡。除了其间数十年首都迁往他处，它作为国都前后延续近1000年。在第十八及第十九王朝（前1550—前1186），城市加建了很多建筑，在尼罗河东岸形成卡纳克及卢克索两个神庙区，构成占地约1平方千米的国家级宗教圣地及祭司培训中心（图27、图28、彩图38）。

卡纳克神庙区以最早的神庙阿蒙神庙为主，主体在第十八王朝时扩建，被围以厚重的泥墙。新王国时加建了卢克索神庙作为法老即位仪典之所，以及每年大型的阿蒙神像巡游的中心点。东岸城区的主轴就由这两个神庙区及连接它们的御道构成。卡纳克神庙有涂了颜色的泥砖围墙及绘有法老征战胜利图像的多个高大门楼（彩图39），成为法老权力的宣传板。此外，东岸有约380万平方米的居住地，都是泥木结构，考古人员尚未发现确切的遗迹。城市的发展约在第十九王朝时达到高峰，人口估计有7.5万。

在尼罗河西岸有第二十王朝（前1186—前1069）在帝王谷修建的王陵与享庙。然而法老居住于西岸周边均是农村的王家城市——马尔卡塔和戴尔巴拉斯。马尔卡塔由法老阿蒙霍特普三世（Amenhotep Ⅲ）建造，占地35万平方米，主要由王宫构成。它有大型的朝殿，但王寝

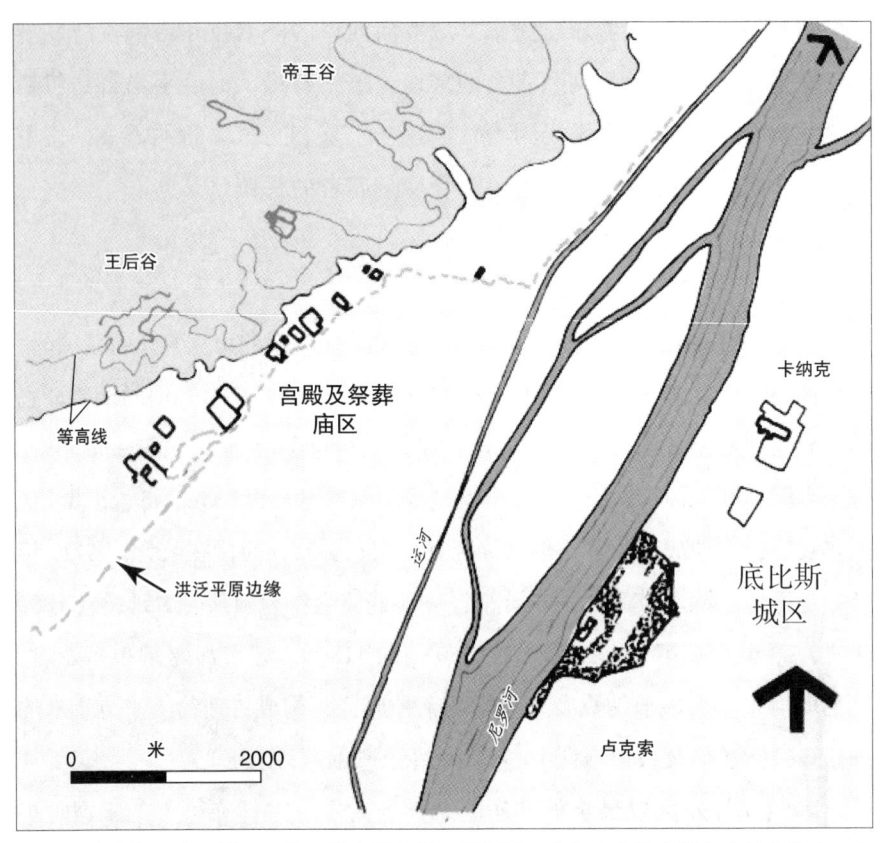

图 27 底比斯所在区域平面图及其东岸和城区想象图。从卢克索神庙望向卡纳克神庙，中间是 Opet 节的巡游大道

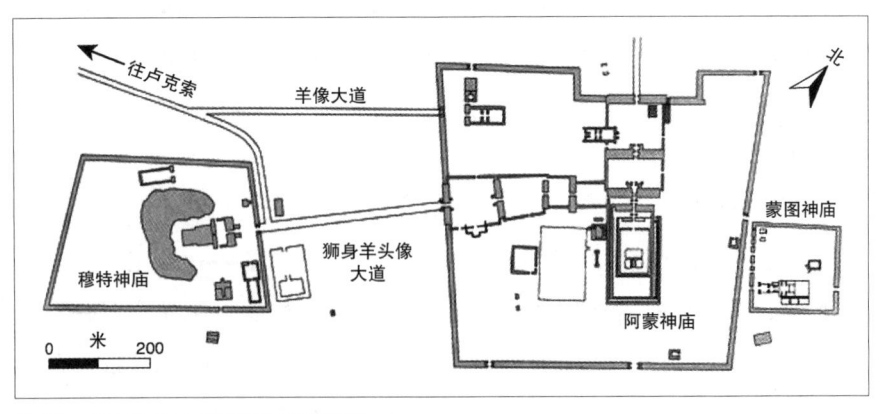

图 28 底比斯卡纳克阿蒙神庙平面图

及王室成员居住地的规模都很小。其他建筑包括用于不同仪式的小型宫殿、储物仓库、作坊、厨房，以及大臣们的住宅。马尔卡塔唯一的功能就是为法老提供施政之所，它是已发现的古埃及王宫区中规模最大的。整个镇由防御墙围起，成为大都城中的小城。它旁边的哈布城（Habu），即拉美西斯三世享庙表明了法老是神和宗教与王权的结合。法老短暂居住的王宫只是享庙的一小部分，通过觐见台，他与参与巡游的群众见面（图29）。

此外，在西岸也有多处墓地和第二十王朝在帝王谷兴建的王陵与享庙，特别是戴尔巴哈里（Deir el-Bahari）区供奉阿蒙神的法老哈特谢普苏特（Hatshepsut）的享庙，它更是个杰出的艺术品（彩图40）。因此这里有成群的造墓者村镇及享庙供养村，如戴尔美迪纳。戴尔美迪纳是底比斯城区内被完整发掘的一个遗址，揭示了一个王家墓地的工匠和包括祭司在内的管理人员等居住的小镇。它占地1.6万平方米，有房屋68间。遗址内除了住宅，还有为本镇居民服务的神庙和社区中心。整个镇有墙围绕，北门为主门，城墙外有本镇的墓地及社区会堂（彩图41）。居住者包括石匠、测绘员、雕刻匠、设计师、僧侣及官员等。小镇在公元前1500年前后始建，至约公元前1070年被废弃，前后延续约400年。它邻近王陵，坐落在沙漠中，没有水源，用水只能靠驴车从2千米外的水井每天运送来。西岸共有412万平方米的居住区和不少的农地。

整个底比斯约有25平方千米，现今遗留下来的主要是神庙、享庙及陵墓，但若包括帝王谷等整个西部山区，面积约达93平方千米。

阿玛纳

阿玛纳的名字Amarna源自希腊统治时期，原名为埃赫塔顿（Akhetaten）。阿玛纳（图30）由第十八王朝法老埃赫那顿（即阿蒙霍特普四世，后改名埃赫那顿）建于公元前1348年。作为国都，它在建成后10多年便基于宗教与政治原因而被废弃，但与孟菲斯和底比斯相比，阿玛纳有三方面的不同：

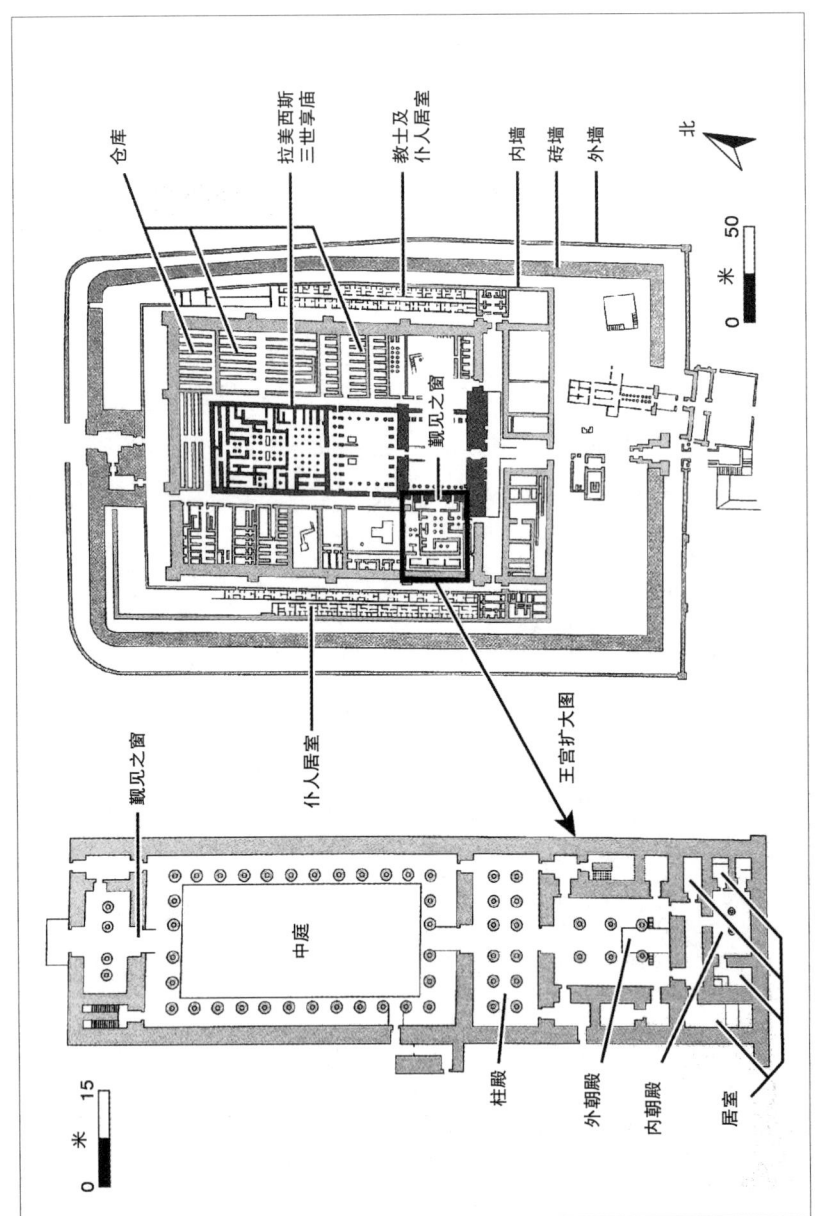

图 29 拉美西斯三世享庙平面图及附设王宫放大图（资料来源：S. Snape）

(1)它把王室官邸（政治行政中心）和宗教中心结合，将它们都置于城区之内；(2)它是这位法老宗教改革和新政的物质体现；(3)它是古埃及遗留下来的唯一记录了详细城市规划和当时具体城市面貌的古城。因此它是埃及古城市文明的重要案例，我们需要对它做出较详细的描述。

城市选址　它的选址首先是宗教性的，目的是为法老新立的主神阿顿、王室、政府中枢及国家精英提供一个新驻地。为此法老在标志城市界限的界石上刻下了选址是神授之意。此外，选址的目的还要避开传统宗教和政治势力，即远离上埃及的原都城底比斯（相距约 280 千米），以及下埃及的旧都城孟菲斯。城址西岸有 20 平方千米的沃土，亦可为城市提供农产品和食粮。

城市范围　这个新城的创举之一是利用界标来界定城区的范围。法

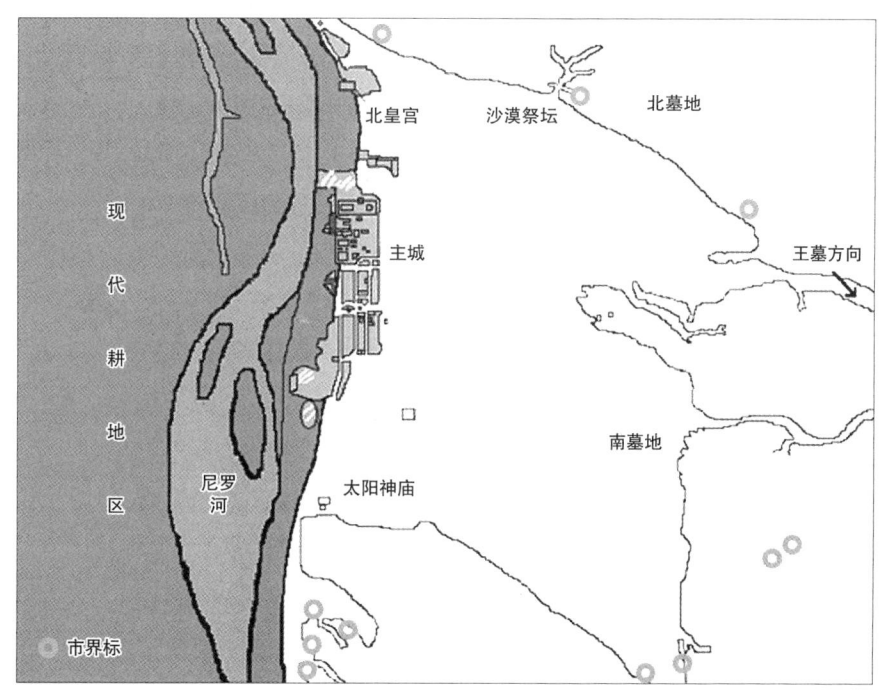

图 30　阿玛纳城市平面图

老共竖立了14座界标，圈定了一个长20—25千米、宽约13千米，占地约290平方千米的城区范围。界标刻有文字，记录了新城建造的原因、目的和历史。因建造时间短，实际建成范围远小于界标区域，且都位于尼罗河东岸（图30）。现时测得的城址位于一个新月形平原内，南北长10千米、东西长5千米。已发掘的建成区有440万平方米，全部建成区可能达1200万平方米，这说明阿玛纳是个庞大的城市。据估计，当时的人口在2.5万—5万之间。

城市分区 城区（图31）可按功能划分为3个区域，即神庙区、行政区和居住区，显示宗教与王权紧密结合。神庙区包括法老的宫殿，是最先建成的部分；行政区有国王与官员的办公用房、档案馆、通讯所、军营等；居住区是松散自由的一片城区。仓库和手工业区在城外；河滨地段有一些简易的贸易区和商品贮藏地，另有大片河滩制砖区。城市东面界标划定范围内的沙漠地带，有一个筑城工人的居住区。在环绕城

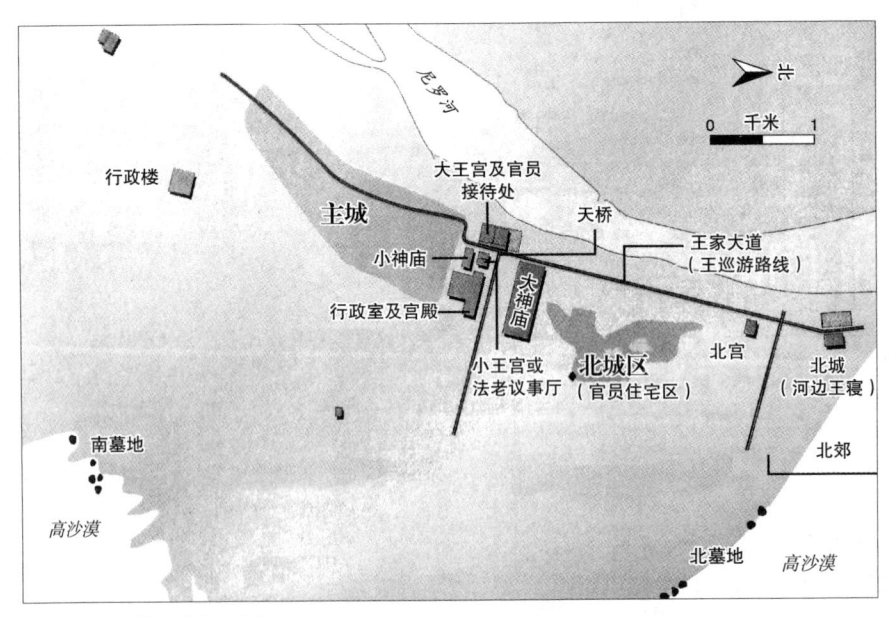

图31 阿玛纳河东城区图

市东面的悬崖,是埃赫那顿王族和朝廷重臣的墓葬区。

从地理上,新都城又可分为中城、南区和北区三大区。

中城是城市的核心,分布有神庙、礼仪性王宫、军营及主要行政建筑,是最先建成的部分。中城北部是大阿顿神庙和露天祭坛所在的神庙区,是节日庆典时的礼拜场所;其南侧是神庙的仓储区、僧侣的住所及供应神庙日常食品的面包坊;最南面是较小的神庙,供王室日常礼拜所用。中间的大片区域,西面临水的是大王宫,拥有雄伟的柱厅及露天庭院,还有接待外国使者的觐见厅。王家大道另一侧是一个较小的宫殿,

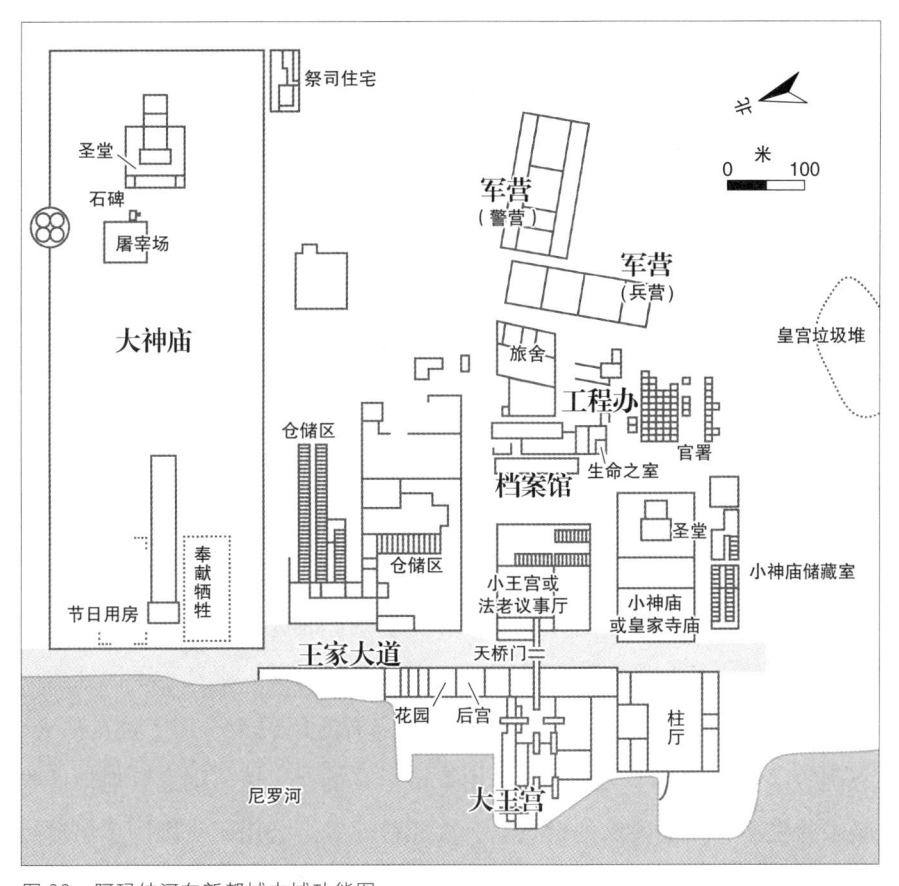

图32　阿玛纳河东新都城中城功能图

可能归法老议事专用。两座王宫被一座架设于王家大道上的天桥连接起来（图32、彩图42）。小王宫之东是大片的行政建筑，包括办公大厅、档案馆与通讯所等。此外，中城的东部有军营，除了有士兵住所，还有喂养战车用马的马厩。中城南部沿河岸有官方修建的仓储区，可以贮藏酒水、粮食、器皿、牲口、木材及其他行政和民生用品，部分原料的粗加工及二次加工也在这里进行。此外，毗邻仓储区还有一个颇具规模的市场，有利于货物的运输及交易。

南区占地约150万平方米，有中小型民宅，加上大臣的官邸，共有约2000所房屋。豪华的官员宅邸（包括大祭司、维西尔及一位将军的宅邸）以围墙与其他建筑隔开，区内还有手工作坊间杂其中。北区是一般平民住宅，与核心区分离。区内有约600所房屋，还包括一个负责工程的官员的住宅。一般平民住宅和官员住宅差距很大。此区亦出土了不少青铜工具，如钓钩等。南北两区的居住人口估计占全城九成。

在城区的最北端，有两个独立建筑区域，一是北宫，一是王家大道末端的北城。北宫可能是王后或王室女继承人大公主的居所。北城是法老的另一个住所，筑有坚固的围墙，内部是戒备森严的王宫及其附属建筑，还有一些建筑规模颇大的官员住宅。此区亦建有仓库，似乎可以自给自足。

交通规划 阿玛纳的特殊地形决定了当时既有的规划模式是不适用的。它的干道不是传统的十字形，而是井字形的，有3条南北走向的干道与尼罗河平行。邻近尼罗河且最宽敞的乃王家大道，宽约160米。还有两条东西走向的干道，把城市分为中城、北区和南区。因为城市临河，所以城中还分别修建了专用、官方和公用码头，服务于不同性质的运输，如大神庙和毗邻的礼仪性大王宫都有专用码头，用于接送法老、邻国的国王或使者等。官方码头用于接送官员，运送从国家其他地区收缴来的税品、其他国家的纳贡、公文和信件等。公用码头则用于运输货品及城市供给，包括西岸耕地的产物和从国家其他地区运来的谷物、木材等，简易的交易也可在码头边上进行。

阿玛纳的价值与意义　与古王国和中王国相比，阿玛纳开放的风格反映了社会性质的变化。最关键的乃神庙的公开性，使市民可以参与公开的宗教节日活动。这种变化开创了新王国时期大规模兴建神庙及举办大型巡游活动的模式，说明宗教文化已向全城及世俗生活渗透。

在城市空间组织上，阿玛纳和底比斯一样，都有一条主轴线（王家大道）。它是城市空间的重点，是法老在神庙、王宫、与王宫相距3千米的北宫及更远的北城之间往来时经常使用的道路。在节日庆典的游行中，原先的主角神像亦被法老替代，由法老本人在这条道路上巡行。王家大道和由此连接起来的北城与中城，以神庙为中心（它也是城市日常活动的中心）构成了城区中宗教氛围最浓厚的区域。

阿玛纳的建筑也与以前的略有不同，显得人性化。王宫和官员府邸的布局都比较自由，且都有水塘、花园，显示人们在生活上别有情趣。民宅同样有庭院、回廊、水池、房舍等，空间开阔通透，强调与室外及自然的连通。

阿玛纳是少数保存得比较完整的古代城市遗址之一，为研究埃及古城市文明提供了宗教思想、城市规划及城市居民生活方式等方面的实物资料。虽然地面遗存不多，但我们可以从空中清晰地看出城市的轮廓、道路走向及地面建筑的平面分布。这对于分析当时的非宗教建筑有很大的帮助，使我们能够不限于二维的壁画及浮雕资料，从三维实物角度来考察古埃及都城各阶层的日常生活。

拉罕

拉罕 Kahun，又写作 Lahun，原名为 Hetepsenusret，意为辛努塞尔特休息之所。拉罕位于开罗以南约80千米、法尤姆地区东部边缘，是第十二及第十三王朝时的王家项目，也是为法老建筑金字塔的建筑队及有关享庙祭司的居住城镇（图33、图34）。

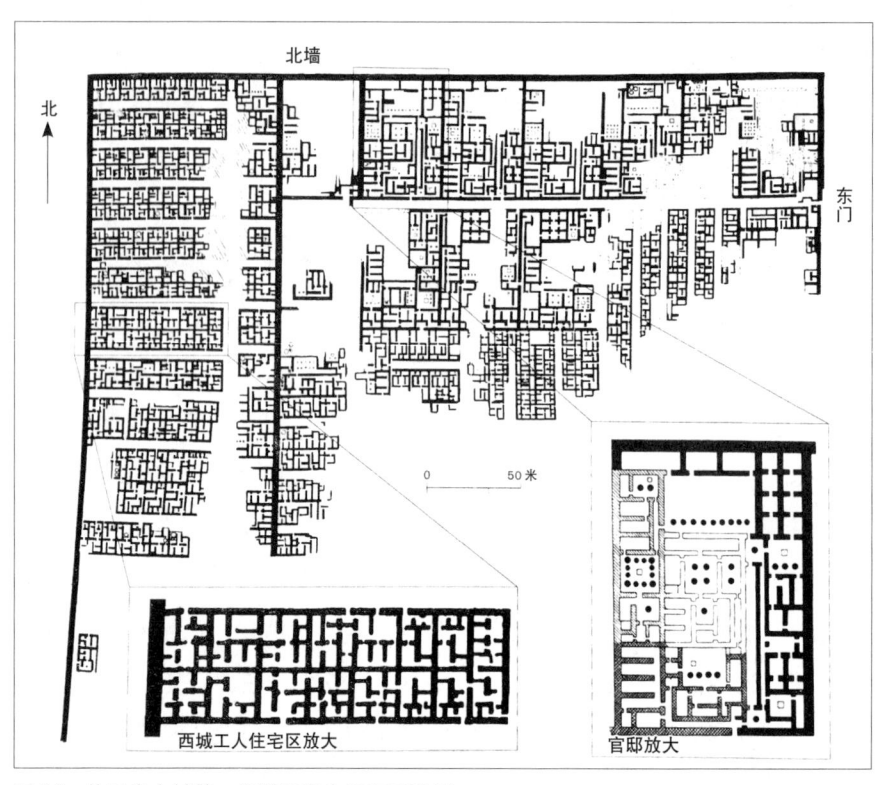

图 33 拉罕出土城墙、街道及房舍平面示意图

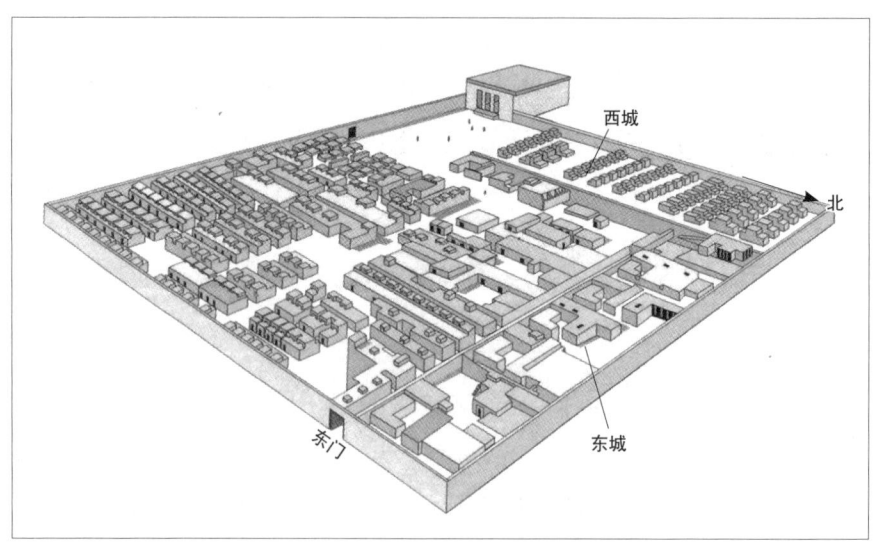

图 34 拉罕复原图（资料来源：B. Manley）

公元前 1895 年，法老辛努塞尔特二世（Senusret Ⅱ）为了建筑他的金字塔，在建造场址西侧建设了一个特殊城镇，作为管理官员、祭司、设计师、工匠、一般劳工及其他服务人员，如书吏、医生等的居所。城镇前后使用了 100 多年，保存得很好，其内的墓葬与遗留的纸莎草纸文件对当时的人物及情况有详细记录，是理解古埃及城市及社会的重要材料。

整座城市有统一的规划以决定人口与功能区的分布。它由方形的城墙（384 米×355 米）围绕，东墙开门，北墙内偏西有一宫殿式"卫城"，或许是供法老视察工程的临时驻地。城内有东西及南北主干道各一条，所有道路将城内空间划分为一个个方格式的区域，还有一堵厚墙将东西部分隔。全城估计有 5000—8000 人口。

西城区约有 200 间分布整齐划一但密度较大的排屋，每屋有四五间房，是一般工匠或工人的居住地，这里亦居住了享庙的神职人员。东城区分为南北两部：北部是规整的 5 间大房子，每间有前庭、马厩、中庭和约 70 间房屋。南部亦有 3 间大房子和一些较小的房子。大房子是高级官员办公及居住之所，而南部的小房子似是设计师、工匠及一些专业服务人员的居所。大房子附近亦有一些与其连接在一起的小间，应是粮仓，粮仓旁边的一些大空地似是粮食加工、酿酒的作坊及面包工场，因而这些大房子也具有城镇的行政及粮食分配功能。城东区还有地方神庙和一座监狱。此外，在城镇的房屋内还发现了大量工具、珠宝、工艺品和化妆品等。

吉萨金字塔城

该城南距胡夫大金字塔仅数百米，在狮身人面像东南方向。它被一道 200 米长的墙与胡夫大金字塔区分隔（图 35）。墙的中央有座桥，筑墓者经这里往返住地与工地。虽然目前遗址只发掘了约两成区域，但已可估计整座城可住 5 万—10 万人，是个中小型的城镇。由胡夫起至第

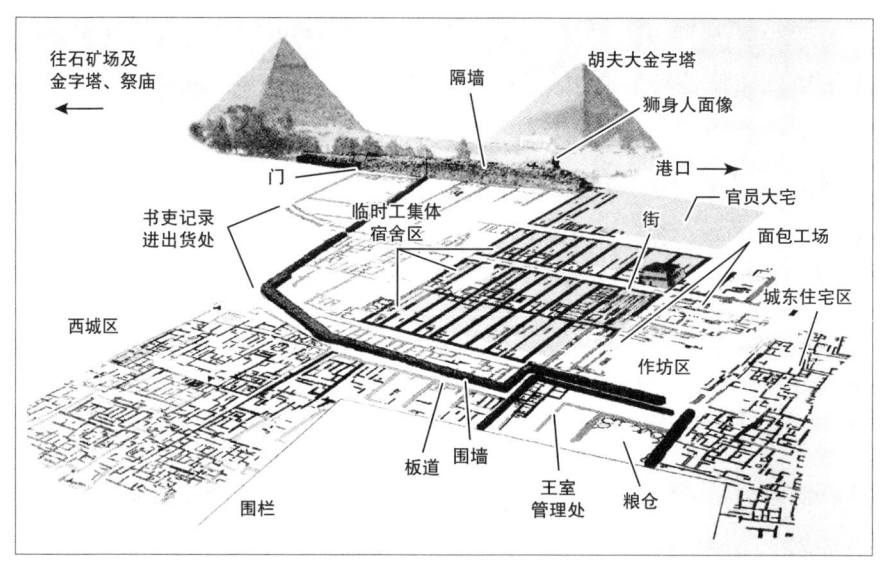

图35 吉萨金字塔城与胡夫大金字塔的相对位置示意图

六王朝,这个城镇可能存续了300多年。

城镇分为3部分,即北城、东城和西城。北城最大也最接近金字塔区,已发掘的部分显示它被主干道划分为4个小区。每个小区由一系列临时排帐组成,每个排帐是可容纳40—80人的宿舍,整个北城估计可住1500—3200人。这些宿舍的东面是啤酒厂、面包工场(图36)及手工业作坊。排帐里住的可能是临时工,由于发现大量肉食遗存物(羊和牛),可推测这些劳工的待遇似乎不错。东城是工匠的居住区,住房面积较小。西城则以大房子为主,是高官及其家属的住宅。在北城区和东城区之间还有一个公共区域,内有粮仓及行政建筑,亦可能是军队驻地。

北城西面还发现了30座大墓和600座小墓,在其中一些大墓里可找到墓主人的头衔,包括"金字塔队监督""王家工人指导者""泥瓦匠监督"等,由此可知这些墓葬属于长期工作、生活在城镇的管理人员和技术人员。

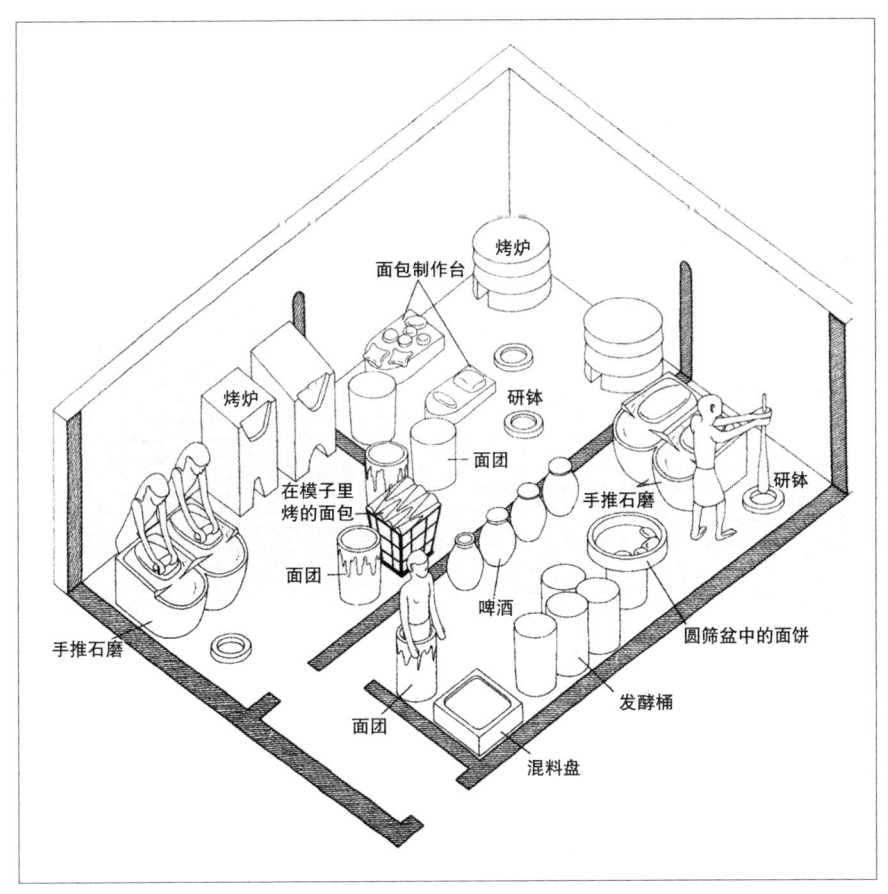

图 36　大型面包工场复原图（资料来源：H. E. Wilcar）

培尔-拉美西斯

培尔-拉美西斯的名字 Per-Ramesses，意为拉美西斯之家。此城占据尼罗河三角洲东部的战略位置，位于古埃及进入叙利亚的通道上。它由第十九王朝法老塞提一世（Seti I）兴建，其继承人拉美西斯二世将之扩大，作为扩张帝国版图和经营西亚的王室官邸和政府所在。因此，它是拉美西斯时代法老在三角洲的驻地，是历时约200年的三角洲地区最大的城市。

城址位于三角洲一条支流的多个沙洲上，易守难攻（图37）。由于周

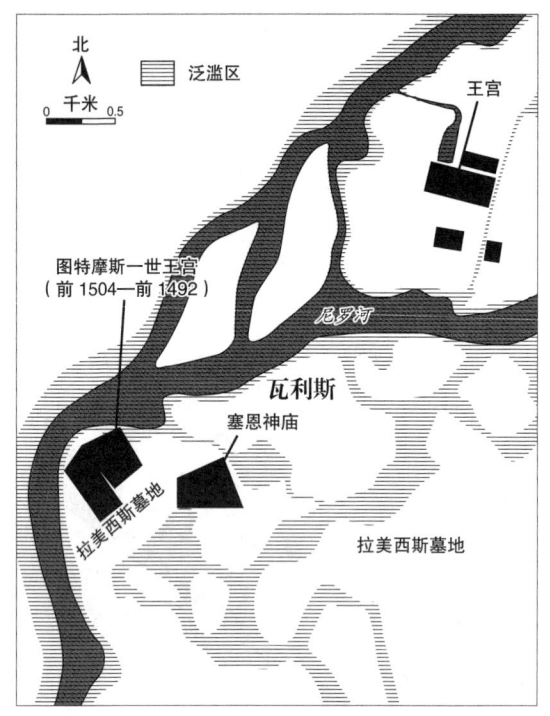

图 37 培尔-拉美西斯和瓦利斯平面示意图

边的农渔业资源丰富,所以它亦是个便于军队向东推进的军事基地。城内西部是王城,有大型宫殿和神庙;南部有大军营,主要是战车营和马厩。城东是住宅区,有规模不等、类型不同的住宅和园圃。除了地表考古,自1996年以来,考古人员又用磁法勘探,发现遗址建筑面积达100万平方米,有庭院、围墙、大道、河渠及不少街道和房屋。整个城市可能是个面积达10平方千米的大城,但目前仍未得出较详细的城市平面图。

城市依靠两个大型码头补给,但由于河道迁移,在第二十王朝时两个码头已不能用,城市因而被废弃,其功能被移至另一个三角洲城市——塔尼斯(Tanis)。

布亨

布亨是个边境要塞,位于下努比亚,在阿斯旺以南约200千米,接

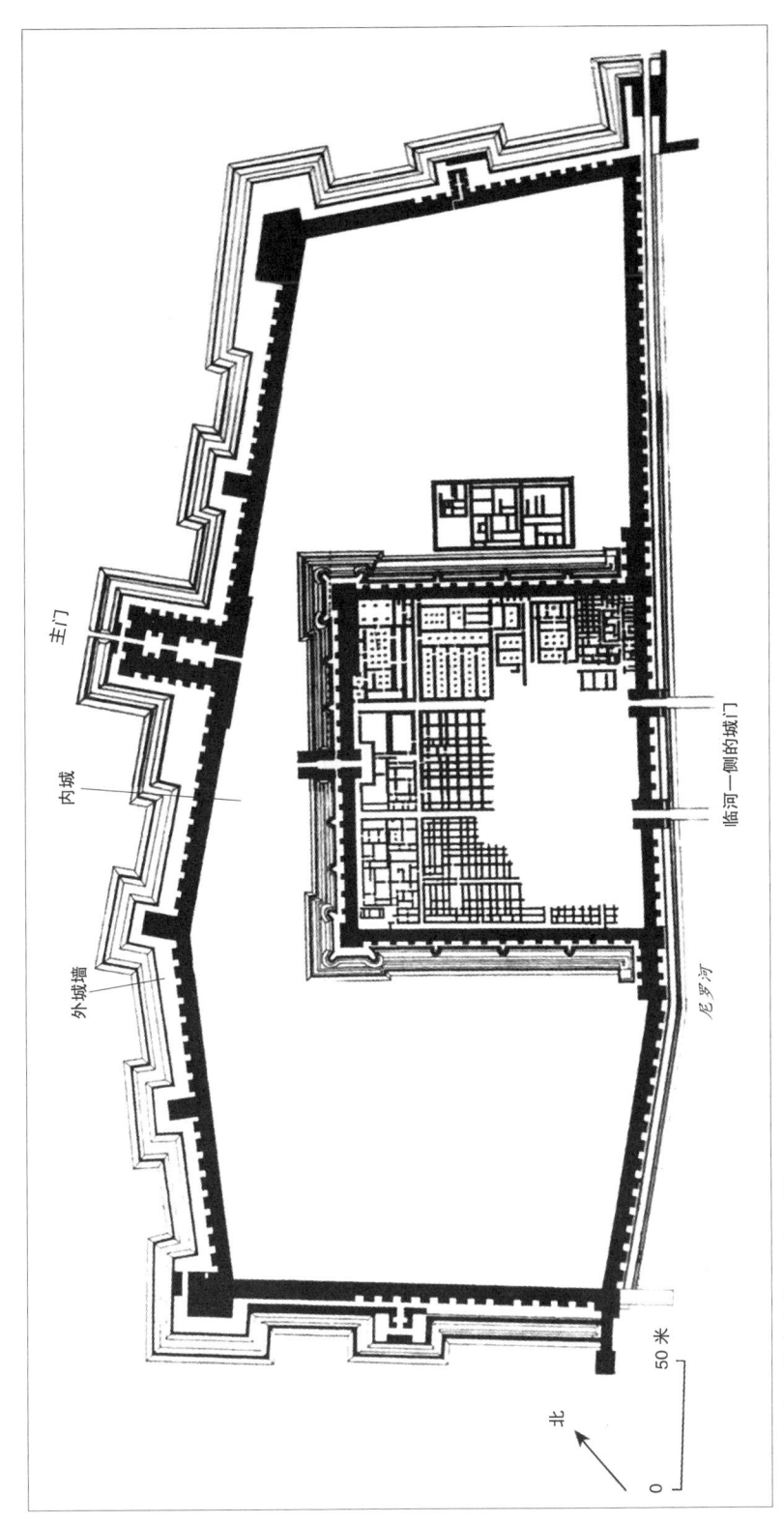

图 38 边境要塞布亨的平面复原图

近尼罗河第二瀑布。古王国时，它是埃及在努比亚的采矿和运输中心。中王国时，它成为一个军事要塞，并管理第二瀑布以北至象城的地区，当时城市居民估计有 1500 — 2000 人。

整座城市规划整齐，平面形状呈长方形（图 38），房屋亦多是长方形的泥砖屋。这是个两重城，总占地约 6.3 万平方米。内城是中王国时加建的，外城建于古王国时期，有坚固的堡垒式城墙（厚 4 米）和防御设施。外城东墙设两门，西墙设一大型主门。内城西北角似乎有驻军司令部，毗邻的东部建筑有军营、粮仓和神庙。到了新王国时期，埃及边界已扩至尼罗河第四瀑布，布亨因而失去了军事上的重要地位。

结论：埃及古城市文明的指向与特色

纵观由涅伽达二期到新王国末期的 2000 多年古埃及历史，它在经历了约 400 年的邦国时代后，便在第三王朝时进入大一统时代，比中国广域国家的出现，即夏朝的开创，早了 500 多年，也比两河流域的统一早了 300 多年。它的大一统体现在宗教、政治与经济诸方面，维持了约 1500 年，是世界史上独有的。因而埃及这段古城市文明发展史向我们提出了很多"为什么"，比如：为什么古埃及的城邦时代比较短？为什么它这么早就建立了大一统帝国？为什么大一统能延续 1000 多年？为什么文明的核心地区及核心城市都没有防御城墙？为什么是神庙与王陵成为埃及文明标志性的、最普遍也最伟大的建筑，而不是王宫？

我们或许可以从古埃及的地理环境，特别是由尼罗河泛滥规律主导的灌溉农业中找到一些线索。古埃及的自然地理条件让埃及文明在一个东、西面相对封闭，南、北向狭长的地区中发展起来。定期泛滥的尼罗河为这个地区提供了灌溉资源和便利的交通，使上下埃及因经济上的密切联系很早就成为一个价值共同体，并促成了古埃及文明的主神（太阳神及河神）的出现。精英阶层因而能够塑造出法老作为这些神祇的代表，使他享有高度集中的权力与威望，从而能主导河渠的建设与维修、集中农业剩余，以及在农闲时通过大型工程的力役回报，为农民重新分配资源。因此，在悠长的早期与泛滥期，农民的体力与时间被国家征用，不至于影响社会稳定，法老的宗教地位、王权和官僚体系也能得到民众的拥护。

我们在本章介绍的不同类型的古埃及城市都指向一个主方向——王权与宗教的紧密结合。在此大原则下，"重死不重生"的观念和彰显神王之伟大的神庙与王陵，共同构建了与世界其他古城市文明不同的埃及特色。这些特色在古埃及的三大国都（包括其城市规划、功能和景观）中都得到了体现。当然，我们也可以从古埃及的边境要塞及殖民城市中发现与西方城市类似的痕迹，不过这是埃及古城市文明的次要部分，而不是其主流。正如奥康纳（O'Connor，1972）说："若我们利用狭义的城市定义的话，我们或可接受'埃及是没有城市的文明'之说。但从广义上看，城市文明显然是埃及历史具有特色的一部分。"

我们再引用贝恩斯（Baines，1999）的一个说法："古埃及早期城市显示了一个明显特点：在位置上被尼罗河泛滥区及王陵区限制。早期的法老和统治精英的注意力并不集中在城市，他们的宇宙观往往表现在个别公共礼仪建筑和陵墓上，而不关注如何营造城市。由此宇宙观衍生出来的权力，不仅被应用在狭义的城市上，还在更大地理范围内的众多元素，以及在这些元素上发生多元互动的人与物上得以体现。"

这两位学者委婉地道出埃及古城市及其文明与西方对古城市文明的传统理解的区别。埃及古城市文明源于古埃及特有的自然环境和人文发展，它是一个时代（或许很长的一个时代）及这个时代创新技术的产物，也是世界古城市文明的一个高峰。它的标志性特征，如金字塔与帝王谷的王陵和享庙、卡纳克与卢克索的神庙等，都是难以复制的。但自新王国后期起，周边文明特别是两河流域文明和爱琴海文明的发展与技术进步打破了古埃及保持了2000多年的平衡与保守传统。外族的征服与外来文化的倾覆性影响，对历史悠久的埃及古城市文明造成了冲击。在经历了希腊、罗马和阿拉伯近2000年的统治后，埃及古城市文明终于彻底地退出历史舞台，遗留下来的——包括前王朝的王墓、荷鲁斯神庙的礼器坑、各大神庙、金字塔和帝王谷王陵，以及其中出土的文物——都成了一个已消逝的古城市文明的证物。

不少学者在提到古埃及文明对世界文明，特别是西方文明的贡献时，认为西方文明由古希腊开始且源于埃及。通过研究一些文化要素，如天文学、几何学、解剖学、建筑学，以及个别城市规划元素如格状路网，我们都可以找到这类说法的证据。但这是否就可以说明西方文明源于埃及？我们谨引公元前5世纪的古希腊学者希罗多德对他当时看到并理解的古埃及的说法，作为读者的参考："他们（埃及人）上市场做买卖的都是妇女，男子则坐在家里纺织……妇女用肩担挑东西，而男人则用头顶着东西。妇女小便时站着，男人则蹲着。他们在屋外吃饭，大小便却在自己家里……用脚来踩面粉，却用手拿泥土和粪便……在写算时，埃及人都是从右向左的。"

我们可以从上文感受到，古埃及的一些日常社会现象与人文特色带给希罗多德巨大的"文化震荡"（cultural shock）！这位比我们在时空上更接近古埃及的古希腊学者看起来不会认同古埃及文明就是他们古希腊文明的根。可能也正是因为这样，希腊在埃及的统治者们便强将古埃及的重要地名都改为希腊名字，比如本章在提到埃及三大古都（希拉康坡里斯、孟菲斯和底比斯）时不能不加上它们原本的古埃及名称，因为直至今天，世人（包括埃及人）仍不自觉地接受并沿用希腊人后来强加于它们的希腊名字。

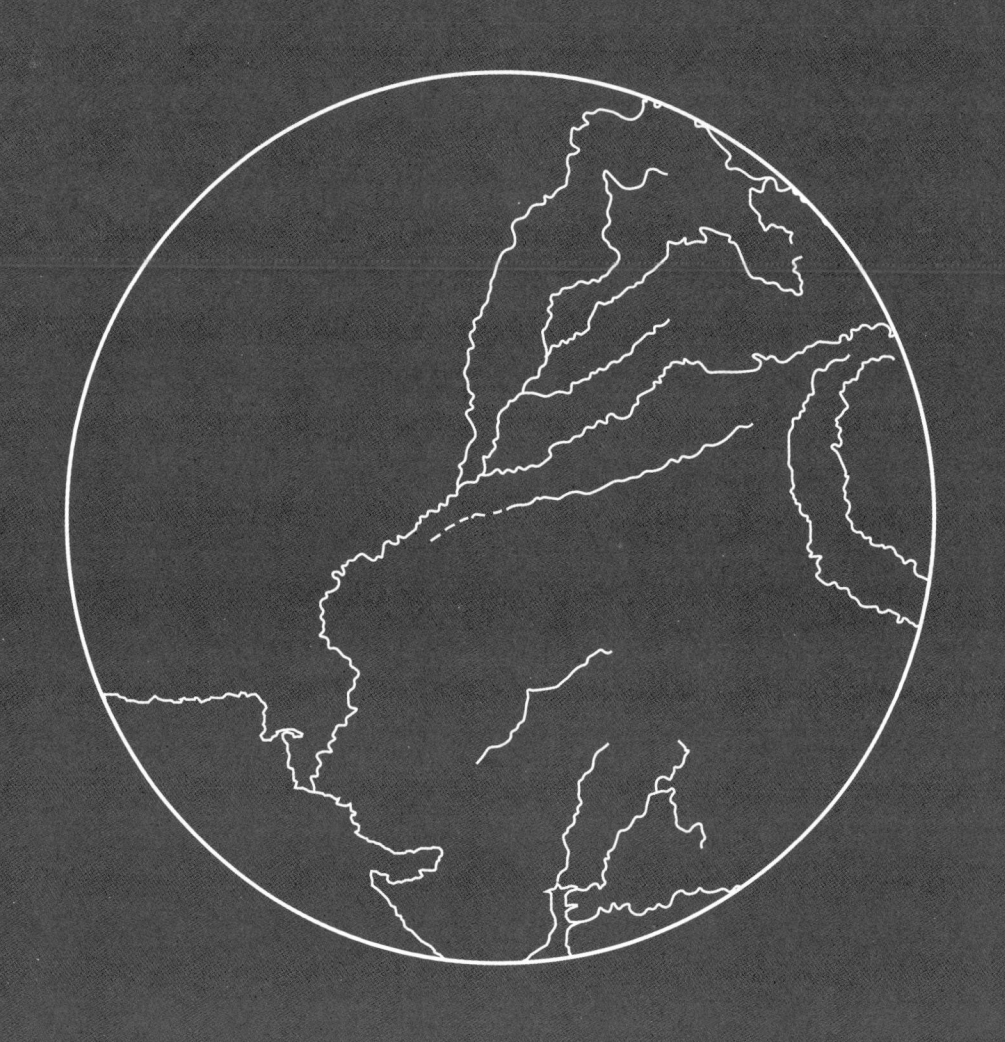

第三章

印度河古城市文明

令人费解的哈拉帕城

古印度在地域上指今天的印度、巴基斯坦、孟加拉国、不丹、尼泊尔等在内的整个南亚次大陆。中国西汉时称它为"身毒",东汉时称"天竺",唐代高僧玄奘将其译为"印度"。相对于两河流域和埃及古城市文明,它是中国较早知悉并有交往的"西域"地区。

南亚次大陆是人类文明的发源地之一,对世界文明做出了独创性的贡献。在文学方面,古印度创作了不朽的史诗《摩诃婆罗多》和《罗摩衍那》;在哲学方面,创立了"因明学",即今天的逻辑学;在自然科学方面,发明了16世纪到21世纪世界通用的计算方法,创造了包括0在内的10个数字符号(阿拉伯数字)。公元前6世纪,古印度还产生了佛教,并且先后传入多个亚洲国家,包括中国、斯里兰卡和日本。然而,一般理解的古印度文明,实际上是公元前1500年后的"恒河文明"。对于这一区域更古老的文明,即本章要探讨的印度河古城市文明,我们至今仍然知道不多。而且令人讶异的是,近年的考古发现显示它在多方面与其后的恒河文明、同时代的两河流域文明和埃及文明都非常不同。

这个存在于公元前1700年以前的印度河古城市文明,直至1922年才因为在今天巴基斯坦境内的哈拉帕(Harappa)村的考古发掘而被发现。因而它亦被称为"哈拉帕文明"或"印度河文明"(Indus Valley Civilization)。

这个古城市文明以它南部的摩亨佐达罗（Mohenjo-Daro）和北部的哈拉帕两个大城为中心，方圆约 50 万平方千米（一些说法是 65 万—150 万平方千米），覆盖了今天的巴基斯坦、印度的西北部和西部的一小部分、阿富汗东部，以及伊朗东南部的很小部分。它是古印度次大陆的青铜文化，亦是一种高度发达的古城市文明，其覆盖面积远超埃及和两河流域两大古城市文明（图 39）。

从印度河流域内已经发掘的数个大型城市遗址看，印度河古城市文明的社会和其后的恒河文明，乃至今天的印度和巴基斯坦社会之间，几乎找不到任何重大的共通点。最令人瞩目的是：

1. 哈拉帕城市没有显著的神庙与王宫，显示其宗教的分散；而当时的僧侣也并不构成一个特殊阶级或精英阶级。
2. 在行政管治上，王室、集权、等级观念都非常淡薄。城市的所

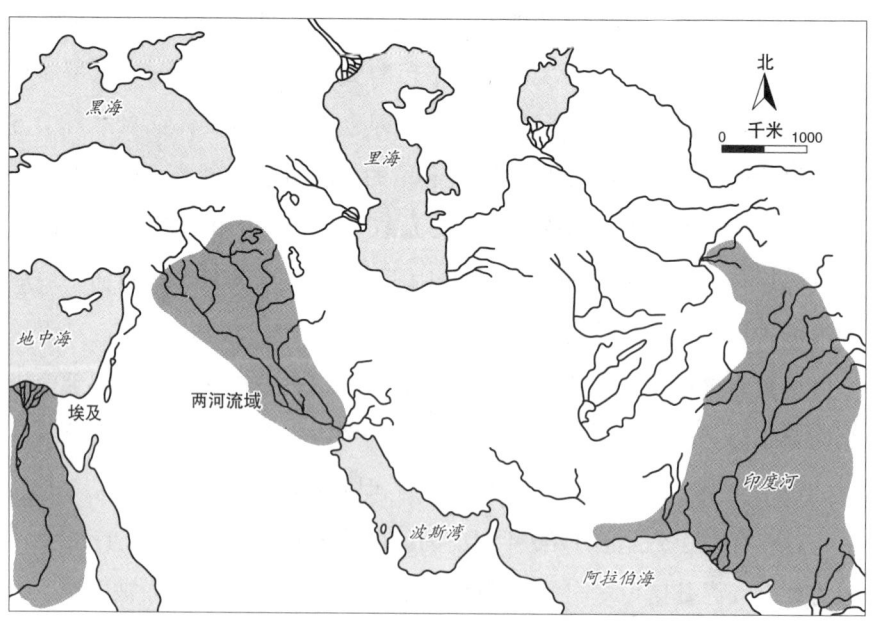

图 39　印度河古城市文明与两河流域及埃及古城市文明范围比较

有居所都以同样的物料（烧结砖）建造，而且从面积大小上看仅体现出2—3个统一标准，小的为二房单元，大的为5—6房单元，似乎是为了配合家庭发展的周期变化才按照这些标准为全体市民提供住房，这反映出社会分化不甚明显。
3. 城市都经过集中规划，有完善的卫生基建，如用水、排污、排水和垃圾收集系统等。这些设施在全市的大街小巷都是一致的，在全城形成了一个统一规整的网络。

这些特点与今天人们所理解的印度和巴基斯坦社会，以及印度和巴基斯坦当下的城市及社会的阶级分明，特别是种姓问题等现象完全不同。基于此，有些学者认为这是一种特殊的失落了的古城市文明，且近似中国传说中的大同社会式的理想国。我们在做结论时将会详细地检视和讨论这个有意义的议题。更奇怪的是关于这个文明，在公元前1700—前1500年间消失后，一直到20世纪初被偶然发现之前，印度的史料完全没有记载。

虽然这个文明自公元前2600年起已有文字遗留，都是印章上的刻画符号，但每一印章只有数个符号（有些没有，至多只有10多个）。除了印章，并未见有任何形式的文书遗存，只有唯一一个例外：在其中一座城市出土的有近似10个字的牌匾。然而这些已被发现的古文字至今仍未能解读，再加上后来的古印度文献，包括恒河文明的文献一点儿也没有提及这个古城市文明，更没有任何相关神话和传说，因此我们不能如对古埃及与苏美尔一样，可以通过文字与刻画在不易腐烂的物体上的图像来更具体、形象地理解这个古城市文明。我们对它的认识只能纯由考古发掘得出的非文字及少有的图像资料而予以推论。

因此，虽然它遗留了不少令人惊叹的城市遗址和其他物质文明，但有关它的人文社会状况我们都不得而知，比如它是否有王权及存在不同阶级，是个统一大国还是包括了多个独立的城邦国实体，宗教在其社会的重要性和影响力如何，王权系统、社会阶层（假如这些存在的话）及他们的生活情况是怎样的，等等。我们甚至也不知道已被发掘出来的城或城邦的名称。由于目前对已发现遗址的发掘仍不全面且不够深入，而且近10年内发现的新遗址亦不少，随着更多的考古资料和相关研究成果的出现，我们今天对印度河古城市文明的认识在将来很有可能要被修改。

这个印度河古城市文明在时间上大概相当于中国的龙山时代中期至夏代中期，虽然中国这时期的文字记录已不复存在，但周代及秦汉的古籍中对其重要人物与事件都有记载。我们甚至清楚夏代的每一个王及他们的主要事迹。然而，哈拉帕古城市文明相对于历史上传统的印度而言，似乎是一个陌生的外国文明，有些印度学者甚至否认它是远古的印度文明，因为古代印度文明最初的创造者一般被认为是达罗毗荼人（Dravidian）。此外，自公元前2千纪中叶起，属于印欧语系的印度雅利安人（印欧人种）侵入印度，并成为古印度的主要居民，开创了恒河文明。在印度河流域古城市文明被发现前，恒河文明甚至被世界公认为最古老的印度文明，而它亦是现今印度主流文明有迹可循的先驱，是今天印度文明的根源。

南亚次大陆的史前文化与文明的出现

起源与经济概况

在旧石器时代早期，南亚次大陆便出现了两个发展中心：北部的梭安（Soanian）文化和南部的马德拉斯（Madrasian）文化。至新石器时代，新石器文化已几乎遍及次大陆全境。在新石器时代向铜器时代过渡时，如很多远古文化一样，约在公元前7000年开始，较先进的文化都在邻近河谷的山坡地带上发展。在南亚次大陆，这个发展地区位于它的西北部坡地，即喜马拉雅山西南麓与今天巴基斯坦和伊朗的俾路支斯坦（Baluchistan）。这时在这里出现的迈尔戈（Mehrgarh）文化和古里（Kulli）文化，都属半畜牧、半农耕经济。后来，由于人口增加且印度河河谷内的气候也变得适宜农耕，这些早期文化的人口便向印度河流域迁移，向包括现今已消失了的萨拉斯瓦蒂河（Sarasvati River）渗透，并在这些地区发展起来。这些移民便形成了印度河的早期文化（前3000—前2600），包括在印度河中下游的阿姆利（Amri）、哈拉帕、卡里班甘（Kalibangan）和果德迪吉（Kot Diji）文化等。这些文化或地区（表8、图40）发展的背后原因，除了合宜的自然条件，当然还包括科技的发展与进步。

表8　印度河古城市文明进程

时期	年代（公元前）	重要事件
前哈拉帕	7000—3300	迈尔戈文化
哈拉帕早期	3300—2600	公元前2700—前2600年，早期聚落毁灭重建
哈拉帕中期（成熟期）	2600—1900	公元前2600—前2200年，城市鼎盛期
哈拉帕晚期	1900—1300	公元前1700年，主要城市湮灭
梨俱吠陀	1800—1000	雅利安人主导的史诗时代
吠陀后期	1000—600	雅利安人主导的史诗时代
佛陀时期	600—200	第二次城市化、确立种姓制度

在宏观地理上，南亚次大陆位于亚洲南部，但高耸的喜马拉雅山、孟加拉湾和阿拉伯海把它与亚洲大陆的主要地区分隔，使它形成一个相对独立的三角形大半岛。半岛北部是平原，在这里有发源于恒河、喜马拉雅山的印度河、现已消失的萨拉斯瓦蒂河，它们为发展农业生产提供了有利条件，使它们流经的地区成为古印度重要的经济区域，以及古印度历史的主要舞台。南部的德干高原（Deccan Plateau）有富饶的森林和矿产，但山地起伏，多沼泽草原，不适宜耕作。高原两侧的沿海部分是平原区，气候良好，雨量充沛，适宜农耕。不过因为德干高原形成了

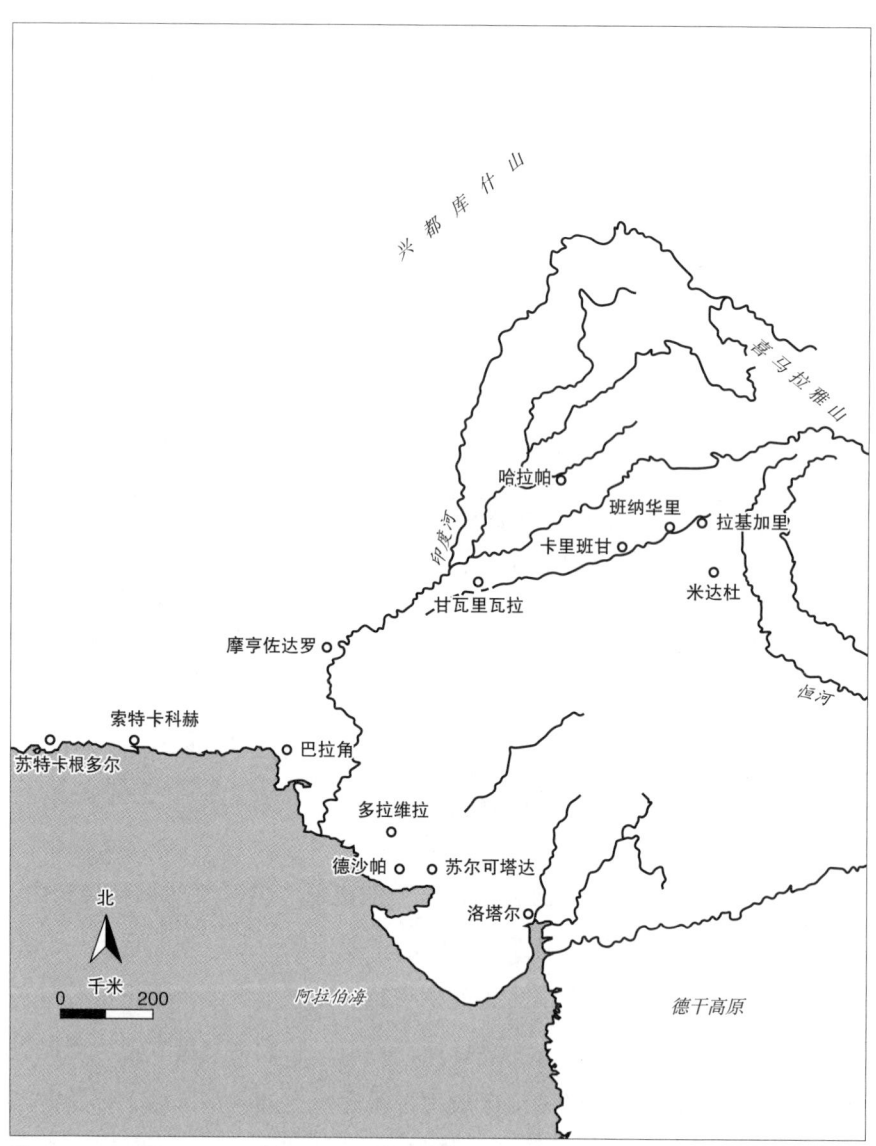

图40 印度河古文明主要遗址及现今山脉河流

地理上的分隔，所以两侧平原地区的发展与印度河及恒河流域的不同，各有各的轨迹和特点。同时，由于密布森林和沼泽，在古代技术与工具落后的情况下，恒河流域及印度南部的发展，远落后于且慢于土地肥沃、疏松又得益于自然河水泛滥的印度河河谷；亦由于自公元前5000年起印度季风渐渐向东移，印度河的泛滥没有之前那么严重，所以印度河流域的发展逐渐适合农耕。相比于印度河流域，恒河流域及印度南部的发展都出现在公元前1500年起的铁器时代以后，因为铁制工具帮助这些地区的人们解决了森林和沼泽开垦的问题。

学界一般认为古代印度文明的初创造者是达罗毗荼人，原因之一是他们的文化和语言都与俾路支斯坦的布拉灰人（Brahui）相似，而俾路支斯坦似乎是印度河流域人种的源头。不过，按照最早的资料，确切的达罗毗荼语系的出现只能追溯至公元前600年。而且，通过对印度河流域古城市文明两大城址出土的数百具尸骨的分析，发现它们包含4个不同人种，即原始澳洲人种、蒙古人种、地中海人种和欧洲高山人种。因此，达罗毗荼人是古印度文明的始创者这一观点仍有争议，特别是自公元前2千纪中叶起，印欧语系的印度雅利安人才成为古代印度的主要居民。从公元前1千纪中叶开始，又有波斯人、希腊人、安息人、塞种人、大月氏人等先后入侵，并占据了印度西北部的部分地区。由于各外族的不断入侵和定居，远古印度原居民的真实面貌就更模糊了。

从考古资料看，印度河古城市文明显然是从邻近河谷的西部及北部坡地迁移而来的文化演变而成的，即上述的阿姆利和果德迪吉等文化的人口。但他们在这里采取了与两河流域和古埃及的大型灌溉工程不同的农耕方式——主要依赖自然河道的泛滥。因为河谷内至今仍没有发现大型灌溉工程或大型人工运河的痕迹。同时，因为源自喜马拉雅山南麓，加上季风的影响，印度河的泛滥有时是极具破坏性的。为了控制和防御每年一度既会令土地肥沃，但又可能造成严重水患的河水，印度河古城市文明的大小聚落都建有用烧结砖或石头造的厚厚围墙，这些围墙形成了与两河流域及埃及河谷不同的远古聚落建筑与景观。

虽然考古发现显示零星的商业在这时已出现了,但印度河流域泛滥区的人们仍主要依赖农业为生。除了小麦和大麦,考古学家也找到了豆、芥末、芝麻,以及一些枣核和最早栽植棉花的痕迹。不过位于两条河道或两条支河道的中间地带,即"河间地区",分布着草地、树林和沼泽等,在这片地区,人们主要从事牧猎经济。此外,他们也驯养动物,如狗、猫、瘤牛、短角牛、家禽等,还可能饲养猪、骆驼和水牛。象可能也被驯养,象牙的使用亦颇为普遍。虽然在冲积平原里没有矿产,但在邻近河谷的地区,矿物、木材和石料都十分丰富,这些物产也容易利用河道运输。河谷本身亦有石脉,提供了本地部分石材(图41)。因此,在整个大区域内,当时的经济相当自给,与两河流域及尼罗河流域的情况不同。

科技、艺术、文字、城市

正如前述,印度河古城市文明是已进入了青铜时代的文明,在不少遗址中出土了大量铜器和青铜工具,如斧、镰、锯、小刀、钓鱼钩、匕首,以及非常少量的箭头和矛头等。但石制工具仍在这一时期普遍使用,农业上还很少使用金属工具,这说明金属原料来自外地,属于奢侈品,并不普及。当时的耕种已使用锄头,木犁和带有燧石的轻犁也开始被使用了。人们也已经掌握了对金银等金属的加工技术,从出土的手工艺品可见当时工匠的技艺不错,但缺乏审美和创意,产品设计比较单一,以实用为主(彩图43)。制陶和纺织是印度河古城市文明的两种重要手工业,染缸的发现显示当时人们已掌握纺织品染色技术。同时,出土模型显示当时已出现车船制造等行业。

随着农业和手工业的发展,商业贸易也发展起来。不仅印度河流域[包括萨巴尔马提河(Sabarmati River)流域]内的各个区域间有经济的来往,河谷与西亚也有一定的贸易关系。一些印度河流域古城市文明的

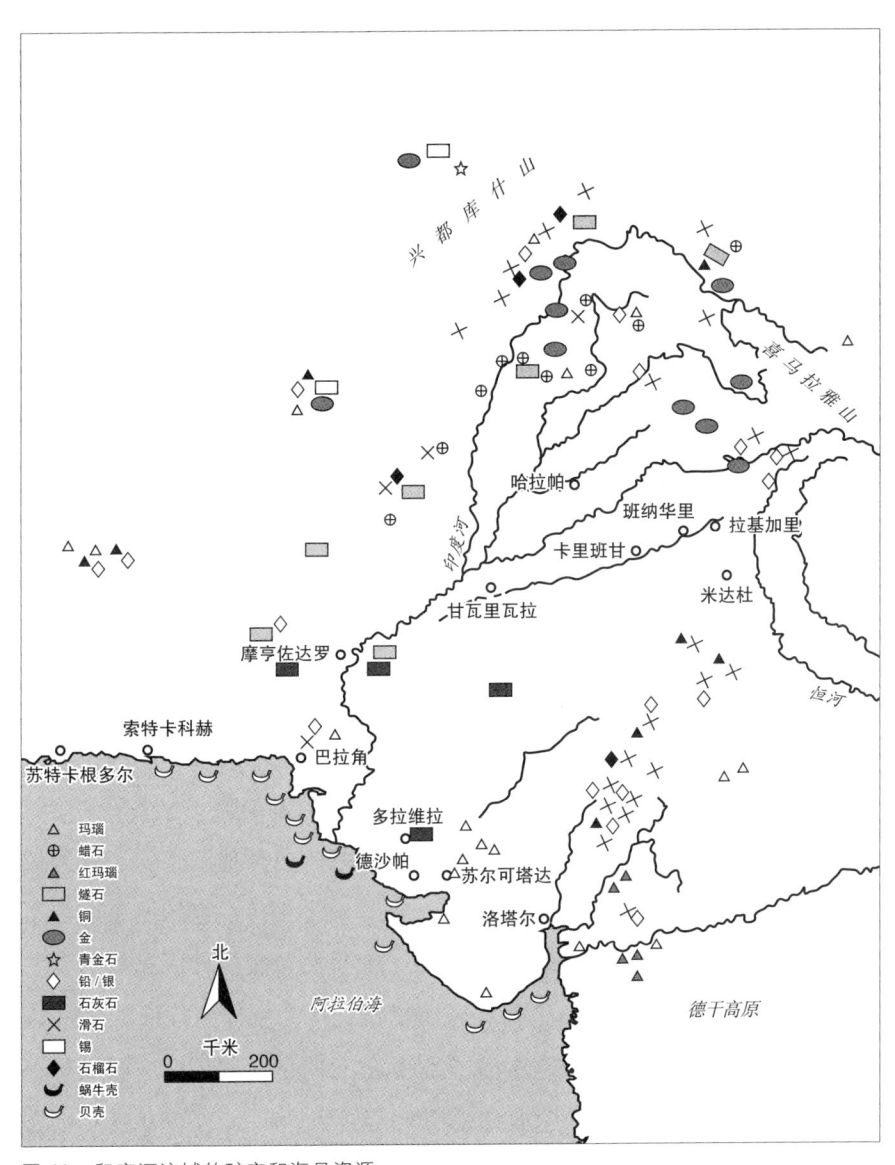

图 41 印度河流域的矿产和海贝资源

印章和印文被发现于两河流域地区,印证了两地的商业来往。因为当时的印章是物品、物主与数量的凭据或记录,它们印证了印度河流域所需的黄金、银、铜、绿松石、青金石和白云母等主要是由邻近的南印度、阿富汗或伊朗输入。这亦与两河流域和埃及要仰赖大量远途贸易以取得这些物产有明显的不同。

考古资料证实了当时已有二进制和十进制等度量衡制度,而且它们是在整个印度河流域内实行的统一度量衡。在多个距离数百千米的城市内也建立了发达的废物处理系统,包括有盖板的排水系统和倾倒垃圾的斜槽,显示出这个古城市文明拥有强大而有力的管理体制。

印度河古城市文明最著名的工艺品也许是已经出土了的3万多个印章(如前述,它们主要是作为贸易及物品的凭证)。印章通常以方形的小滑石制成(边长约2.5厘米),每个印章都包含了图像和象形文字两种元素。图像包括印度常见的动物,如象、虎、犀牛和羚羊,亦有幻想或拼合而成的动物及少量雕刻人形(彩图44)。但到目前为止,仍只发现了十分少量的印度河石质雕刻工艺品,它们通常是些个体很小的人像或神像。其中最突出也最著名的乃一尊被称为"祭司王"(Priest King)的小型石雕人像,约17.5厘米高(彩图45)。它被认为是印度河古城市文明中一个王者的半身雕像,并被一些学者引申为在这个古文明中王权或神王的存在。但与同发现于这个文明的遗址中的其他石人像或陶人像[如大量的母神(Mother goddess)像,彩图46]相比,它的雕工与造型风格都迥异,其工艺更是细致高超得多,似乎更像是从外面进口的工艺品(它出土自城市商贸区一个商人家或货栈,这亦可作为佐证)。并且,至今为止,在整个地区发现的同类物品只有它一例,假如此文明的领导者有留下刻像的习惯,那么这在该文明长达千年的历史及10多个已发掘的城市遗址中是不可能的。从雕像风格、发型、头饰和服装上的花纹与式样看,此像有可能来自两河流域(彩图47)或伊朗,与印度河文明无关。此外,也发现了很多动物和人的小型赤陶雕像,大都粗制滥造,是一般的玩具或家庭祭祀用物。

正如前述，已发现的印度河古城市文明的文字主要被保存在用石、陶、象牙等材料制成的印章上。此外，在陶器和金属物品上也发现了一些近似铭文的刻画符号，迄今所知道的不同刻画符号约有 500 多个。印章上一般是文字与图画（神、野兽）并见，文字多为单行的，而且很短，最多不超过 20 个符号（彩图 44）。这些符号有些是发音符号，有些是表意字。这种文字目前仍在解读中，但并无大进展。

赖特（Wright，2010）认为，城市是印度河文明的身份核心。它包括了哈拉帕和摩亨佐达罗两座大城市及 100 多个较小的城镇和村庄。从两大城市的遗址看，它们的规模都相当庞大。这些城市在当时是非常独特的，因为它们都是按照一个预先定下的中央规划而精心建成的。城内街道布局整齐，并以纵横相交为主，换言之，城市布局呈格子形，宽阔的主街道环绕着长方形的大街区。房屋一般以耐用的烧结砖建造，有的房子中间隔出多个大厅和房间，并都设有良好的排水设备。古埃及留存下来的建筑物是用石头建造的，两河流域的建筑物是用太阳晒干的砖建造的，而印度河古城市文明的建筑物却是用窑烧成的砖建造的。令人惊奇的是，在整个印度河流域内，做砖的模子只有两种标准尺寸：27.9 厘米 × 14 厘米 × 6.4 厘米和 23.4 厘米 × 11.4 厘米 × 5.6 厘米。如此整齐划一的布局、有条不紊的组织、统一的标准建筑构件，似乎遍布整个印度河古城市文明区域（图 42）。

通过对考古资料的分析，我们了解到这一古城市文明于公元前 2600 年左右达到成熟期，在之后的 600 年中，它实际上是处于静止不变的状态，即城市的结构、房屋的大小和风格数百年不变。而且，考古资料证明每当城市在遭到洪水的毁灭性破坏后，重建后的新城市总是造得跟原来的城市一模一样，因而有些城市在原址上经历了六七次重建或大规模水灾破坏后的修复。

正因为如此，印度河古城市文明的来源问题一直是考古学家与历史

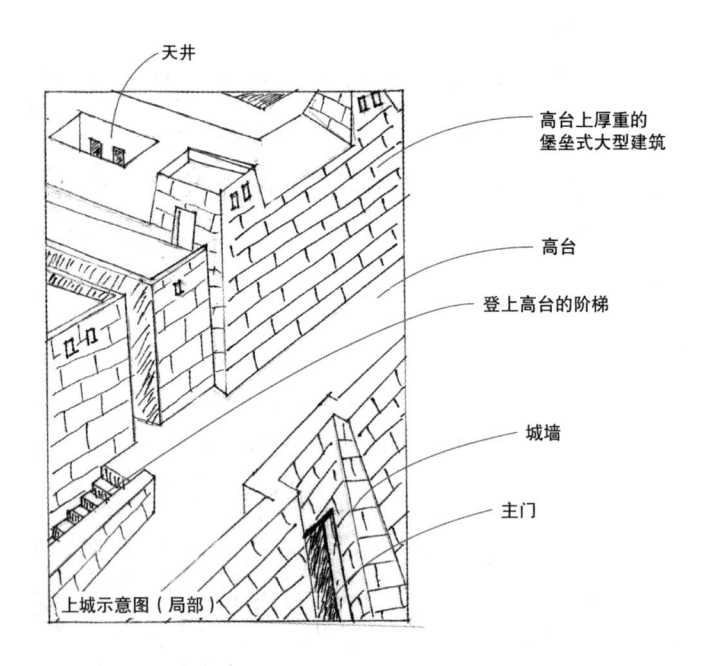

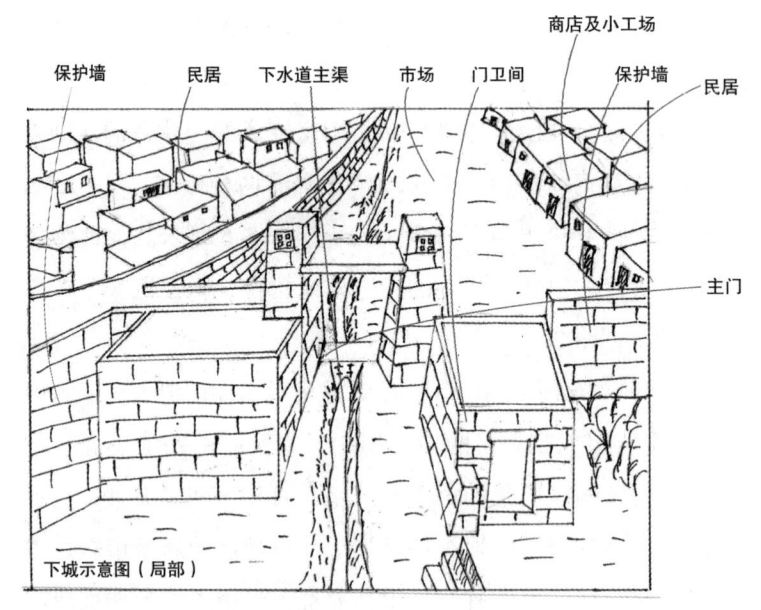

图 42 用标准烧结砖建造的城市
上：卫城高墙及其高台上的大型建筑；
下：下城的主门及其下的下水道主渠。

学家争论不休的谜：它到底是土著文明，还是外来文明？

印度河古城市文明特色

缺乏王权证据的特殊城市文明？

上述文字的出现、城市的普遍存在、在广大区域内出现的统一的度量衡和艺术形式、发达的手工业和营造技术、区域间频繁的贸易与经济交流，以及与西亚远途贸易的展开等，都显示了一个高度发展和高效率的管理体制，也反映了印度河流域存在社会分工高度发达的古文明。换言之，印度河文化在哈拉帕成熟期已经是文明社会，即是说，印度河流域自公元前 2600 年起已跨进了文明的门槛。

然而至今为止，已存在的考古资料并不能充分显示在印度河古城市文明有王权的存在。我们亦未能确知一些界定古文明所需要的参考数据，包括社会阶层的大概状况、宗教的状况及其影响力，以及战争的情况和作用等。目前能掌握的资料甚至不足以使我们弄清楚，在这个广大区域里的是一个广域国家，抑或是众多的城邦国？

在王权是否存在的这个问题上，我们最没有确切答案，因为在这个古文明的多个已发掘的城市遗址里，至今仍没有发现王宫或近似王宫的建筑，也没有发现王墓及夸耀王者的其他痕迹，如石像或雕刻。前述的祭司王雕像只是上千件人形雕像中唯一一件精美的雕刻，但它并不是出土自摩亨佐达罗的卫城（又称上城），而是被发现于主城［又称下城（lower city）］的一座非宗教建筑（民居）内。如前文所述，它的造型与身上的衣物风格，流行于同一时代的两河流域南部地区，而且，同一建筑内也发现了两河流域风格的陶器。这座建筑被认为是一个商人的住宅，因此祭司王雕像可能来自两河流域。无论如何，目前大部分学者都认为祭司王与宗教无关。

与王权的兴起和存在有密切关系的军事力量，一般来说都会普遍地体现在重大考古遗址及其出土文物中，如古埃及调色板和苏美尔铭刻上的帝王形象与战争场面等。甚至是在中国的龙山时代，城市城门旁的大量青铜箭镞及兵器，都明显体现了王权与军事的存在。然而，在印度河古城市文明10多个已发掘和部分正在发掘的城市里，不但没发现王者形象，也没发现士兵形象和战争场面（在几个印章中出现了头戴牛角冠的人，亦有学者认为这人就是王，彩图48）。除了投掷用的石制或陶制圆块和三角块，在印度河古城市文明的城市中，只发现少量的石箭镞和矛标头。但它们都很小，也有可能只是一种工具而并不用于作战；更没有刀和剑这些在青铜时代其他古城市文明中普遍存在和使用的武器。

印度河古城市文明的城市的城墙及墙上看似敌楼的设施，亦引起了与战争或防御敌人无关的解读。这一古文明的主要城市都设有卫城（图42），而且卫城都建在城市中较高的小丘上。卫城内的建筑主要是公共建筑、大浴池或火祭坛，开辟有公共空间，住宅则较少。城市的居住、商业及手工业活动都集中在卫城旁边的下城。这个双城结构成为印度河古城市文明的一大特色（详见下文城市案例）。城市中最早建成的卫城可能是为了防范洪水而建的，因为卫城不但位于城市最高点，而且有烧结砖造的台基，并围以厚墙。亦因为地基较高且坚固，卫城较安全，城市的公共建筑及主要宗教设施都被放在这里；而卫城内较开阔的公共空间，在印度河严重泛滥期间亦可能为下城居民提供了避难之所。考古学家亦在主要城市的卫城都发现了有洪水摧毁过的痕迹，这些痕迹同样出现于在原址上多次重建的砖墙上，印证了卫城与防御洪水之间的关系。

多元的宗教和宗教精英阶层的缺乏

印度河古城市文明令考古学家惊讶的另一特点是，它的城市没有如埃及和苏美尔等古城市文明一样，拥有大型的神庙和明确的神灵形象，更没有资料显示宗教人士或祭司们形成了精英阶层，甚或成为主导社会的力量。如摩亨佐达罗和哈拉帕等大城市卫城上的大浴池，以及一些如洛塔尔（Lothal）和卡里班甘等中小城市卫城内的火祭坛（见下文），固然是有宗教意义，甚或是与之后的印度教的洁净要求以及伊朗拜火教有关；但由于城市和农村的一般住宅内大都有神龛，其中发现的各种陶制偶像，包括出土最多的母神像，似乎都说明了在印度河流城内，并不存在一个统一的有世俗组织架构的宗教。有学者对1980年代已发现的1755枚有图像的印度河古城市文明印章进行分析，发现刻有与印度后来的宗教有密切关系的牛形象的印章只有155枚，但另有1159枚印章刻有一种神秘的独角兽（彩图44）。后者和印度后来的宗教没有任何特殊关系（刘欣如，1990），进一步印证了印度河流域人种来源多元，其宗教的多元性及其文明都与之后的印度文明并没有明显的关联。

高度均富的社会

米勒（Miller，1985）指出，摩亨佐达罗的房屋都按照统一的标准设计，以一个庭院或空地为中心，其三或四边是房间，主门避开主街，开向小巷，隐私受到保护（图42、彩图49）。他又引述了在1979年对该城已发掘的112间房屋进行的一次调查，发现房屋的大小差别不大，只有7间超过150平方米，较小的14间也在50—80平方米，他推断房屋的大小似乎是和家庭大小相关而不是和财富相关。其他的房屋如店铺、手工业作坊和公共建筑，亦多与民居杂处。住屋内的物品也几乎是一致的，就算是贵重的铜器及金银装饰品，也都被发现散布在卫城及下城中。器物，包括用贵金属制造的，都以实用为主，设计整齐划一且少有纹饰（彩图43）。

同时，在城市里，几乎每间住屋都有水井、浴室和厕所等设备（见下文）。正如萨尔奇纳（Sarcina，1979）所说：印度河文明高质量物品分布的普遍性，指向了一个高水平的福利社会，这个社会总体上缺少奢侈品，亦没有明显的人剥削人的证据。在这个文明，墓葬内的陪葬品也近乎一致，而且至今仍未发现如王墓一样的大墓。对出土人骨的医学分析结果也说明了当时居民食物的丰富性和一致性，没有发现营养不良现象。

基于上述，麦金托什（McIntosh，2002）做出结论：在印度河古城市文明的社会里没有任何人缺乏生活的基本所需；同样，高质量物品出现在不同的城市或乡村家庭中；鲜有集中或存在精英阶层的痕迹。如此长期一贯地发展、统一、规整，近乎没有战争且非常平等的社会，世上很多地区似乎从来没有经历过，即使在古埃及也没有。因而，学界对此提出这样一种假说：控制这一纪律严明的社会的也许是一种精神上的力量。但是，这一切毕竟只是推测，而且，在发掘更多的古城遗址并能释读印度河流域的文字之前，这样的结论始终欠缺足够的证据，只能是一种合乎逻辑的猜测。

城市化与城市特色

城市化及其城市分布

印度河古城市文明一直受到生态环境和气候变化的影响，特别是受到作为灌溉农业用水的主要来源及主要运输通衢的印度河和古萨拉斯瓦蒂河河道变化及水位高低的影响。自1922年对印度河古城市文明遗址进行发掘，至1999年，在这个区域及其周边一共发现了遗址1056个，其中已发掘的共96个。之后，新遗址陆续被发现，到2014年，已发现的遗址数增至约2000个，包括近年才发掘的大型城市遗址拉基加里（Rakhigarhi）和甘瓦里瓦拉（Ganweriwala）。然而，由于印度河数千年来的泛滥及古萨拉斯瓦蒂河的干涸，很多哈拉帕聚落已被深埋河床之下，或已被信德沙漠（Sindh Desert）和拉贾斯坦沙漠（Rajasthan Desert）覆盖，我们难以估计该文明的真正覆盖范围及其较详细的原貌。我们在以下只就目前考古所得以推论其大概。

在印度河流域已进入文明时代时，即哈拉帕成熟期（前2600—前

1900，表8），该地区的核心地带逐步形成了以城市为核心的四大经济区或经济圈（图43中的①②⑤⑥）。每个经济区由三个圈层组成，第一圈层或中心区在功能上以商业和手工业活动为主，主要是个城镇地区，包括了印度河古城市文明的主要城市如摩亨佐达罗、哈拉帕和它们的附属手工业村镇。第二圈层乃沿岸及在河谷泛滥范围内的农村地区，其中以克格尔-哈克拉河（Ghaggar-Hakra，即古萨拉斯瓦蒂河中游）两岸的村落最稠密，那里60%的农村建成区面积小于50万平方米，25%在5万—10万平方米间。它们一般坐落在河边，其农牧范围伸展不超过8—10千米之遥。由于地下水位高，它们的农业并不一定需要依赖河水，地区的考古工作亦找不到大型灌溉系统的痕迹。这里的农耕技术落后，使用的工具仍以石制为主，以这种技术难以开发河间区域的灌木和丛林。第三圈层包括河间地区的灌木丛、草原及边远平原，这里的经济以牧猎为主，有些附以少量农耕。该圈层内少有固定居民点，多是营地式遗址，人口流动性大，与边沿山区的森林狩猎采集部落属于同一群人。

这四大经济圈分别构成了四个区域性的聚落群（图43、图44），即东部、中南部、北部和中部的聚落群。除了这四个核心区，在印度河古城市文明范围内还存在两个边沿区：南部聚落群，俾路支斯坦及马克兰（Makran）沿海。

东部聚落群

这个聚落经济圈（图44中的①）位于古萨拉斯瓦蒂河中上游河谷，约今天印度的哈里亚纳邦（Haryana），包括现今成为印度河支流的萨特莱杰河（Sutlej River）。这里农牧矿业发达，聚落众多，不少已达到城市规模。区内在1963年发现了一个大城遗址，1999年开掘时估计规模为80万平方米，但在2014年发现邻近两个土丘亦属城市的一部分。估计这个大型城市的总面积达350万平方米，是目前已知的印度河古城市文明的最大城市。区内已发掘了多个中小型城市，如鲁帕尔（Rupar）、

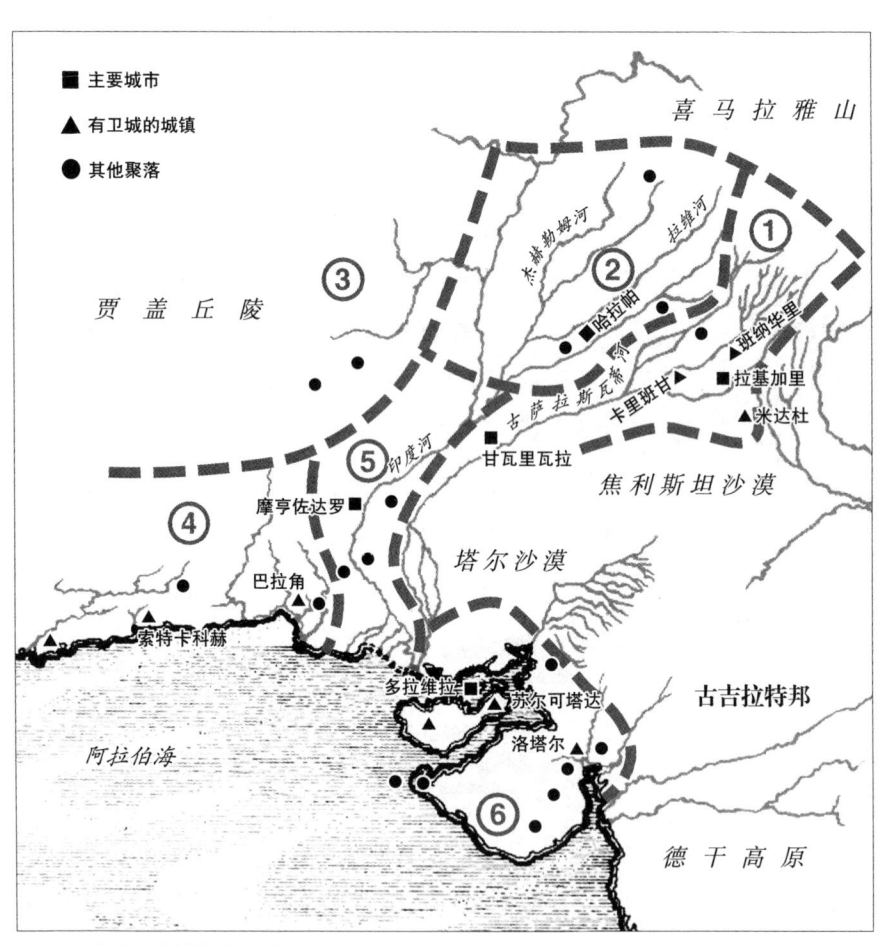

图 43　印度河古城市文明分区

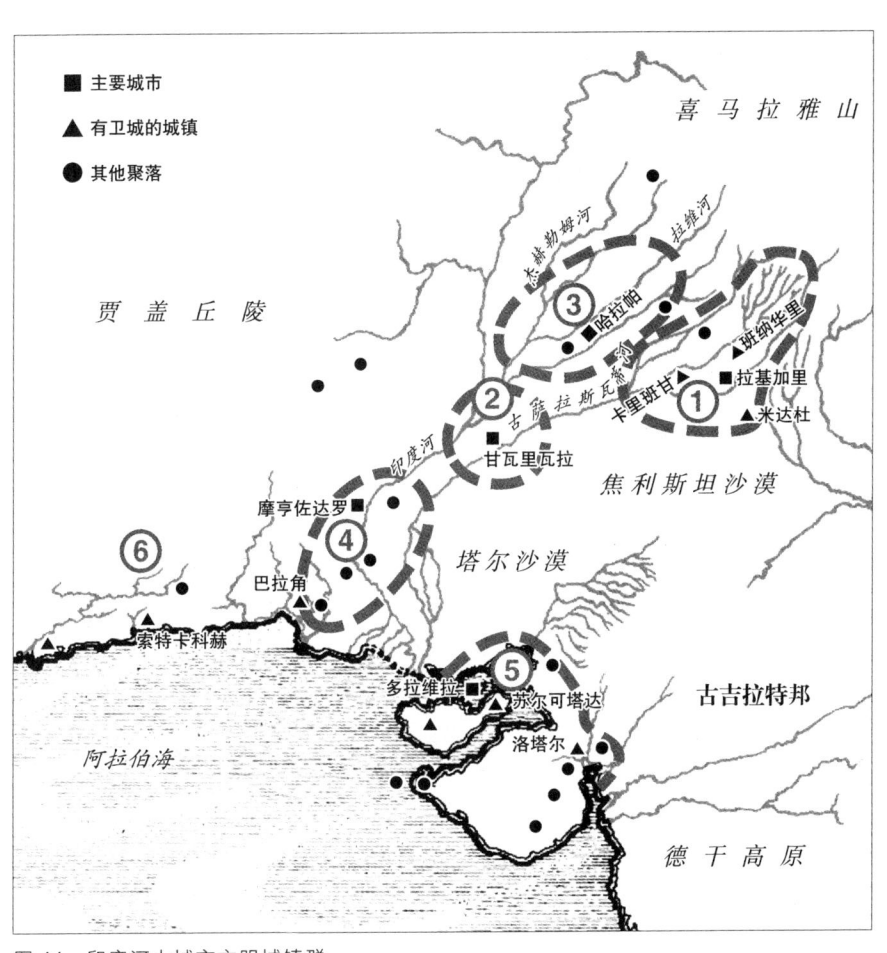

图44 印度河古城市文明城镇群

班纳华里（Banawali）、米达杜（Mitathal）、卡里班甘等。

中南部聚落群

此区（图44中的②）包括了印度河五大支流汇合地区和克格尔河河谷。今天这里大部分已成为焦利斯坦沙漠（Cholistan Desert）的一部分，但在当时是个重要的农业区，也是印度河古城市文明居民点最密集的地区。区内的拉贾斯坦有丰富的铜矿资源，能够提供重要的生产资料和贸易商品，因此在克格尔河两岸有众多不同的按专业分工的手工业市、镇及村。该地区的主要城市是甘瓦里瓦拉（80万平方米）。

北部聚落群

这个聚落群（图44中的③）位于印度河上游的巴基斯坦旁遮普省（Punjab），这里的气候干旱，是个牧区，农耕只局限于河岸地带，是以区内固定聚落稀少。在印度河古城市文明早期及繁荣期（前3000—前2000）时，旁遮普省每年有200—700毫米的稳定降水，因此其北部森林茂密。区内西部的苏莱曼山脉和东北部小喜马拉雅山的矿产也很丰富，因而在这些边缘地区有多个城镇。哈拉帕是个面积达150万平方米的大城市，并且其存在时间贯穿于整个哈拉帕时期。它控制并收集西北森林资源和矿产，将之送至河谷中南部加工，是个物资集散地，为整个印度河流域服务。

中部聚落群

中部聚落群（图44中的④）位于印度河下游，包括了周边的平原和河口三角洲。这里的河流沉积了肥沃的冲积土，使它成为一个重要农业地区，又因临海和连接山区，它也是个贸易枢纽。区内出现了一个成熟的四级城镇体系：大都会摩亨佐达罗（250万平方米）；中型城市，如储达佐达罗（Judeir-jo-Daro，25万平方米）；小型城市，如昌胡达罗

（Chanhu-Daro，4.7万平方米）、阿姆里（4万平方米）；贸易小镇，如阿拉迪诺（Allahdino，1.4万平方米）等。区内又发现了5个各相距30千米、占地100万—220万平方米的大城市，但仍未展开发掘，它们若被证实，将会改写整个印度河古城市文明的城市化及城市概况。

南部聚落群

南部聚落群包括古吉拉特邦（Gujarat）的卡奇岛（Kutch Island）及萨乌拉施特拉半岛（Saurashtra Peninsula）（图44中的⑤和图43中的⑥）。这是个严重干旱区，但石材和海岸资源（如贝壳、海港）丰富，最大城市多拉维拉（Dholavira，100万平方米）就是用石头而不是烧结砖建造的。这里也出现了一个四级城镇体系：最大城市之下是大城市如朗布尔（Rangpur，25万平方米）、小城市如洛塔尔（4.8万平方米）和苏尔可塔达（Surkotada，1.4万平方米），以及贝壳手工业镇纳格什瓦尔（Nageshwar）和海港杜瓦尔卡（Dwarka）。

俾路支斯坦及马克兰沿海

在俾路支斯坦的部分山中平地及主要山口有人口稠密的农村和较大聚落，但大部分地区人口稀少，主要是以狩猎和采集为生的流动人口（图43中的③④）。其中较大的聚落有宁多瓦里（Nindowari，50万平方米）、帕法尼达姆（Pathani Damb，50万平方米）、瑙沙罗（Nausharo，5万平方米）、古里（15万平方米）等。在马克兰沿海地区（图44中的⑥）则有一连串与波斯湾西亚地区进行贸易的沿海商站，如索特卡科赫（Sokhta Koh，16万平方米）和巴拉角（Balakot，2.8万平方米）。

对于上述城市群的属性，克诺耶（Kenoyer，2014）判断它们实际上可能是不同的城邦，即每个领土面积在10万—17万平方千米的邦国，而邦国都城之间的平均距离为280千米。与此相比，两河流域城邦首府间的距离则只有20—30千米。不过麦金托什（McIntosh，2002）则觉得整个印度河古城市文明地区是一个统一体。换言之，它是一个庞大的广域国家而不是众多的邦国或一个邦国联盟。他推论，在这个大国内，不同级别的城市由相应等级的僧侣负责税收、工商业及城市管理等工作。

城市化率及城市类别

有些学者认为印度河古城市文明与两河流域文明和古埃及文明一样，是世界三大古文明之一，它拥有当时世界上最多的城市，同时摩亨佐达罗也是世界上最早建立的城市。我们认为这些都是言过其实。摩亨佐达罗的出现远远晚于中国、埃及和苏美尔的最早城市（见本书有关章节）；而在同一时期的中国龙山时代，已发掘出的城市达60个。到2014年已发现的含未证实的印度河古文明的古城，总数只有35个，包括只有1万—4万平方米的小手工业作坊或集镇和小商站，而大半数遗址至今仍未被发掘。

我们以每万平方米城市遗址能容纳400人的标准，估计印度河古城市文明高峰期（约前2200，即中国龙山晚期）的总城市人口为68万，相对于不少学者认同的印度河古城市文明高峰期总人口达500万（主要是农村或农牧业人口），它的城市化率为13.7%。当然，我们这个按已知遗址数量的估算数据是明显偏低的。因此，以目前考古资料作为分析基础，这个古城市文明的绝大部分人口都属于农村及游牧采集人口。我们初步认为，印度河古城市文明的城市化率或可达20%—30%，比同时期的两河流域或埃及的城市化率要低很多。

已发掘城镇的资料亦为我们提供了有关不同城市的功能及其在全国城镇体系中的位置的初步信息。表9列出了印度河古城市文明的六级城镇分类。表中显示哈拉帕可能是国都，摩亨佐达罗应是全国的宗教和经济中心，拉基加里、甘瓦里瓦拉和多拉维拉是重要区域中心（但拉基加里的发掘仍在继续，随着出土资料的增加，对其城市性质的估计可能需要调整）。前三类都是面积超过80万平方米和人口3万以上的大城市，其他三类分别为面积 25 万—50 万平方米的区域中心、面积小于 25 万平方米的工贸中心及小规模的地区行政中心。

表9 印度河古城市文明的城镇等级

级别	性质	城市案例
1	国都	哈拉帕
2	全国的宗教和经济中心	摩亨佐达罗
3	重要区域中心	拉基加里、甘瓦里瓦拉、多拉维拉
4	区域中心	卡里班甘
5	工贸中心	洛塔尔、昌胡达罗、索特卡科赫
6	地区行政中心	阿拉迪诺

从已发掘及文化层保留得较完整的数个城市所揭示的资料来看，印度河古城市文明的城市之始建和发展基本是在整个文明地区同时发生的，只是它们衰落的具体时间并不一致，出现了北方城市较早，南方城市较迟的现象。这一现象与两河流域先在两河南部的苏美尔，以及古埃及先在上埃及地区出现城市文明的经验不同。后二者都经过数百年的征伐才将文明扩展至更大地区，并最终达致统一的广域帝国，体现了与中国同样的大河河谷文明史进程近乎一致的规律。与此相反，印度河古城市文明却能够在这么广大的地域的不同地区同步发展，其背后的原因仍然是个谜。同时，根据对考古资料的分析，当印度河流域城市高速发展时，它的农村聚落也在高速增加，说明了其城市的出现及城市人口的增加并不一定是与来自农村的移民有关。换言之，它的城市化并非传统的"推力"与"拉力"相互作用的结果，此亦与两河流域的经验不同。

城市规划、基建与建筑特色

印度河古城市文明的城市多以卫城为中心，与下城或主城区形成了一个双城形态的城市。两个城区的街道基本上都呈网格状分布。卫城有大浴池、私人浴池和公共会所。全市亦发现有整齐划一的市政建设，包括上下水道、市场、作坊、仓储区、民居和一些似乎是举行公共集会或大型礼仪活动的设施等。每座民宅都是围着一个院子建成的，拥有几个房间、一间厕所和一口水井。建筑物所用的基本材料是从烧木头的窑里烧制出的耐用土砖——高质建材烧结砖。具体而言城市有以下特色：

1. 城市布局以东南西北四方位为准，南北向是城市主轴，这与当地的盛行风向和日出方向有关，亦和中国古代城市突出方位和南北中轴线一致。

2. 城市建在土丘上，呈双城结构，即分为卫城和主城。卫城处于西面较高的土丘，立于用烧结砖建造的台基上，并被围以厚墙。卫城的始建时间最早，而且多在原址上不断地重建（因被洪水毁而重建），因而形成目前的高丘遗址。城市的大型公共建筑都集中于卫城内。主城一般与卫城分隔，位于一至数个较低土丘上，是城市的主要工商业区和居住区。主城的每个土丘也都有厚墙围着，墙中有门楼和近似敌楼的防御设施（图42）。

3. 城市街道多呈东西及南北走向，将城内空间划成格子状。街巷宽度划一，其中主街8—10米宽，并由它们把城区分为多个街区。

4. 每个街区都有公共空间、市场、手工业区与大小住宅。

5. 每条街巷都有承接来自两旁屋宇厕所及浴室的污水的下水道，它们被连接至主街的主渠道（用砖盖盖上以便清污），形成全城系统。最后这些主渠道便把污水排出至城外河道（彩图50）。

6. 水井与卫生设备：大部分的房屋都设有水井，其旁多是浴室；浴室的排水道与厕所的污水道是分开的；几乎每套住房都有厕所，一些房屋甚至有坐厕（彩图50）。

7. 房屋：农村的房屋以土砖建造，但城市建筑都用烧结砖（南部的多拉维拉用石块，是例外）；正如前述，住房设计整齐划一，有中庭，不向主街开门窗，私密性甚高；房屋有1—2层高，每屋有2—6间房（彩图49）。
8. 城市都具有显眼的主要大型建筑及重要公共设施，如大浴池、大粮仓（目前主流意见是宗教设施）、火祭坛、公共会堂及大型公共空间。这些建筑主要集中在卫城，其中大浴池和火祭坛并不在同一城市共存，可能反映了不同城市或有不同宗教信仰。虽然摩亨佐达罗及哈拉帕的大粮仓推论已被推翻，"大粮仓"被认为是个宗教设施或工人宿舍，但在拉基加里的考古却发现了一个仍有部分粮食痕迹的粮仓（见下文）。

有关在印度河古城市文明中，卫城的性质及其城墙是否主要为了体现防御功能这一问题，上文已经提及，我们在此再根据已发现的建有卫城的14个城市的资料做进一步探讨（表10）。对表10资料的分析显示：一些面积不到5万平方米、人口只有一千数百的小聚落都设有卫城。加上在这些古城市中发现的武器十分稀少，城市遗址上完全没有战争或士兵形象的遗留，可以推断这些古城市似乎没有外来武力的威胁，并没有因防御花费如此大力以建筑卫城的道理。因此，我们同意一些学者的分析：卫城的建造是为了防洪及在特大洪水到来时，作为全城的最后避难处。南部三角洲的古城多拉维拉的超大型储水池（见下文），更加强化了印度河古城市文明的人对印度河洪水泛滥的爱与恨。他们将对洪水的管理放在城市的生存与发展的基本考虑之首，并且是先有卫城，其后才有城市，即在建卫城之后才建城市其他部分。而且卫城的高台及城市围墙都留有多次原址重建的痕迹，显示印度河沿河城居民历时悠久的与洪水的不懈斗争。

表10　已发现有卫城的印度河流域城市

城市	建成区面积（万平方米）	估计城市人口（人）	所在区域
摩亨佐达罗	250	100 000	中
哈拉帕	150	60 000	北
拉基加里	350*	140 000	东
甘瓦里瓦拉	80	32 000	中南
多拉维拉	48—100**	20 000	南
索特卡科赫	16	6400	南
班纳华里	16	6400	东
卡里班甘	11.5	4600	东
米达杜	9	3200	东
洛塔尔	4.8	2000	南
苏特卡根多尔（Sutkagan Dor）	4.5	2000	西
巴拉角	2.8	1200	西
苏尔可塔达	1.4	500	南
德沙帕（Desalpur）	1.3	500	南

* 其中100万平方米乃包括储水池的面积。
** 为估计面积，绝大部分仍未发掘。

城市案例

在已知的印度河古城市文明的城市中，最早发现的哈拉帕城的卫城因为遭受盗砖而破损严重，而重要区域中心拉基加里城及甘瓦里瓦拉城目前仍只有小部分城区被发掘，我们对它们所知不多，甚至连它们叫什么也不知。目前，考古学家对后者（包括已发掘的）只能按发现地如今的地名或本地人对它们的称呼来命名，因此不少城市是以当地方言"死城"或"死亡之丘"为名的。我们在上述已提到在拉基加里已发现了9个土丘，因而这座古城的总面积可能在350万平方米以上。考古学家还在拉基加里其中的一些土丘上发现了排水系统，雨水收集和储存系统，大型的粮仓，有3000多块未加工的宝石料的黄金工场，铜作坊，大量的陶砖、人像、玩具、砝码、印章、陶器、珠宝以及棉布残片等遗存。预计拉基加里的城市考古将会大大丰富未来我们对印度河古城市文明的城市的认识。我们在此节选择目前已发掘较多且考古资料较多的 5 个古城市作为案例。

摩亨佐达罗

摩亨佐达罗位于印度河下游,今天巴基斯坦的信德省,属印度河古城市文明的核心区。由于位于印度河流域与西亚交往的主要通道,即接近博兰山口(Bolan Pass)、俾路支斯坦南部沿海平原及阿拉伯海沿海港湾,它具备把来自印度河河谷和西亚的多种资源及产品集中并重新分配的功能,还控制了河谷南部地区的贸易,成为这个古文明最重要的经济枢纽。摩亨佐达罗是中部聚落群的主城(图 43、图 44)。

这座古城是在 1922 年被发现的,自 1945 年开始发掘,至今仍未停歇,是发掘时间最长的印度河古城市文明遗址。更因为它没有受到太大的破坏,较完整地保留了古城原貌。其文化层从公元前 2600 年始建至公元前 1700 年城市已走下坡的长时间内,基本保存完整,可以更全面地体现印度河古城市文明各阶段的城市状况。城市是按已定的完整规划建造的,并采用标准规格的烧结砖作为建筑材料。整座城市的建筑和规模,比较早发现的哈拉帕城更为壮观。

摩亨佐达罗是印度河古城市文明的典型城市,分为卫城和下城两部分(图 45),总面积约 250 万平方米,城中居民总数在发展峰期时估计有 10 万人。卫城较小,面积只有约 8 万平方米。它位于高出目前的洪泛平原 18 米的台基上,有高厚的砖墙,形成城堡,曾经被重建过 7 次。卫城的四周有看似具有防御功能的塔楼。卫城的中心建筑物是一个大浴池(彩图 51),包括浴池本身、周围的廊柱通道及其背后的众多房间。这组建筑亦可能是个公共聚会处,或是用于举行某种宗教仪式的场所。在大浴池的北面有另一组建筑,其中有很多小房子及一座很大的长厅,

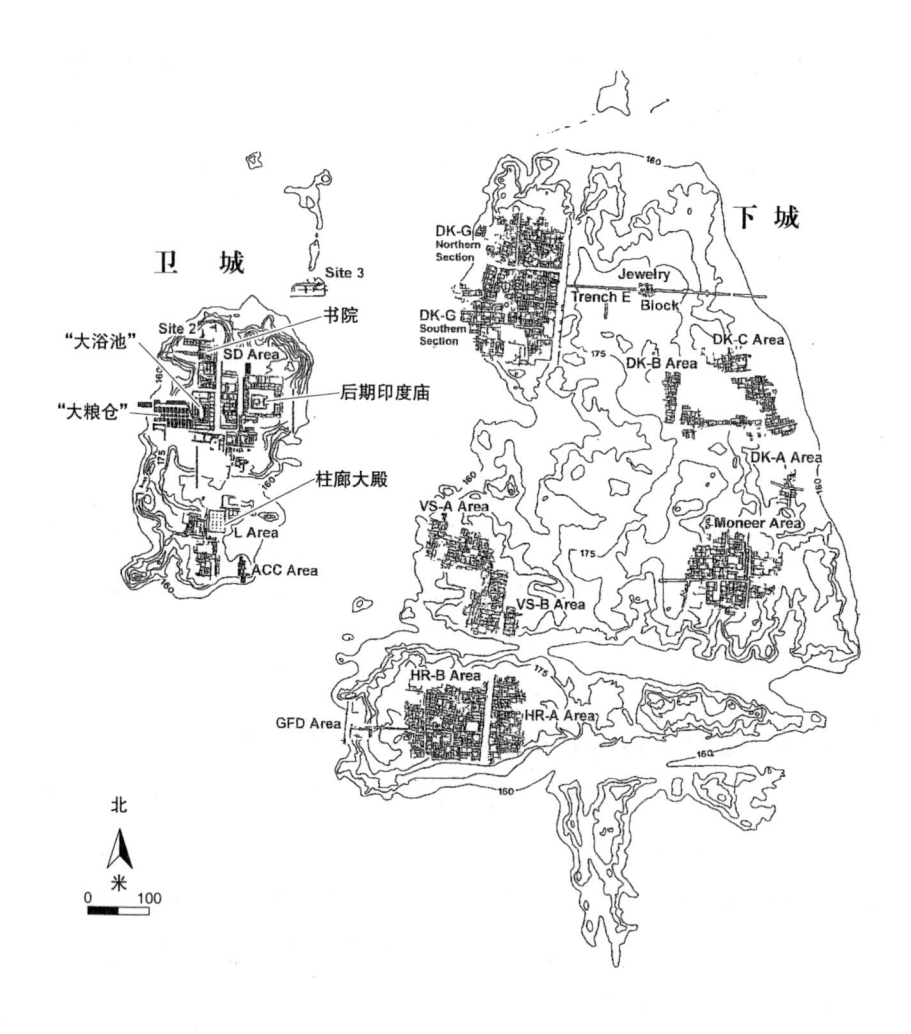

图 45　摩亨佐达罗平面图

考古学家称之为"书院"（College），但其真正的功能或用途仍难确定。大浴池西面的一组建筑被称为"大粮仓"，因为在其中发现了可能用于搬运粮食的木楼梯或斜道。但由于没有发现任何粮食的遗痕，其功能仍存疑。卫城南部另有一组建筑物，其中心建筑是个会议厅。总之，卫城内的这些主要建筑明显都不是王宫、住宅或民居，在摩亨佐达罗的其他地区是找不到的。它们集中在卫城并与下城分隔，而进出卫城又似乎受到控制，因此我们有理由相信卫城是个以公共功能为主的特别城区。

下城的街道很整齐，都是南北及东西走向的，主街宽约 10 米。街坊里的房屋主要用高质量的烧结砖砌成。房屋的大小、高低和屋内设备差别不大，都有排水设备、厕所和浴室。浴室多是设在一个比楼面稍高、微微倾斜的平台上，令污水可以自然地流入排水渠。房屋的设计统一，大抵有两种类型：多数属于中小型的，平均面积为 97 平方米；大型的只有 6 套，其中 5 套平均面积为 183 平方米，另一套为 130 平方米。大型房屋全都位于下城区。最令考古学家惊讶的是，这里有一个贯穿全城的、完整的排水系统。位于房屋二层的冲洗式厕所的污水可经由墙壁中的土管道排至街巷的下水道；有的房屋还有穿过屋壁用以倾倒垃圾的垃圾管道。从各房屋流出的污水，都先在屋外蓄水槽内让污物沉淀，再流入有如暗渠的地下水道。而地下水道纵横交错，遍布整座城市。在城内已发现 700 口水井，近乎家家户户都有（彩图 50）。在下城主街两旁遍布不同类型的手工业工场、市场及货栈，其中一些亦与民居混杂。摩亨佐达罗的手工业相当发达，这里发掘出的金属器皿有金、银、铜、铅和锡等制品，还发掘出了不少金属制和石制的斧、矛、箭镞、短刀、投石器，以及用玻璃制成的装饰品、陶制品等，其中有些陶器上还绘有动植物图案。此外，这里还出土了大量的小雕像、骨刻和绘画，其中护身符印章便有 2000 多个。在下城也发掘出了一较大庙宇，内有大量相同的印章和小型神像，它们似乎是崇拜者的供奉；还有很多妇女小雕像及数个男子雕像出土，包括前述的著名祭司王像。发现的妇女小雕像特别多，可能因为那个时代十分盛行女神崇拜。

哈拉帕

哈拉帕城坐落在今天巴基斯坦旁遮普省的小村哈拉帕旁，因以为名。因为此乃印度河古城市文明文物的最早发现地，所以印度河古城市文明又被称为哈拉帕文明。此城位于摩亨佐达罗城以北 644 千米，坐落于印度河中游的一个支流拉维河（Ravi River）的河岸，其周边除了附属耕地，几乎没有任何古文明痕迹（图43、图44）。考古学家认为它是西北森林资源和矿产向印度河中下游转运的枢纽。因此，地理位置和交通干道（主要是水运）是它工商业繁荣的基础。作为北部聚落群的主城，它也可能是整个印度河流域广域国家的国都。

最早发现这个古城市遗址的是一名印度殖民地时期的英国官员，时间是1826年。在1872年起已有人在地表上收集到一些陶器、石刀和印章等古物，但对哈拉帕古城的发掘迟至1923年才开始。由于它的卫城受到邻近新建的铁路工程的影响，不少遗址上的古建筑的烧结砖已被人挖走用以修建铁路的部分路基，对其造成了严重破坏。从文化层分析，古城在公元前2450—前2200年出现急速发展，到公元前2200—前1900年扩展到最大范围。但自公元前1900年起，因流经它的印度河支流开始干涸，城市便走向衰落。

哈拉帕城的总面积约150万平方米，估计最高峰时的人口为6万。它的平面布局和摩亨佐达罗的一样：在西面高地上的是卫城，东面较低的是下城（图46）。卫城面积为11万平方米，高出洪泛平原12米，分为AB及F两个土丘或两部分。南部较大的AB土丘四面筑有高厚的城墙，墙基厚14米，墙高6米；墙上每隔一定距离及在城门处都建有敌楼，但没发现战争或统治阶层的痕迹。城门门道两旁设有哨岗或收税人员的房间，其主门是西门（图42、图46）。在卫城的F土丘上有多组大型公共建筑，包括大浴池和2个拥有50多间房的建筑（有学者解释为大会议厅或统治者的宫殿/行政中心），以及另一组由大粮仓、多个圆形工作平台和近似兵营的劳动者宿舍所组成的建筑群。但有关后者是个粮食储存与加工区的推断已被推翻，目前普遍认为这是一组与宗教有关的公共建筑。

下城的E土丘有全城最早建成的聚落遗址，属哈拉帕早期（前3300—前2600，表8）。整个E土丘的文化层有1米厚、3—4米高的城墙，并有东、南两门。南门是主门，门内有公共空地以供处理课税，由此往北是主街及市中心，两旁有石器、铜器、贝壳及宝石等各类工场。区内街道宽阔，主街宽 8 米，以南北为主向，将城内空间划分成棋盘形。距南门约 30 米有一小丘，在其上发现了房屋、浴室、排水设备和水井，似乎是供商旅暂住的地区。东门外的 ET 土丘似乎亦属于同样性质。

水亦是哈拉帕城的生存关键。下城中部有一低地，考古学家认为可能是个大型的公共储水池，提供饮用水与洗衣用水。可能因为这样，在这个城市内已发现的水井并不多，目前只有 30 个。在哈拉帕城两处也发现了完整的有盖排水主渠。水渠用砖砌成，两侧铺的是打磨光滑的砖。

在各个土丘上有大小不同的房屋，每个房屋都有中央院落，1—2

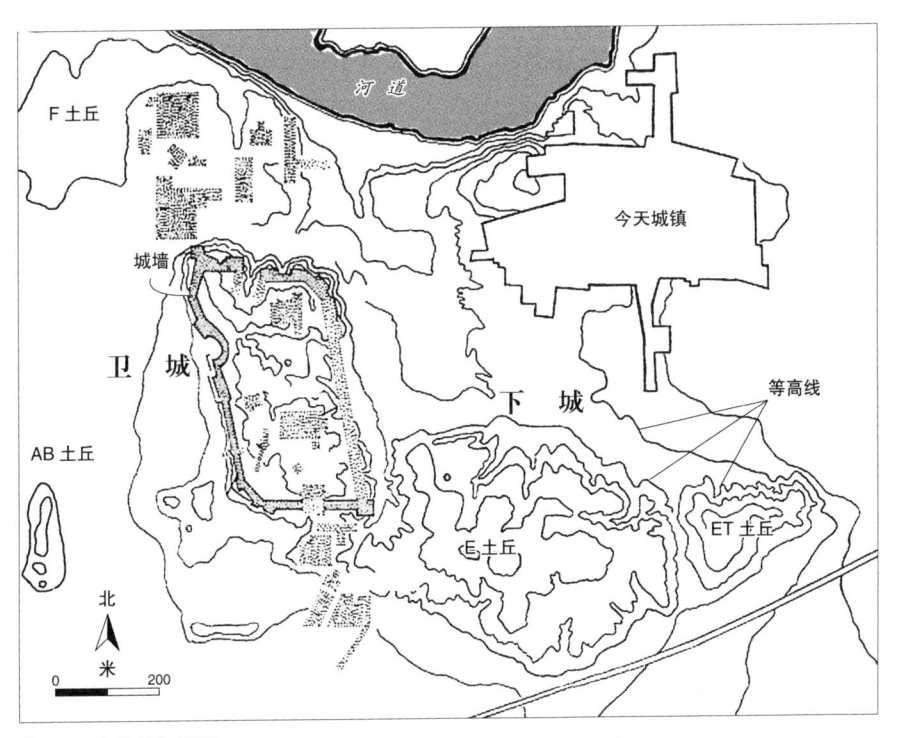

图 46　哈拉帕平面图

第三章　印度河古城市文明　173

层高，窗户很小，从街上难以看到屋内。不少房屋都有经历过多次重建及重组的痕迹。有些房屋构成一组，似乎供给多个家庭同住，但各自拥有自己的厕所和浴室。

多拉维拉

多拉维拉是印度河古城市文明在南方的最大城市（100万平方米），是南部聚落群的主城（图44中的⑤）。它的最大特色是在其下城建造了10多个巨大水池用以储水，这些水池的总面积比城区面积（49万平方米）还大。此外，因为此城市的基址是块大岩石，城市便是利用基址的石块筑造而成的，不少大水池也是在基石上挖成的（图47）。因而它是已发掘的印度河古文明城市的特殊案例——一个石造的城市。

多拉维拉城于1967年被发现，自1989年起至今，考古学家已对其进行了多次发掘。他们发现最早建成的乃卫城中的"堡垒"（Bailey），它在公元前2650—前2500年已经存在，毁于公元前2500年的地震，但在震后不久被重建。卫城其他部分以及中城和下城（图47）都是在之后加建的。城市自公元前2100年起开始走向衰落，并在公元前1900—前1850年被废弃。考古资料显示，自公元前1850年起有少数非哈拉帕文明的人口迁入该城，但于公元前1500年城市又再次被废弃，至公元前1450年才重新有人迁入。

和其他印度河古城市文明的大城市相比，多拉维拉显得更有气魄，其规划更精细，也更有创意。规划师利用南面的主河道，在其两岸建造水坝以提高水位。在汛期，城市便引河水流入下城区的16个巨大的储水池，同时也可利用城北的河道以排出多余的河水。这个办法在同一时间既解决了城市的用水、防洪与排水，又美化了城市，使它宛如一座"湖城"（图47）。城市周边的砂岩资源亦为其获得合适建材提供了方便，使多拉维拉得以建成坚固的城墙和高大漂亮的城门（共有17个）。

城市在布局上分为卫城、中城与下城三部分，各有一重城墙。卫城

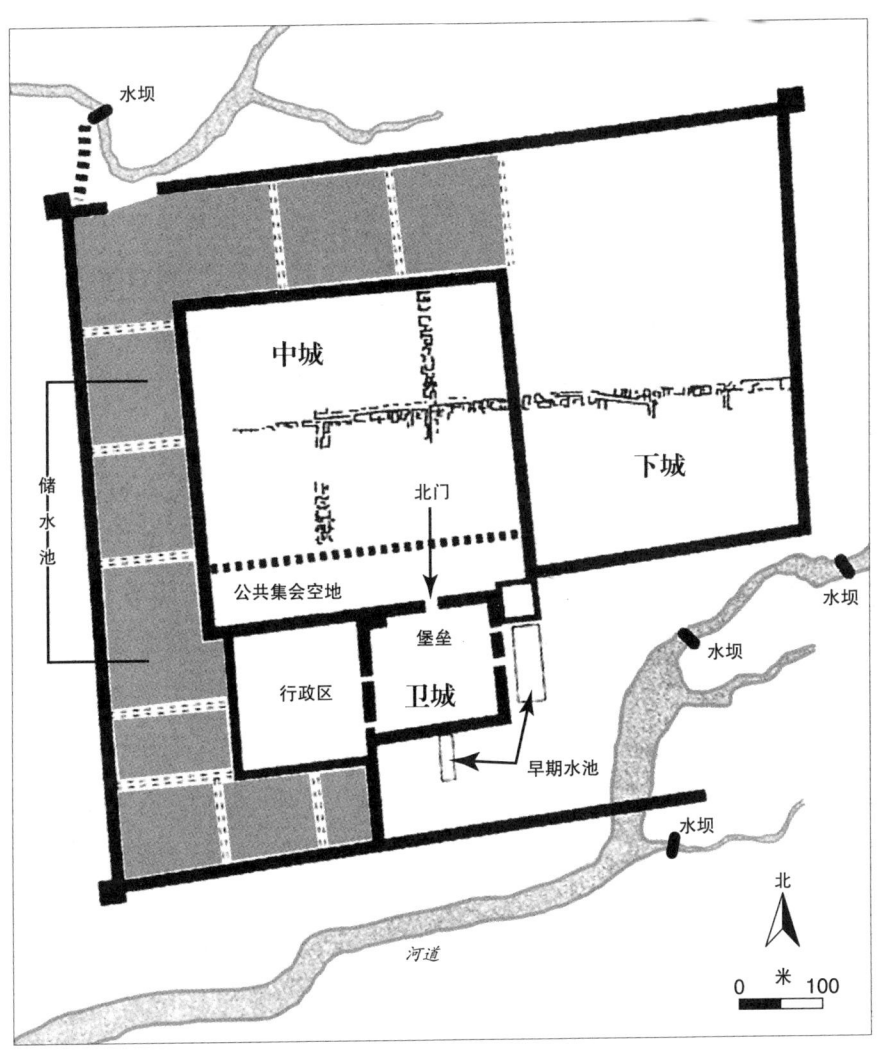

图 47 多拉维拉平面图

由"堡垒"和"行政区"构成，主门为北门，此门有一斜道通向北面的"大运动场"或公共集会空地。在2014年时有报道说，在这里发现了比摩亨佐达罗大浴场大3倍的浴场，但详细资料仍未公报。中城是在城市发展至第三期时扩建的，包括"大运动场"，以及众多道路与大街区。下城主要是巨大储水池和农牧地。下城的居住区比中城的小，多是小巷和小街区，也包括一些手工业区。

在多拉维拉城出土了很多青铜器、金和铜的饰物、贝壳饰物、铜制工具，各种宝石珠粒、石制品、陶器，以及大量印章和度量衡工具，这印证了它是个贸易及工业城市。最特别的发现是一个长3米、用石块拼成10个象形文字的牌匾，有人说它们是城市的名字或标志，但这些文字至今仍未能被解读。

洛塔尔

洛塔尔是位于今天印度南部古吉拉特邦的卡奇岛上的一个古城市文明时期的小型作坊及商贸小镇（图44），是印度河流域边沿的南部聚落群中的一个海港工贸城市（图44中的⑤）。在它最繁荣时，连城墙面积亦只有4.8万平方米，约有2000人口。这个小镇离海边不到5千米，有通海运河，东面还有大型仓库、船坞及船只靠泊的内港（图48）。这里发现了波斯湾地区的滚印、大型的珠粒加工和装饰品工场，出土了不少石材、铜、宝石等半制成品或原料，以及大量的印章、鱼钩、矛、锉等用具。

镇内仍有近半面积未被发掘，不过目前已得知它在公元前2450—前2350年时是一个由底部15.8米宽、顶部12.8米宽的厚墙围绕的小村，并在公元前2350年毁于洪水。它于同年起开始重建，这时的城墙加大加厚了，卫城及房屋都建在砖砌台基上。在公元前2200年它再次毁于洪水，之后又被重建，砖砌台基也被进一步加高。但小镇在公元前2000年又受到特大洪水袭击，之后便再没有重建。相对于小镇的人口及占地规模，洛塔尔的城墙是大得不成比例的，而且没有门楼和敌楼，显然此小镇巨墙的建筑目的主要在于防洪。

洛塔尔在平面上亦与大型城市一样分为三区：卫城、下城与码头仓库区。除了特殊的码头仓库区，小镇仍采用了双城设计（图48）。卫城位于中部偏南的高大平台上，内有与水井平行排列的两组小浴池，其功能及性质或许与哈拉帕等其他城市的大浴池相同。卫城内亦有1套占地约50平方米的大房子及2间配有浴室的房子，前者应是城市首长的居所。下城亦可分成两部分，南面是工商业区，有一座大型的珠链工场。工场里有中央大院和11间房，以及一个加工窑、燃料库和大量的原材料遗存。这里还有制铜、制铁工场，在中央主街两旁有双房设计的商店。下城北部主要是住宅区，已发掘出约20套房屋，还有南北向主街以及在其西面的火祭坛（图48）。

洛塔尔城的第三部分，乃东部的码头仓库区。那里发现了一个人工港池，可以靠泊数艘船只，其旁是码头和船坞。在码头、船坞后面有64个形制一致的砖砌建筑，已发掘了其中12个，出土了很多印章。目前已证实这些建筑是不同商品的储存区，这都说明了洛塔尔是印度河流域与波斯湾及阿拉伯海地区进行贸易的重要基地。

卡里班甘

卡里班甘位于今天印度拉贾斯坦邦北部，古萨拉斯瓦蒂河支流克格尔河（今已干涸）的河谷，距离新德里310千米。它是东部聚落群的一个区域中心（图44中的①），在发展高峰时面积达11.5万平方米，约有4600人。遗址呈现出印度河古城市文明的传统规划模式，分为卫城和下城，并依循4个基本方位布局，道路呈南北走向，将城内空间划成格子状（图49）。卡里班甘的核心乃在卫城之下发现的一个前印度河文明的带厚围墙的聚落。该聚落与阿姆利、果德迪吉、前哈拉帕等都属于印度河流域进入文明阶段前的早期文化，因此它是目前在东部城镇群中

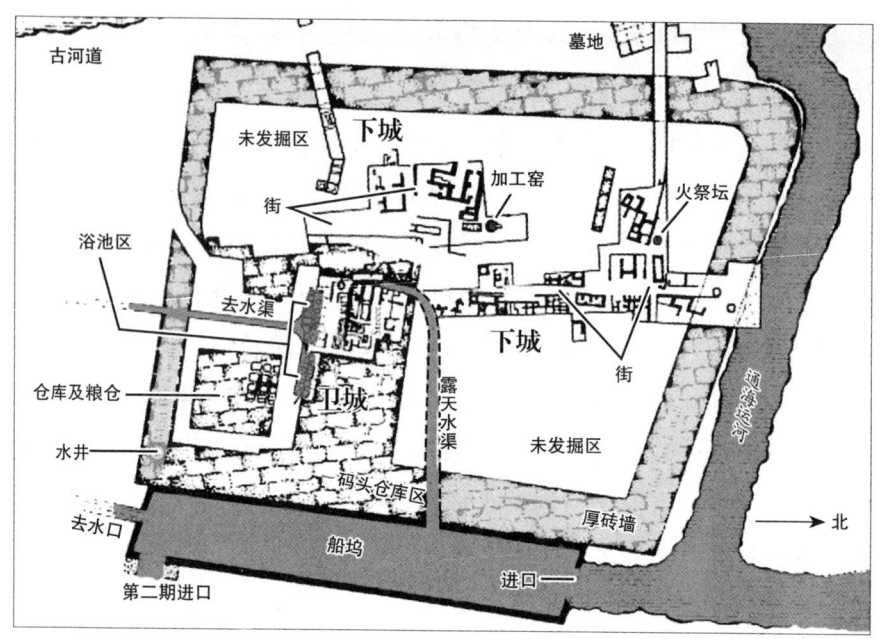

图 48　洛塔尔平面图

已发现的历史最悠久的城市。

在哈拉帕早期,这个聚落占地4.5万平方米,围墙厚1.9米,重建后为3—4米。在城内发现了泥砖造的房屋和烧结砖造的排水渠、有6种花纹的具有本地特色的陶器、用不同材料制作的珠粒和手镯、玩具牛车及铜制工具等。另一重要发现乃在聚落之外存在同期的耕地痕迹。这一时期的聚落在公元前2450年可能因为地震而被长期废弃,因为在其地层中出现了中断现象。

在哈拉帕成熟期后期(前2300—前1750),卫城被重建和扩大了,其东面约40米之外亦建造了下城。两者街道规整,都是在统一规划下建造的(图49)。卫城又分为南北两半,各有3—7米宽的城墙。南部按基本方位用烧结砖建造了5—6个平台,其上的建筑应为宗教或举行典礼所用。只有一个建筑已被发掘并有较详细资料,其中包括1口水

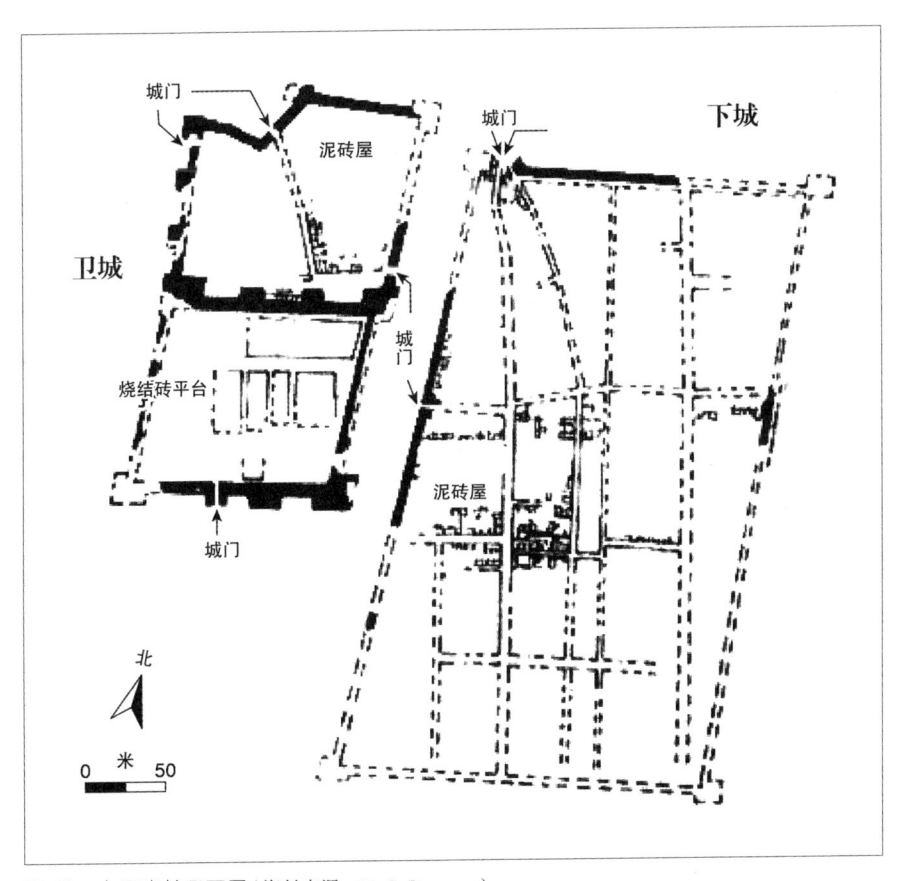

图49 卡里班甘平面图（资料来源：M. C. Petersen）

井、1个1.5米×1米的方形火祭坛，以及7个环绕水井的火祭坛。卫城北部似乎是住宅区，但目前仍无具体资料。

下城区的城墙较厚，达3.5—9米宽，有北、西两门。城区有4条南北主街及3条东西主街，它们将下城分成格状街区。主街宽7.2米，小巷可窄至1.8米。北门有城楼，门内有宽阔空间（可能是个市场），通过此空间后才与主街相接。房屋都以泥砖建造。烧结砖只用于水渠、城墙、水井及浴室平台。区内房屋平均每屋都有6—7间房，中有庭院，可能由2—3个家庭共享。有些房屋内有一口水井，有些在其中一间房内有火祭坛。下城东面不远处有一围墙建筑，其内只有4—5个火祭坛，可能是个宗教或祭祀建筑。

在这座城市内出土了很多哈拉帕时期的印章、度量衡工具、大麦及燕麦遗存，以及1个两河流域的滚印。从建筑材料及火祭坛在城中的普及等资料看，东部地区的城市除了拥有主要的印度河古城市文明的共性，还有自己的地方文化特点，如在宗教方面就以"火祭坛"而不是"大浴池"为其特色。

卡里班甘自公元前1750年开始衰亡，被认为是由于气候的变化导致克格尔河干涸，人们因缺乏水资源而被迫放弃这座城市，另迁别处。

结论：
对印度河古城市文明的理解及"大同社会"的推论

对印度河古城市文明的学术研究已经历了近一个世纪，但它的文字仍未被解读，而在其存在的近千年悠长历史中，亦竟然没有留下一个主要领导人的画像或证物（除了存在争议的祭司王）。正因如此，尽管这个文明仍可能有更多的古物古迹被埋在沙漠里，但我们现今对它的理解，相对于两河流域、埃及，甚或同期的中国古城市文明，仍是非常片面和不足。更因为证据的不充分，很多现存的有关这个古文明的论述都包含了一些大胆的推论，包括我们在这节的总结。

虽然我们不赞同一些学者，特别是一些印度学者的说法认为印度河古城市文明的城市是世界上最早的城市，或者印度河流域是当时世界上城市最多的地区，然而我们十分清楚地认识到印度河古城市文明有它伟大而独特的地方。它先是因长期与迅猛而来的洪水泛滥的抗争而建造了特有的厚围墙及卫城，其东南部地区又因为降雨少而出现了特有的储水设施。也可能是这些费力且对组织要求极高的大型治水、防水和用水

（对水的管理）工程缔造了印度河古城市文明的文字、统一的度量衡、一致的规划与建造标准，使它走进文明的门槛、形成其自有的特色，并为我们理解不同地区古城市文明的出现提供了新的视角。然而有关这个古城市文明的性质和它的社会与统治模式，仍是众说纷纭。我们先引述一些学者的相关结论，然后做进一步探讨。

克诺耶（Kenoyer，2014）不认同印度河古城市文明是突然出现的，以及它是源于两河流域迁来的殖民的说法。他认为这是个由坐镇南北两大都市的祭司王统治、极其统一的文明，而它却神奇地突然消失，并对其后继的文明发展没有留下任何影响。我们比较认同印度河古城市文明是土生的，因为从本章所描述的此古文明的各种特点看，我们难以找出它与其他古城市文明之间任何重大的共通点。当然，考古学界的主流观点亦已否定了祭司王的存在。

目前考古学界最明显的共识乃对这个古城市文明，特别是其城市建筑与市政建设的高度发展，包括对其似乎非常平等及平和的社会的赞扬。比如罗奇（Roach，2012）便有如此理解：

> 它的城市没有宏大的王宫、庙宇和纪念性的大型建筑。它亦没有明显的中央权威所在，没有王或女王的踪影。平庸、纪律及清洁似乎是全社会都拥戴的价值。陶器、铜制或石制工具都按统一标准设计。印章和砝码亦显示了一个被牢牢控制的商贸体系。然而，我们在遗存中，如象牙、蓝宝石、红宝石和黄金珠粒，乃至建造城市的烧结砖，可以具体地观察到这些古城市的财富和其发展水平。

詹森（Jansen，1993）亦抱有相似的看法：

> 这些城市拥有极高生活水平所需的一切设施，并且是为一个庞大人口而建造的。同时，它们没有与极权神王甚或诸侯相关的王宫

和纪念性的王陵及葬祭庙。更没有任何一件标志着统治者、神祇或祭司形象的纪念性雕刻被发现。

对于印度河古城市文明有关宗教方面的看法，我们固然可从印章的雕刻上看到一些神祇或统治者的形象，如戴上牛角冠的人被认为是王，采用近似瑜伽坐姿的是印度神湿婆等（彩图48）。但这些只不过是已被发现的3万多枚印章中的几枚，而有叙事内容的印章亦只有数枚，反映出这个古文明似乎并不重视历史记录。此外，我们从大浴池及火祭坛的普及性和分布看，宗教似乎是这个古城市文明日常生活的一部分，但城市没有任何遗存可以印证当时存在极度集中的宗教权力与宗教精英。诚如麦金托什（McIntosh，2002）所说："我们对印度河的宗教极难做出有信心的评估。我们所能说的都是基于薄弱的资料。"至于这些大浴池及火祭坛与印度后来宗教的关系，就更难以推测了。

对于整个印度河古城市文明的社会特点及背后可能的模式，米勒（Miller，1985）曾做了令人耳目一新的深入探讨。按他的观察，这个古文明的特点包括了六大特征：统一性（homogeneity）、保守性（convention）、规律性（order）、标准化（standardization）、形式主义（formalism）及清教徒主义（puritanism）。在这个社会里，权力似乎被分散至每个角落，同时社会的秩序与和平也不用通过个人或个别机构的强制便能达致。有能力者亦没有利用其能力以取得特权、财富及超常的消费。社会以平庸为常，使器物与房屋设计统一，没有与个人的个性或阶级有关的纹饰，以及作为追求特殊的印记。对此，米勒总结道：

> 我们可以想象：在这样的社会中，极端的规律与对一切的控制结合在一起，并成为主流价值，对一切威胁它而不是由它衍生的事物都予以排斥，比如奢华的物品……此文明与佛教及地中海的基督教文明的另一不同处是，它的发展不需要权力与财富向特定机构集

中……甚或利用一些神祇的中间人。……体现这文明的秩序与规律的责任分散至全部人口，通过每个家庭的日常行为来执行。……以前的有关这文明的祭司王及由庙宇的剩余粮食再分配等模式并没有证据支持。

米勒对于印度河古城市文明的这些解读，引起了我们把该文明与中国理想中的"大同社会"做一比对的兴趣，因为大同社会的特点似乎和印度河古城市文明的社会特点有不少相同的地方。中国传说中对大同社会的描述可见于中国古籍，例如：

> 大道之行也，天下为公，选贤与能，讲信修睦。故人不独亲其亲，不独子其子，使老有所终，壮有所用，幼有所长，矜寡孤独废疾者皆有所养，男有分，女有归。货恶其弃于地也，不必藏于己；力恶其不出于身也，不必为己。是故谋闭而不兴，盗窃乱贼而不作，故外户而不闭，是谓大同。（《礼记·礼运》）
>
> 神农之世，男耕而食，妇织而衣；刑政不用而治，甲兵不起而王。神农既没，以强胜弱，以众暴寡，故黄帝作为君臣上下之义、父子兄弟之礼、夫妇妃匹之合，内行刀锯，外用甲兵。（《商君书·画策》）

根据这些描述，在大同社会里物品供应充足，每个人都能够取得他所需的，而且每个人都安分守己，自律、不贪婪，不以自我利益为中心；社会不但平等自给，更无须战争。在中国，传说中的大同社会的终结可能在仰韶末期（约前2800），即神农衰亡的时期。之后兴起的龙山时代乃黄帝开创的时代，当时正是邦国林立，"内行刀锯、外用甲兵"的万国争霸的时代，即已脱离大同社会而进入了"小康"社会。若这个假设合理，那么印度河流域古城市文明在高峰期（前2500—前1900）

可被称为大同社会，则古印度"大同社会"的出现大概比中国晚了约500年。印度河流域古城市文明提供的考古资料似乎亦说明了大同社会并不一定是个虚构的理想，它可能曾经出现过。

至于印度河古城市文明为何在公元前1900—前1700年间由衰落而至湮灭，目前主流的看法可归纳为两点。一是气候的转变和河道的变化，包括南亚次大陆季风的东移、干旱期的到来和地震等，造成印度河水流减少，并影响了部分上游支流的流向，使它们汇入了恒河。这些自然的变化，导致印度河流域及古萨拉斯为求生存瓦蒂河流域大部分地区干旱，土地沙漠化，转而不适宜农耕。最终，人们只有放弃印度河河谷内的城市，向生存条件较好的东部或东南部地区，特别是恒河河谷迁移。二是这一文明自身的保守性和对自然及人文社会的抗拒性，逐渐地使它缺乏了适应能力和创造力，因而在自然界连续不断的打击下或在新环境中丧失了竞争力和持久力。是否正基于这两种原因，一个伟大的古城市文明在长期的自然变迁下，尽管经历了多次重建与复兴，最终仍在较短的200年间完全湮没了？

彩图 34 墓画中显示的渔农经济活动和产品

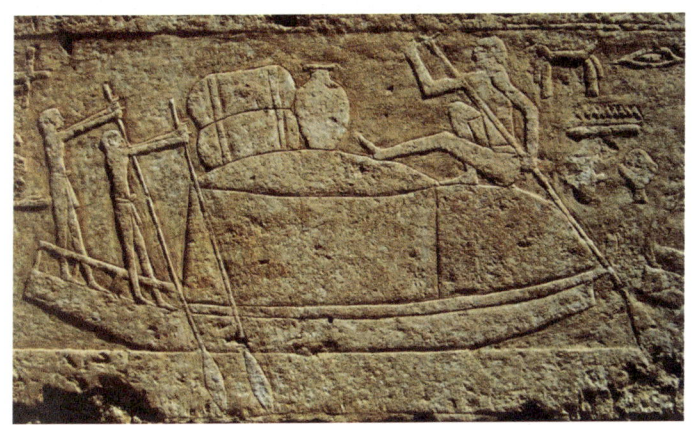

彩图 35 石刻中的水上运输状况

彩图 36 壁画中正在工作的匠人

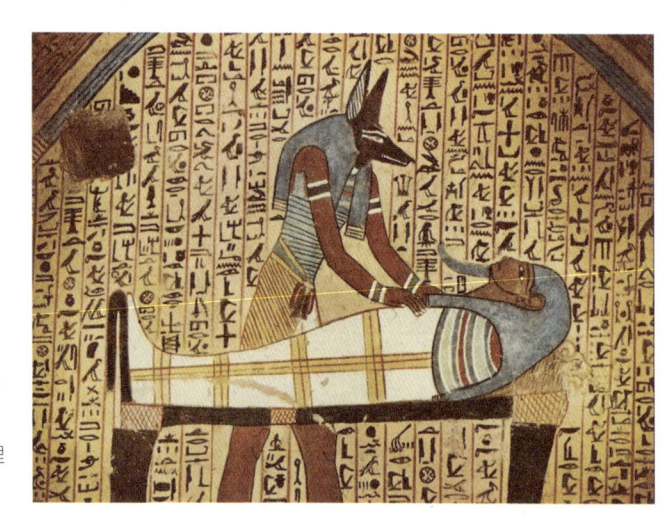

彩图 37　祭司戴着死神面具在处理木乃伊

彩图 38　卡纳克神庙主要门楼及前方的羊头像御道

彩图 39　底比斯中心区想象图

彩图 40　首位埃及女法老哈特谢普苏特的神庙，后面是帝王谷

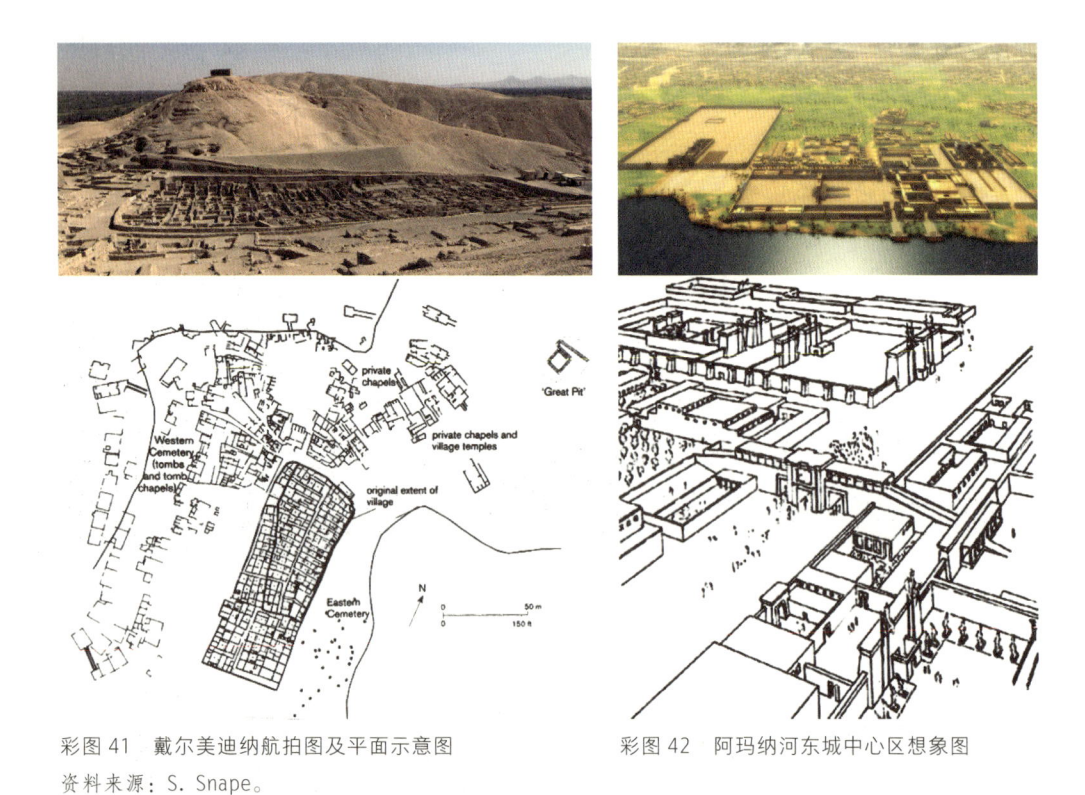

彩图 41　戴尔美迪纳航拍图及平面示意图
资料来源：S. Snape。

彩图 42　阿玛纳河东城中心区想象图

彩图 43　装饰简单的金器

彩图 44　印度河流域印章

彩图 45　祭司王半身像
资料来源：巴基斯坦国家博物馆。

彩图 46　制作粗劣的母神像

彩图 47 两河流域的人像
资料来源：大都会艺术博物馆。

彩图 48 印章中疑似神或王的形象

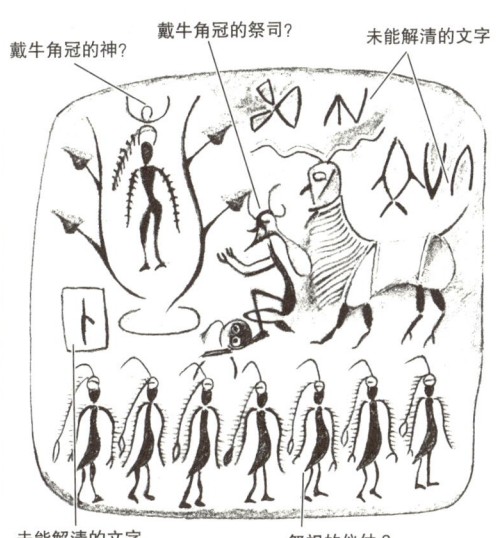

戴牛角冠的神？
戴牛角冠的祭司？
未能解清的文字
未能解清的文字
祭祀的仪仗？

彩图49　摩亨佐达罗的住宅区街道及用烧结砖砌造的房子
资料来源：维基。

彩图50　洛塔尔的下水道和水井
资料来源：维基。

彩图 51　摩亨佐达罗大浴池及其后的仓库

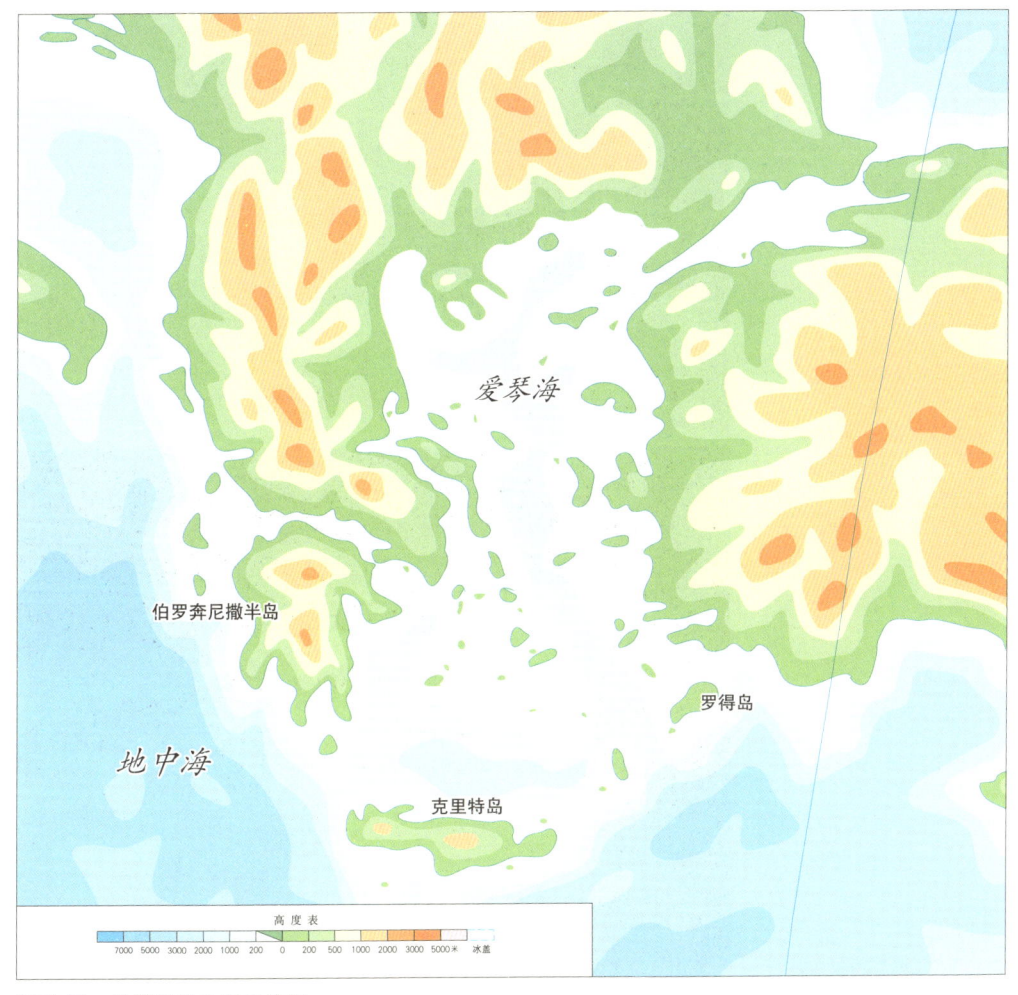

彩图 52　希腊地势及海岸线图

彩图53 克诺索斯王宫遗址一角

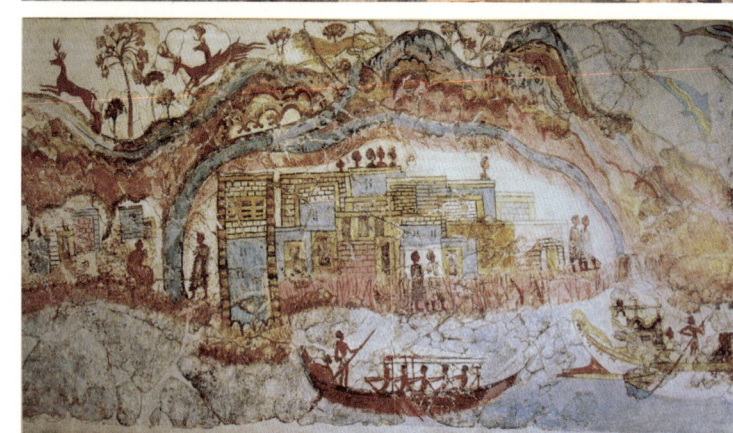

彩图54 表现海港城市的壁画

彩图55 王宫遗址中的朝殿、王座及壁画

彩图 56　王宫中的迈加隆

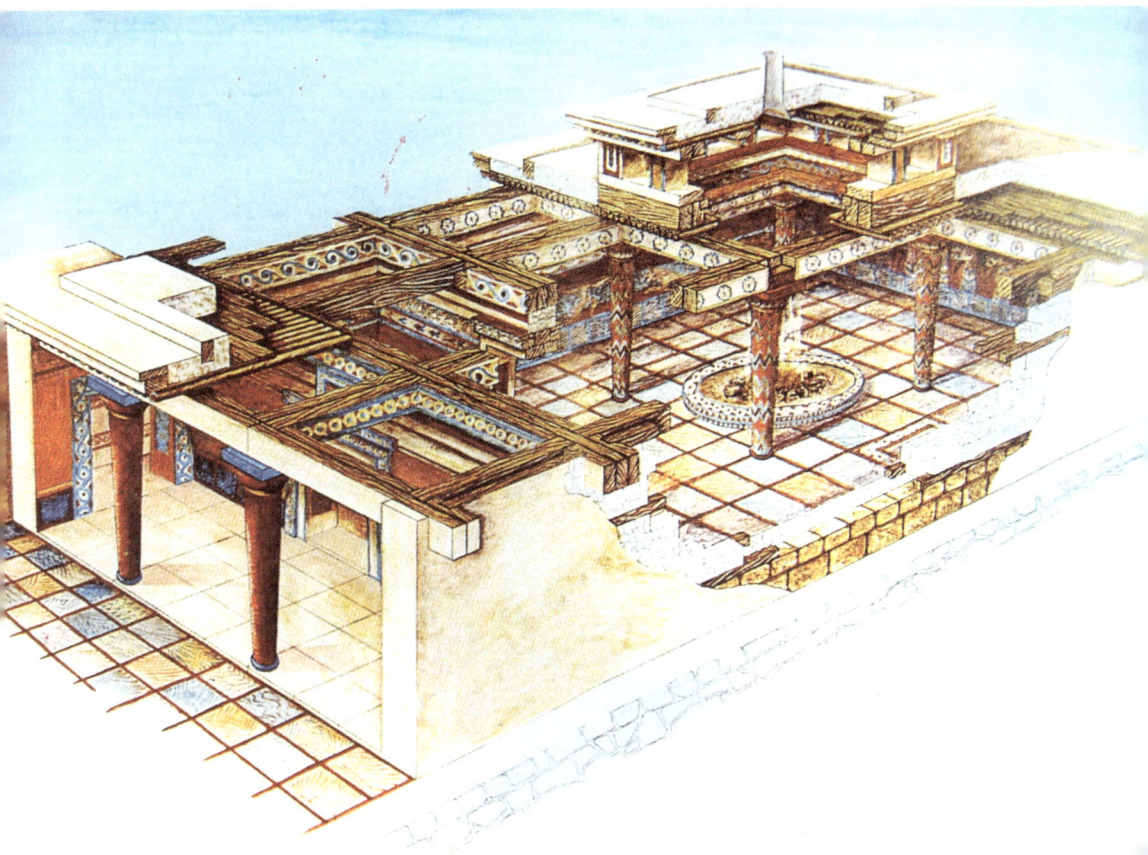

彩图 57　王宫城墙主门：狮子门

彩图 58　王陵入口

彩图 59　金面具（前 1556—前 1500）
传说中的迈锡尼王阿伽门农。现藏于雅典国家考古博物馆。

彩图 60　瓶画上的重装步兵形象

彩图 61　古希腊出口陶器

彩图 62 19 世纪德国画画家笔下的雅典卫城及周边剧场

彩图 63 从雅典城南面北望卫城及海港
资料来源：A. Savine。

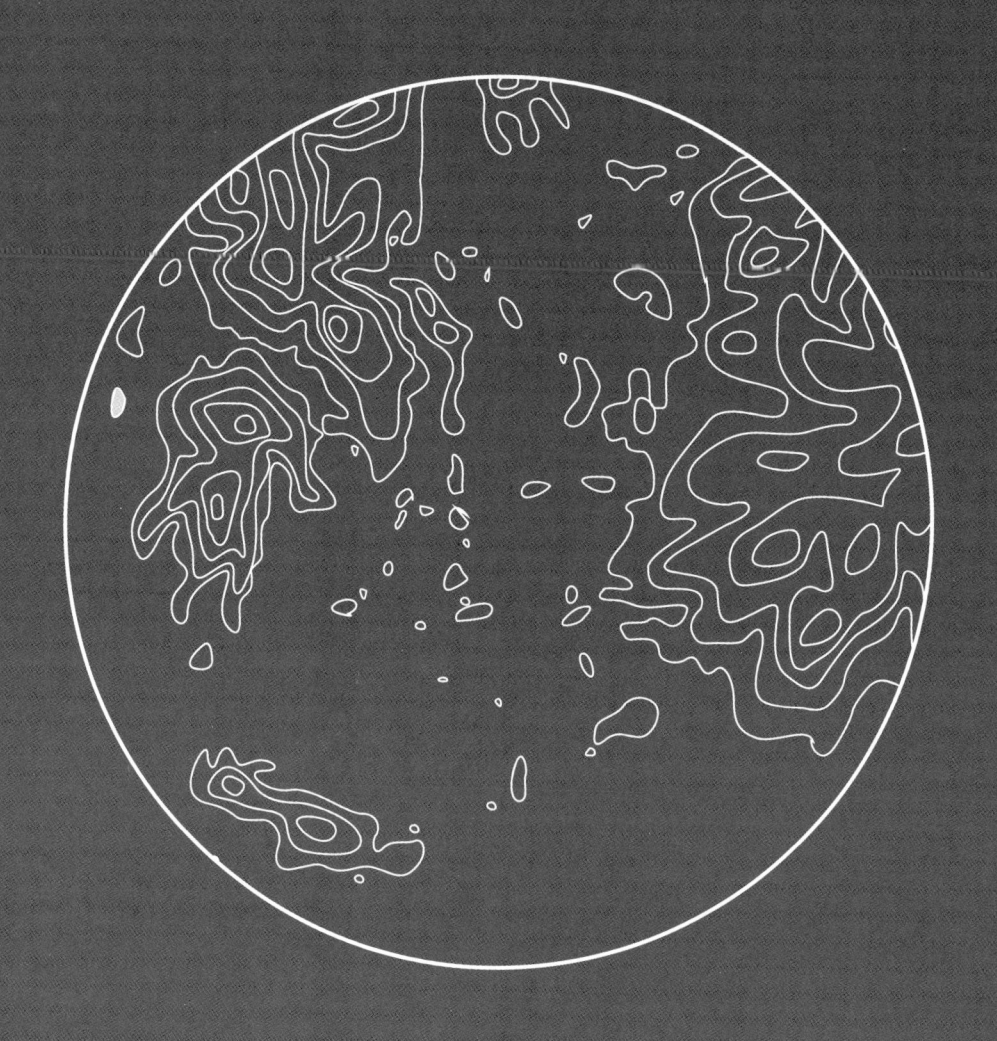

第四章

爱琴海古城市文明

爱琴海古城市文明与西方文明的关系

内涵与覆盖范围

爱琴海古城市文明的出现远晚于埃及和两河流域的古城市文明，不过由于它在地理上与这两个古城市文明毗邻，自然受到它们的影响。然而它没有大河流域的地理环境，而是由极度依附蓝色海洋的众多分散小岛和港湾组成，这使它拥有特别的海洋文明特色。

从公元前 2000 年起，爱琴海古城市文明经历了克里特、迈锡尼与古希腊城邦三个阶段，前后约 1600 年（表 11）。在这个长时段里，古爱琴海地区通过海上商贸活动不断地向外殖民，其影响超越了希腊半岛和爱琴海诸岛，覆盖整个地中海沿岸及黑海地区。更由于它的不少文明元素被亚历山大及其将领建立的横跨欧、亚、非大陆的庞大帝国，希腊化诸国和其后的罗马帝国继承，爱琴海古城市文明被认为是西方文明的渊源。西方有记载的哲学、科学、文学和艺术均被认为是从爱琴海古城市文明的最后一段，即古希腊城邦时代开始的。

在讨论爱琴海古城市文明时，我们要先厘清一些在学界普遍存在的错误观点与概念。基于这些错误，在不少人的理解中，这个古城市文明只包含古希腊城邦那一时段，而造成这些错误的原因有资料和政治两方面的偏向。

其一乃爱琴海古城市文明被认为是西方成文历史及典章文献的开始，如希罗多德（Herodotus，前482—前425）的《历史》、修昔底德（Thucydides，前460—前395）的《伯罗奔尼撒战争史》，稍晚一些的有色诺芬（Xenophon，前430—前355）的《希腊史》、柏拉图（Plato，前427—前347）的《理想国》《法律篇》，以及亚里士多德（Aristotle，前384—前322）的《雅典政制》等。在西方，这些文献的确是最早、最详尽的历史记载，因为之前的《荷马史诗》（覆盖公元前11—前9世纪）只是口耳相传的传说，其编录成文也是公元前5世纪的事。

其二乃成文历史的撰述往往晚于文明的出现，因此需要考古发现，包括泥板及碑文的记载，以重现爱琴海地区内比希腊城邦更远古的历史。考古资料显示这个古文明是始于公元前2000年的克里特文明。不过，由于"希腊"这个地域和民族概念是在公元前8世纪起才开始形成，而其典章制度、文化、艺术、科技与城市建造的发展亦只在公元前6—前4世纪才臻于成熟，所以公元前8—前4世纪的希腊城邦时代往往等同于和代表了整个爱琴海古城市文明。

其三乃希腊城邦时代的文明特点并不等同于雅典这单一城邦国在公元前6—前4世纪时的状况。在这一时代，希腊本土存在着上百个独立政治体，其中一些更不是城邦而是广域国家，它们在政治体制、社会和经济结构上都与雅典不同，显示出爱琴海古城市文明不能单由雅典城邦体现，而是十分多样化的。不过由于雅典以外的古希腊地区的有关研究和资料传播不广，这一点鲜为人知。

其四乃学术界一般认为爱琴海古城市文明给予世界的最大遗产是雅典城邦式的民主，以及自由贸易对经济发展的贡献。自第一次工业革命以来，英国、德国、法国及后来的美国，都以西方民主和贸易自由为口实，以坚船利炮为手段，欺压全球各民族。基于此，雅典城邦的政治体制和经济发展模式成为蓝色文明或海洋文明的主调，体现了其城邦式的民主和自由贸易是较高级文明之特色的这一西方主流意见。从希罗多德

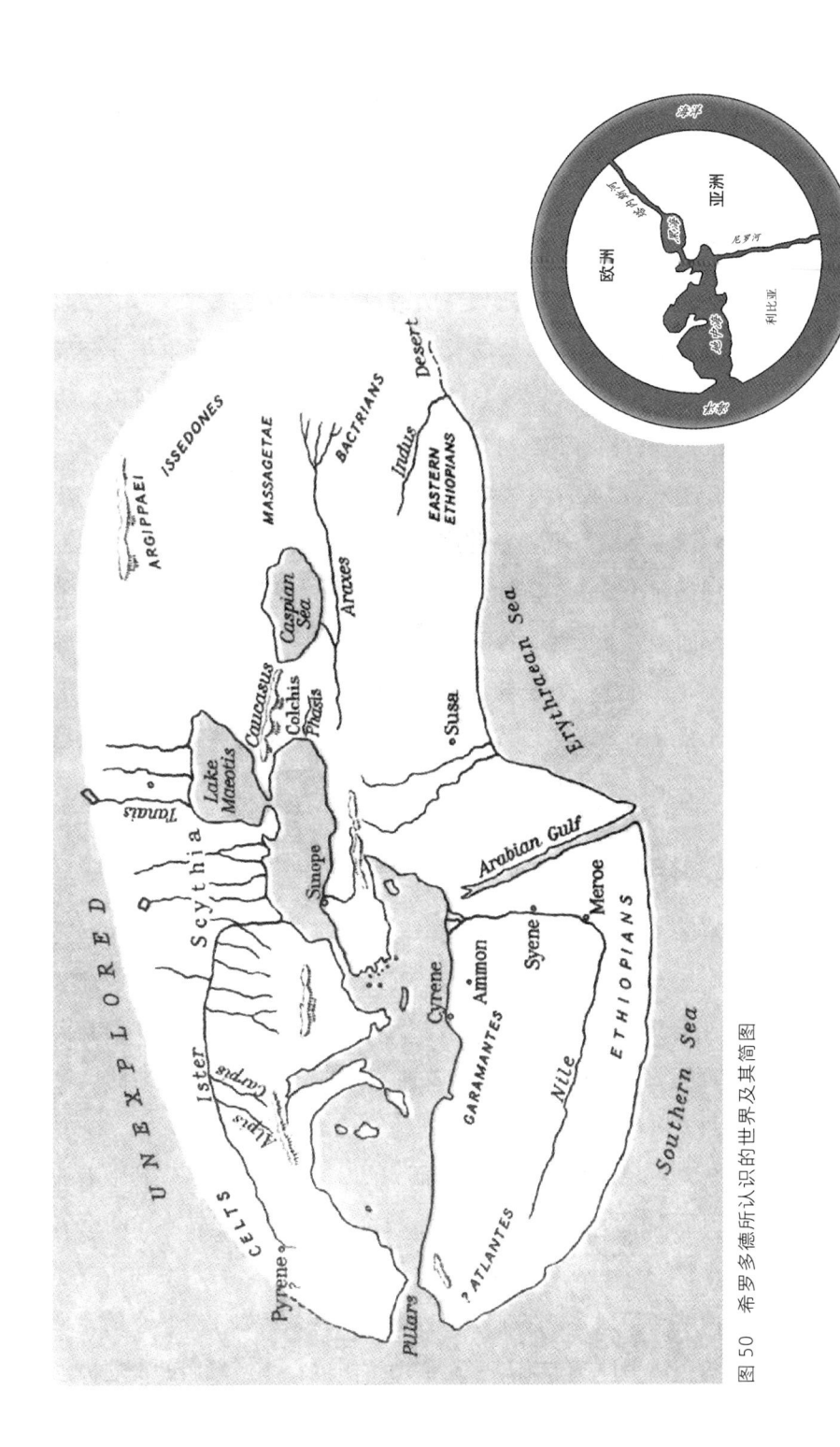

图 50 希罗多德所认识的世界及其简图

绘于公元前430年的世界地图中，我们可以清晰地看到他对这个蓝色文明或海洋文明的世界的认识（图50）。在这个主观世界，地中海是世界的中心，而希腊半岛更是核心。

在进一步展开讨论爱琴海古城市文明之前，我们先把结论要点条列如下：(1)爱琴海古城市文明的根在两河及埃及古文明；(2)它的兴起与发展仰赖于海洋（地中海）贸易及殖民地的建立；(3)战争与掠夺成为它的发展主脉。这些要点显示这一古文明虽然与邻近较早出现的文明有一定的传承关系，但有其自身特点，与邻近文明极为不同。这些特点与15世纪直至今天的西方大国崛起与称霸的历程十分契合。因此，从这个角度看，西方文明与爱琴海古城市文明更似一脉相承。不过，在古希腊，各城邦仍处于奴隶制阶段，有不同的政治体制，包括高度的民主体制，但城邦间常相互征伐，鲜有和平，以致最终没有成就大一统的局面。讽刺的是，古希腊的统一却是由马其顿——一个被认为是野蛮的王权国家——于公元前338年以武力完成的。本章亦因此将这一年定为爱琴海古城市文明的终点。

地理环境及海洋文化特点

爱琴海地区，即古希腊，位于地中海东部，扼欧、亚、非三大洲要冲（图51）。它以希腊半岛为中心，包括爱琴海诸岛、小亚细亚西部沿海、爱奥尼亚群岛的本土地区，以及黑海沿岸、称为"大希腊"的意大利南部、西西里岛和"远西"（法国及西班牙地中海沿岸）等地的殖民地。以当时西方对世界的理解，爱琴海地区就是世界的中心。

不包括海外的殖民地，古希腊总面积约13万平方千米，其中大陆（希腊半岛）面积占约八成，其余是为数众多的海岛（共约1500个），最大的是克里特岛。希腊本土地形多为连绵的山岭、小河谷和曲折的海岸线。由于山岭沟壑众多，耕地缺乏，土地贫瘠，所以生产粮食的能力很低。仅有的小块平原又被难以跨越的山峦阻隔，小区域间的交通极为

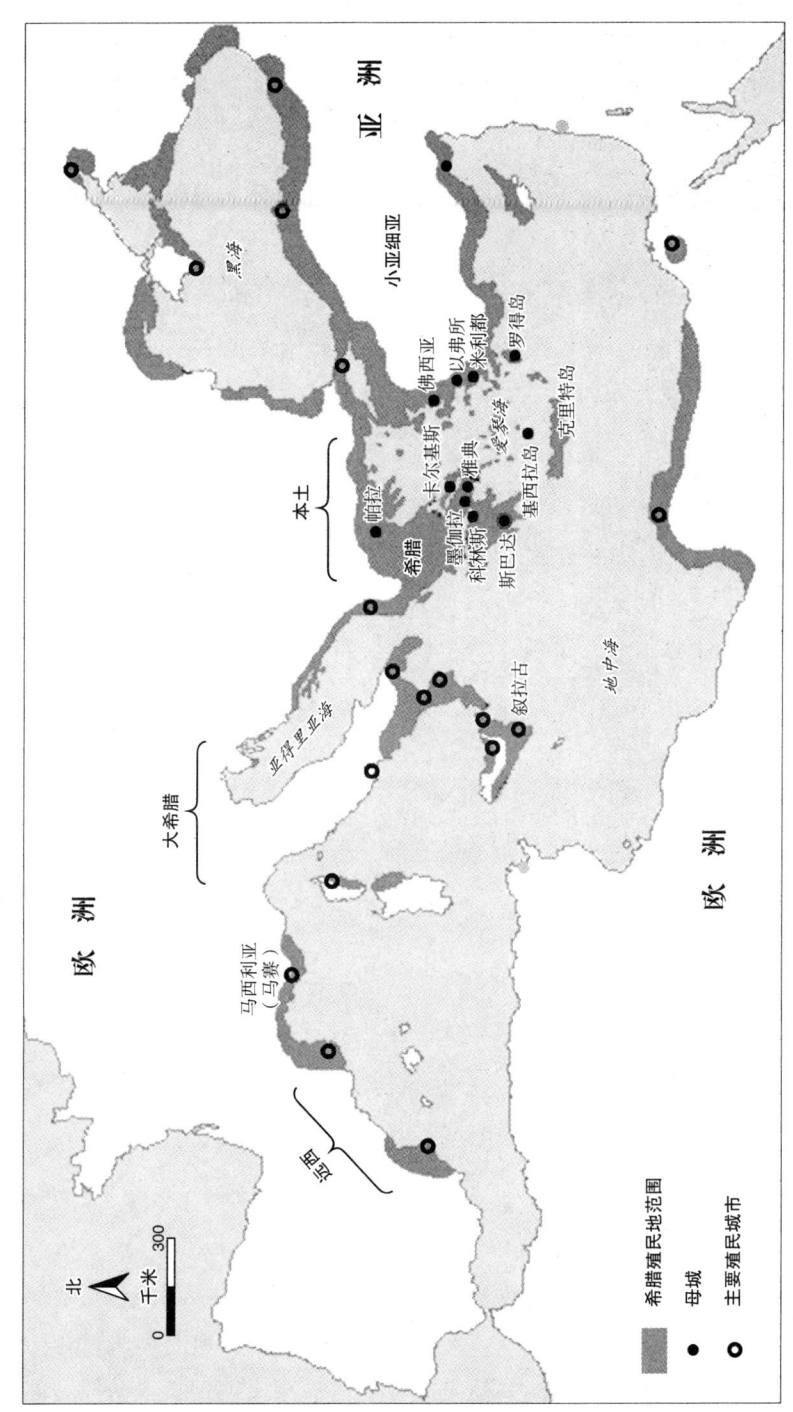

图 51 古希腊势力范围

不便，因此催生了众多分散的独立政治体。

地中海的气候使古希腊盛产葡萄和橄榄，山岭的矿产资源亦比较丰富，为古希腊海外贸易提供了商品。毗邻的海域亦赋予古希腊广阔的发展空间：相连的绿岛，众多的海湾，有利于海外贸易和殖民，以及与邻近地区文明交流。

上述的自然地理条件对古希腊的政治、社会、文化产生了决定性的影响：（1）群山阻隔的小块平原，促进了主体政治单位——小国寡民的城邦的形成和长期存在；（2）商业和航海贸易需要平等交换和自由的环境，有助于平等观念、民主政治和法治的形成；（3）狭小的城邦易因人口增加而使粮食无法自给，迫使人们到海外去建立殖民地或进口粮食；（4）航海贸易活动也使古希腊人勇于开拓新领土。

古希腊不是个国家概念，它自公元前2000年文明出现起，经过了上千年的民族迁徙与融合，最后在公元前8世纪演变为操希腊语和有共同神祇的一个地区文化。古希腊最早的泛地区标志乃公元前776年举行的第一次古代奥运会，因此格罗特（Grote，1856）认为历史上的古希腊是始于公元前8世纪的（表12）。在公元前6世纪末至前5世纪初，这个地区经济高度繁荣，达到爱琴海古城市文明的高峰，对后世，特别是西方近现代发展有深远的影响。这一文明后期的古希腊亦成为本章的主要部分。

早期爱琴海古城市文明

文明之前：前克里特时期（前7000—前2000）

爱琴海地区跨进文明门槛时已是青铜时代，其中心在爱琴海的克里特岛，时间约在公元前2000年。这时的文明称为米诺斯或克里特文明（Minoan / Crete Civilization），这是爱琴海古城市文明的第一阶段。之前该地区在东方古文明影响之下已出现了一个前克里特文化，但因为它未有文字和国家，仍不属于文明的一种（表11）。

表11 爱琴海古城市文明进程

年代（公元前）	名称	年期	性质/重要事件
2600—2000	前王宫期	600	史前文化
2000—1700	克里特文明：第一王宫期	300	文明兴起至鼎盛
1700—1450	克里特文明：第二王宫期	250	走向衰落
1450—1200	迈锡尼文明：第三王宫期	250	第一次复兴
1200—800	黑暗时代	400	多利安人入侵、与原亚该亚人混处
800—500	城邦时期之古风时代	300	第二次复兴：希腊文字、区域意识及民族形成
500—323	城邦时期之古典时代	177	发展至古希腊文明高峰、古希腊灭亡
323—31	希腊化时代	292	由马其顿人主导的帝国

爱琴海地区很早就有人类活动，伯罗奔尼撒半岛的阿尔戈利斯（Argolis）地区有公元前7000年的中石器时代遗址，那里的古居民用黑曜石制作的石器捕捉海鱼。新石器时代，约公元前6000年时出现了更多居住地，居民种植大麦、小麦和豆类等作物，驯养绵羊、山羊等家畜，崇拜象征丰产的泥塑女神像。他们的农业技术是通过小亚细亚半岛从西亚传来的，也可能是源自那里来的农业移民。

公元前3000年，爱琴海东面的小亚细亚与相邻的伊奥利亚（Aeolis）、色雷斯（Thrace）发展较快，出现了9座城市，其中如特洛伊（Troy）更拥有围墙、国王及宫殿。背后的原因是，这时埃及人和叙利亚人可能已经来到爱琴海的岛屿，特别是其中最大的克里特岛，并建立起区域贸易据点，以便控制比陆路运输便宜和效率更高的海上贸易。于是新石器时代的渔村及贸易点便由自给型经济转变为城市经济，于是新的城市聚落也形成了，还把近东和埃及的古文明的部分成果带入。克里特岛的这段早期的发展被称为前王宫期，它处于文明出现的前夜。这时的克里特岛已引进青铜冶炼，出现了近似埃及象形文字的符号，主要的贸易对象集中在东面的叙利亚和南面的埃及，社会以家庭为单位，但仍没有大型房子及社会阶层分化现象。

第一阶段：克里特/米诺斯文明及其城市

公元前 2000 年后，一批属于印欧语系的希伦人（Hellense）从中欧草原进入希腊本土南部，与当地居民混合而成为古希腊人。这些古希腊人内部，因其占据的地区不同又可细分为亚该亚人（Achaean）、爱奥尼亚人（Ionian）、伊奥利亚人（Aeolian）、马其顿人（Macedonian）等。

在爱琴海地区西部，希腊本土的早期城市因为印欧人的入侵而衰落，但克里特岛由于离岸较远而幸免，并且兴起成为爱琴海古城市文明的摇篮。克里特岛东西长 250 千米、南北宽 12—60 千米，适宜畜牧，并可种植小麦、大麦、豆、葡萄、橄榄、芝麻等。它又位于埃及、叙利亚、小亚细亚与希腊本土及意大利海上交通的交汇处。因此，当其他爱琴海城市没落时，它反而发展迅速，很快便进入文明阶段，出现了轮子、车辆、陶轮；采用了古埃及象形文字；能够制造出精美的工艺品；拥有强大的海上贸易与霸权；宫殿和城市也同时存在。这时的克里特文明被考古学家称为第一王宫期（前 2000—前 1700），亦即爱琴海古城市文明的第一时期。

这时在克里特岛东部出现了克诺索斯（Knossos）、费斯托斯（Phaistos）、马利亚（Malia）及扎克罗斯（Zakros）几个王宫城市（图 52）。它们都各占一块小平原，拥有自己的王宫及本地君主，但岛的西部及希腊本土仍处于近乎原始状态。最大的王宫位于克诺索斯，但最早的王宫建于马利亚，它的柱子都是从埃及传入的。克诺索斯王宫的面积约 2 万平方米，

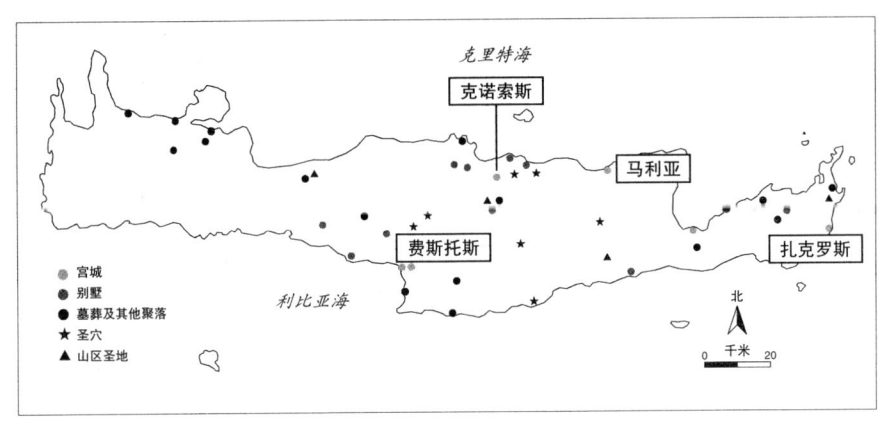

图 52　克里特岛地势、四大宫城及主要考古遗址

多是 3 层建筑,有廊道和阶梯相连(彩图 53,王座及朝殿见彩图 55)。王宫内有数百个房间,包括行政区、档案区、仓储区和手工业区。布丁(Budin,2009)认为,克里特人因接触到西亚的王宫而受到其建筑艺术的影响(图 53、彩图 53)。

王宫周围是城市,住了 6 万—10 万人,包括艺术家、商人和海员。国王是祭司王,而且主要的宗教场所也设在王宫内。但城市内没有两河流域式或古埃及式的庙宇,王宫结合寺庙、君主宅邸、手工业工场及商业中心于一身,是个政治、宗教和经济中心。克里特岛的手工业包括金属、陶器、石器和印章。岛上亦发现了一些埃及物品,主要贸易伙伴位于小亚细亚西岸,包括米利都(Miletus)、罗得岛(Rhodes)和塞浦路斯(Cyprus)。

除了几个王宫城市,还出现了数个小城镇及一些港口城市。有些城镇与港口亦在岛外建立了它们的商贸殖民地,如卡斯特里(Kastri)、特里安达(Trianda)等。海上贸易是这个文明的重要经济命脉,这点也反映在克诺索斯王宫中的一个表现海港城市的壁画里(彩图 54)。很明显,这个文明是以商贸城镇为它的节点和载体的,是个古城市文明。大约公元前 1700 年,克里特岛由于发生地震或遭受外敌入侵,宫殿被毁。

第四章　爱琴海古城市文明

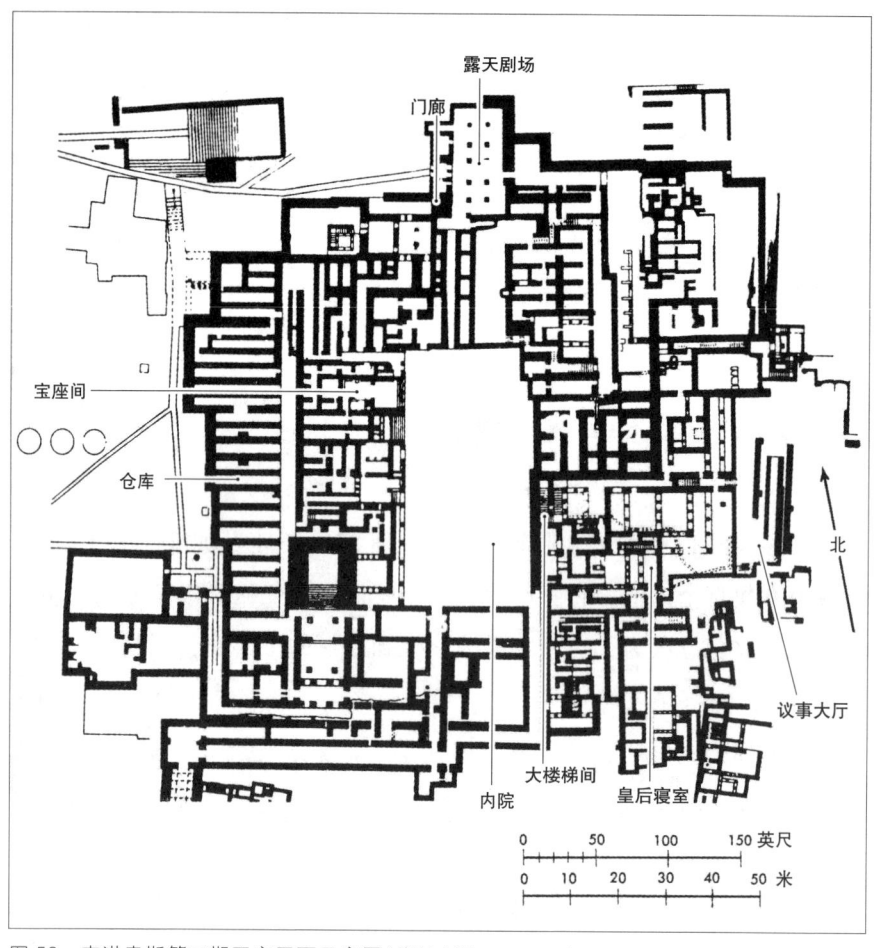

图53 克诺索斯第二期王宫平面示意图（资料来源：A. Evans）

  公元前17世纪后期，克里特岛的王宫被重建，这一时期便是第二王宫期（前1700—前1450）。此时的两大王宫位于克诺索斯和费斯托斯，形成岛上的发展轴。因为米诺斯王的传说，整个克里特文明亦被称为米诺斯文明，古希腊历史学家希罗多德更认为古希腊的第一支海军就是米诺斯建立的。公元前1600年，克里特文明进入繁荣期，出现了新的线形文字A、铜器、陶器，金银制作技术亦有明显进步。在公元前16—前15世纪更出现了埃及式和西亚式的宫廷壁画，其艺术风格影响了整个爱琴海及希腊半岛。

这时的手工业及海上贸易因受埃及新王国的强大需求的影响而兴旺。贸易港口集中在岛的北岸（彩图 54），但克里特人也在爱琴海的其他岛如圣托里尼岛（Santorini）、米洛斯岛（Milos）、黑曜石群岛及基西拉岛（Cythera）建立了驿站，其贸易范围遍及今天的西亚、北非、南意大利和西西里，与千年后的希腊古典时代相似。这时的出口品主要为精美的彩陶、布匹、青铜武器、珠宝、木材、橄榄油及美酒。进口品主要为小麦、宝石、水晶、印章等。

强大的出口需求使过往的宫廷经济产生了变化，官僚体制扩大，出现了以手工业及农产品加工为主的庄园经济。这些庄园主成为国王与生产者的中间人。经济的发展更引致人口增加，但由于土地有限，殖民地的建立更为必要。基克拉泽斯群岛（Cyclades）的不少岛屿，爱奥尼亚海岸，爱琴海西面和北面的岛屿以及岸边都成了克里特岛的殖民地。

奇怪的是，在整个时期并没有发现城邦争霸的痕迹，也没有发现城市修建城墙的痕迹。虽然政治、宗教及经济（主要是贸易及手工业）的大权都集中在祭司王或领主手中，但邦国之间只存在宽松的联盟关系，贵族（地主）在政府任职，人民在广场上言论自由，这一时期的社会似乎是长期稳定、和平和积极发展的。多数学者认为这个文明的灭亡，主要是因为来自希腊本土的迈锡尼人的入侵及公元前 1470—前 1450 年间圣托里尼岛的火山爆发，据说后者摧毁了这个文明的 300 余个城市及乡村。

第二阶段：迈锡尼文明及其城市

迈锡尼文明是爱琴海古城市文明的第二阶段。它以希腊本土南部的迈锡尼等早期城邦为中心，是由中欧的印欧人中的亚该亚人创建的。他们约在公元前 1800—前 1650 年间逐渐占据了希腊半岛，成为古希腊人的主体。原居于希腊本土及爱琴海岛屿的居民说的并非希腊语。亚该亚人到来之前,整个地区的陶工也都是克里特岛的移民。不过亚该亚人延续了克里特文明的特点,包括其海上贸易、王宫建筑及文字等。

这个新阶段的文明有明显的好战特点。亚该亚人把马及轻型马拉战车引入,以较先进的战斗力横扫希腊本土,攻城略地,抢夺了不少财富。这些亦反映在他们带来的新的墓地文化上。这些非本土的墓葬,出土了大量青铜武器、刻画战争场面的墓画和铭器,以及大量抢夺得来的金银器和精美的工艺品等。迈锡尼起初只是由多个不同的部落组成,这些政治实体可能是城邦,约有 20 个。这个早期政治力量分散的状况,反映在半岛上分散的圆顶王陵(tholos tomb)上。但在公元前 1500—前 1450 年间,王陵向最大城市迈锡尼集中,显示统一王权的出现。在克里特文明和迈锡尼文明共同存在时,它们保持着友好交往,直至后者在公元前 1450 年征服克里特为止,如古埃及文书记录了公元前 1580 年克里特运送迈锡尼雇佣兵至埃及,以协助法老攻打喜克索斯人。

公元前 1450—前 1200 年,即第三王宫期的迈锡尼文明发展至极盛。它在公元前 1450 年占领了克里特首府克诺索斯,此后发动了对小亚细亚的特洛伊战争、与两河流域和埃及直接贸易、发明了线形文字 B,并在泥板上记录了社会及宗教结构。考古资料亦显示了当时经济的繁荣,比如迈锡尼独占了地中海贸易,在罗得岛、塞浦路斯、地中海东部的小亚细亚沿岸如米利都及意大利的塔兰托(Taranto)建立殖民地以开采铜矿和锡矿,建立商行及迈锡尼机构等。其主要商品包括纺织品、橄榄油、陶器、金属等,情况亦与日后的古希腊城邦相似。

当时的主要城市有迈锡尼(面积约 4.45 万平方米)、梯林斯(Tiryns,约 2 万平方米)、皮洛斯(Pylos)、阿尔戈斯(Argos)、底比斯(Thebes)及雅典(Athens)等(图 54)。在这些城市的中心都兴建了大型的克里特式宫殿,但这些宫殿的中央庭院或广场被一个来自小亚细亚的宫殿风格式的大殿取代,这种大殿被称为迈加隆(megaron,彩图 56)。它有 4 根

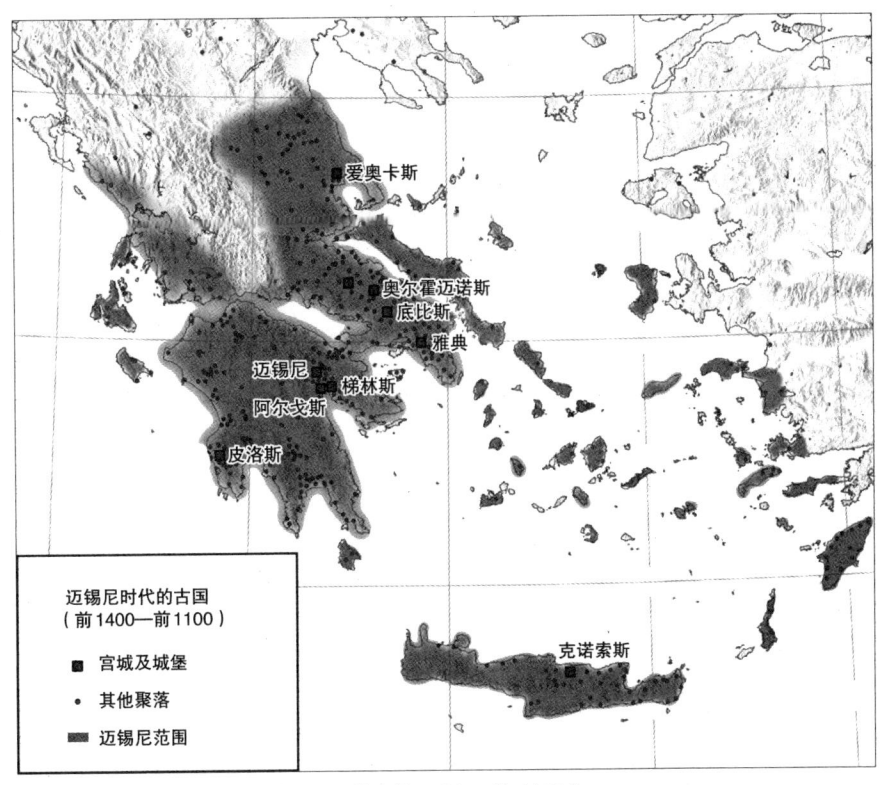

图 54　迈锡尼时代的主要城堡和聚落（前 1400 — 前 1100）

中心巨柱，中央放一火炉，四壁粉饰，绘有壁画。大殿四面是王及贵族的房间。皮洛斯王宫出土了对这时期的王宫及其宫廷经济有一定代表性的资料：围绕中心大殿的乃众多房子，包括储存酒、橄榄油、奢侈品的仓库及手工制作工场，也包括行政办公用房和档案馆。王宫有巨石叠筑成的碉堡，迈锡尼王城碉堡主门有石刻狮子，被称为狮子门（彩图 57）。特有的圆顶王陵也建在王宫内（彩图 58）。王宫内外筑有大路及灌溉工程。迈锡尼王宫出土了数百块线形文字 B 泥板。

已发掘的王宫城市都雄踞高冈，包括迈锡尼、皮洛斯、梯林斯、底比斯、奥尔霍迈诺斯（Orchomenus）等（图 54）。泥板的记录显示皮洛斯王宫管治着一个方圆约 2000 千米、被划分为不同省份的邦国。它本身亦是行政及经济中心。

黑暗时代：城市没落

自公元前 13 世纪起，爱琴海地区各城市都在建造城墙和城堡等防御工事，似乎在防范重大灾害。当时的西亚、埃及和地中海东部地区亦面临重大历史变故：强大的赫梯帝国在公元前 1200 年突然崩溃，埃及在公元前 1225 年及公元前 1180 年多次受到"海上民族"的攻击。在爱琴海地区，迈锡尼的宫殿在公元前 1230 年被烧毁，古希腊的其他宫殿也全被烧毁，只在城墙脚下留下了烧焦的残片和守兵的遗骸。在整个爱琴海及希腊半岛上，城市、海港及整片平原地区被遗弃，人民奔往内陆或山中寻求庇护。然而经考古发现，城市没有被摧毁（如城墙及碉堡），它们只是被遗弃，成为无人烟之地。

城市没落的另一原因乃公元前 12 世纪末，另一支或第二波印欧民族多利安人（Dorian）从巴尔干侵入希腊本土，消灭了亚该亚人各城邦［阿提卡半岛（Attica）除外］，毁灭了迈锡尼文明，使正在解体的氏族部落制度重新在爱琴海世界占据统治地位，导致爱琴海古城市文明倒退。

从此，爱琴海地区进入了长达 400 年的黑暗时代（前 1200—前 800，表 11），迈锡尼的文字和艺术品消失了，与近东的贸易和其他联系亦被切断。在这一时期，爱琴海地区没有精美的手工艺品和豪华的宫殿，陶器装饰也倒退至朴素的几何图形。这个大转折的原因乃气候变化和随后而来的田地干旱，以及海上贸易停顿。之后受影响地区的饥民四出抢掠，形成横扫希腊和地中海东部，包括下埃及和中东地区的"海上民族"，他们在这片土地上展开了大规模的跨区域流寇活动。

这时期留下的唯一一部文献《荷马史诗》是由荷马在公元前 9 世纪末时口述的，内容是公元前 11—前 9 世纪间的一些传说，故此黑暗时代也被称为"荷马时代"。在荷马时代后期，私有制和阶级分化开始出现，社会向奴隶制迈进。由于自然条件的差异，爱琴海地区并没有形成庞大、统一的奴隶制国家。到公元前 8—前 6 世纪，爱琴海地区便进入了以希腊本土为主体的爱琴海古城市文明的第三阶段——古希腊城邦时期。

对早期爱琴海古城市文明的总结

总的来说，爱琴海古城市文明在克里特及迈锡尼时期已是海上文明。顾准（1986）指出了克里特和迈锡尼的以下特点：

1. 克里特是个海岛，它的发展基于海上贸易；
2. 迈锡尼文明是由克里特传过去的，半岛山多，但海湾多，海岸线长，亦便于海运；
3. 海把希腊、小亚细亚、意大利、北非连在一起；
4. 在地中海范围内航行的海船，都可以看到岛屿和大陆以指示航向，这在航海器材发明前有利于远途航海，世界其他地区均不具备这种条件；
5. 当时的海上劫掠与海上殖民，在性质上差距不大，这亦是这两个文明的共有特色。

上述特点证实了图 50 的爱琴海古文明世界观——蓝色文明或海洋文明。但除此之外，我们还要强调这个古文明的来源明显是西亚与埃及，而且后两者的发展亦与这个地区息息相关。无论是克里特还是迈锡尼，城市都是其文明的载体。这些特点不单是早期爱琴海古城市文明的特色，也正是它的成熟阶段，即下文详述的古希腊城邦时期城市文明的主要特点。

爱琴海古城市文明第三阶段：城邦时期

与其他古城市文明及爱琴海古城市文明早期的城邦不同，考古资料及古文献提供了有关古希腊城邦的较详细资料，使我们对城邦的定义、性质和体制有比较明确的理解（其历史分期见表12）。这些方面不但与古希腊城邦的功能、结构、城市社会、生活和景观有密切的联系，也是爱琴海古城市文明最具特色且最广为人知的部分，甚至有学者索性将此古文明理解为古希腊的城邦时期。因此，爱琴海古城市文明的这一阶段值得我们做详细的介绍。

表12 古希腊城邦时代分期及其重要事件

分期（公元前）	时代	重要事件
776—560	古风时代	第一次奥运会
560—479	古风时代	雅典僭主庇西特拉图掌权
479—404	古典时代	第一次海上同盟
404—379	古典时代	伯罗奔尼撒战争完结
379—338	古典时代	第二次海上同盟
338—323	古希腊亡	马其顿征服希腊及将其覆灭

城邦兴起

在黑暗时代，古希腊剩余人口中的大多数都逃入高地或山中，建立了分散且易于防守的堡垒式小村庄。一些村庄后来成了新兴起的城邦国的城市旧中心，称为卫城，希腊文acropolis意为"高城"（acro意为"高"，polis意为"城"）。入侵人口与原希腊遗民分为不同"部落"（phyle），诸部落也许会组成更大的"部族"。这些部落是军事和宗教组织，有共同的神祇、献祭活动和集会，以及开展这些活动的空间，也有一定的居住地。部族头人（酋长）由民主选举产生，掌祭司及行政功能。最高权力在公民大会，并由全体公民讨论和决定战争等大事。部族的常设权力机构是长老会议，遇到征战时，由长老会议选出统帅"巴西琉斯"（Basileus）。由于统帅可从部落中得到一份田产以养老，这个惯例逐渐形成了由归农军人组成的贵族阶层。而长老会议也慢慢地变质为贵族会议，原始的民主政治被贵族政治取代，公民大会的势力亦被削弱。其后巴西琉斯更演变为王，议事会也在王宫里召开，且不能提出议案，只能决定是否执行王的旨意。不过，自公元前8世纪起贵族统治再兴起，议事会又再被强化，王只保留最高祭司职责。

在多利安人入侵时，阿提卡半岛成为亚该亚人的避难所。起初，阿提卡只有十多户家庭，土地荒芜。进入荷马时代晚期，这里的生产力发展，铁锄、铁镰等得到广泛应用。经考古发现，此时彰显身份和财富的遗存已由墓葬转向祠堂式的建筑，"大房子"（酋长的大宅兼行政中心）也出现了。在一种"聚居制"，即家（oikos）的基础上出现了一个"村镇联合"（synoecism）的过程，即由原本的12个部族同盟整合成一个较大的政治单位——城邦。在这个过程中，由于要应对外敌，分散的氏族村落（部落）组成军事联盟。阿提卡的西面和北面都是敌对的多利安人，基于安全考虑，在半岛的最大家族、地区的保卫者、裁判官甚或教士的倡导下，不同族盟的贵族逐步迁入阿提卡的最大聚落——雅典，并在那里成立了一个区域性的贵族管治机构，代替原先分散的部族公民大会和长老会议，这便形成了新的政治单位——古希腊城邦。

在多利安人入侵的地区，情况稍有不同，入侵部族或氏族按地理区域建立了不少独立王国。原本的居民多逃往山区，形成分散的乡村，留在平原的人则沦为奴隶。简言之，新统治者占有平原，城堡成为王宫所在，亦被称为城邦，但其性质与阿提卡城邦的并不相同，因而"城邦"一词背后所指的政治与社会实体并非一致。一般而言，在城堡的墙脚外，后来都有民众聚居，这些区域被称为阿斯托（asty），即市邑。

古希腊城邦形成之初，政权一般都由原来的氏族贵族把持，至公元前700—前650年间才出现新的社会阶层和利益集团。这个转变动力来自两个方面：一是频繁的战争，加上方阵步兵战术的出现，形成了新的军人阶层，他们起到了保家卫国的作用；二是以港口城市为基地的工业和商业的发展，形成了新的工商业利益集团，这些新的利益集团使以土地为基础的贵族的权力下降。部族军事首领也演变为城邦的执政官，而部族民众大会则转变为城邦的公民大会，保留了对贵族会议的提议进行表决的权力。虽然如此，此时城邦统治者仍出自贵族豪门，仍被称为贵族政治。

由于阿提卡的人口随着经济的发展而膨胀，农地的开拓逐渐跟不上人口的增长。加上私有制已形成，贵族互相争夺土地，不少公民甚至小贵族也失去了土地。一些人被迫离开故里。一些城邦更是有目的地去其他地方掠夺土地和人口，出现了"分裂殖民"。这类殖民地主要位于小亚细亚沿岸及爱琴海的海岛，由阿提卡移民建立的就有米利都、阿苏斯（Assos）、库迈（Cyme）等，它们也采用了城邦形式的统治。为了防御外敌，包括海盗，殖民城邦都是筑城聚居的邦国，移民的头人成为王或贵族，其他移民成为公民，留下的本地人则沦为奴隶。

正如布丁（Budin，2009）认为：古风时代是个好时期，古希腊人建造庙宇、城市，举办运动会等。但土地因人口增长而供应不足，他们需要寻找新的资源或其他财富作为替代。在此后的250年，新建城邦遍及小亚细亚和北非的地中海沿岸。在被多利安人近乎夷为平地的希腊本土，不同类型的城邦有200多个。加上海外殖民城邦，希腊世界的大小城邦共有约1000个，势力最大的是斯巴达（Sparta）、雅典、科林斯（Corinth）和阿尔戈斯。

城邦的定义与性质

布罗代尔（Braudel，2005）对古希腊城邦的概念有如下定义：它拥有农田、草地、园地、小山丘、凹凸海岸、城墙内的港口城市，面积在步行范围之内，人口在5000人以下。莫里斯（Morris，1994）也说："城市所发展的生活，时常包含了它的农村背景和山崖与大海，而农村的生活也体现在对城市的利用上。"

显然，城邦这个政治单位以一个城市为中心，囊括了周围的村落及农牧业地区，辖地不过方圆百里，公民人口（指有公民权的男性）不过数万。这时，只有3个城邦的公民人数超过2万人：斯巴达领土约8400平方千米，总人口约 40 万，男性公民最多时有 9 万人（包括半公民身份的周边民族约 2 万人）；雅典领土约 2550 平方千米，总人口最多时约 20 万—30 万，男性公民最多时有 3 万—4.5 万人；阿尔戈斯领土约 2000 平方千米，公元前 400 年时男性公民总数约 3 万人。因而，城邦的主要特征是小国寡民，互相独立，但常常通过联盟的方式加强军事力量。它们在社会制度、风俗习惯、语言文字、宗教信仰和文化传统上基本一致，公民都自称为"希腊人"，称非希腊人为"异邦人"或"蛮族"，但在政治体制上却是多式多样的。

布罗代尔（Braudel，2005）对古希腊城邦总结出以下特征：

1. 所有生活在城市及其周边领土的人都属"城邦居民"；
2. 城市只是城邦的一部分；
3. 城市为全体城邦居民提供经商的场所、战时避难所和共同圣地；
4. 城市与乡村是一个结合体；
5. 拥有土地是界定城邦公民的基础；
6. 城邦不仅是新型的政治单位，也是一个信仰与偶像的结合体；
7. 拥有一片有限但可居住的领土、一个共同使用的聚会大厅和一个自己的广场；
8. 有家喻户晓的法律；
9. 有公民平等的主张。

城邦的民主政治

在上述的古希腊城邦特征中，家喻户晓的法律及公民平等的主张被认为是古希腊留给后世最重要的财产，它们是本节介绍和讨论的重点。

在城邦形成初期，虽然贵族会议掌握大权，但公民大会保留了对贵族会议的提议进行表决的权力，城邦的自治权利因而或多或少地属于其公民集体。但实际上城邦的政治体制是多样的,除了流行的贵族制和民主制,还存在君主制、寡头制和僭主制。而城邦公民只是城邦人口的极少数,所指的乃有权参加公民大会的男性,如伯罗奔尼撒战争(前431)前的雅典城邦共有 22.5 万居民,其中公民只有 4.5 万人。因此,城邦民主发展,是指公民与贵族间的政治角力。

公元前 8 世纪,城邦的权力都已转移到贵族手中。同时,乡村也出现了贫富两极分化——休闲的贵族和饥饿的大众。然而一个军事战术上的重要改革——方阵(phalanx)的出现限制了贫富分化,并对政治产生了影响。它使重装步兵(hoplite,彩图 60)成为战场上的决定性力量,而轻盾兵(peltast)、弓箭手和骑兵则成为辅助。重装步兵以务农公民为主,在方阵的训练中,重要的不是财富和社会地位,而是力量、勇气和纪律。因此,社会逐渐形成新的看法:贵族的财富是坏的、非希腊式的、野蛮的;好的公民是一个生活朴素、自给自足的农民,足够的土地使他生活体面,有能力配置武器参加战斗。这样,务农公民的社会地位被提高了,他们的政治诉求亦受到重视。

同一时期,城市商人和艺人亦顺势联合因土地太少或负债太多而无法过体面生活的小农,形成一股政治势力,推举一些被称为"僭主"(tyrant)的贵族独裁者执政。僭主指的是一个统治者,其权力不是来自神授或民选,而是通过群众运动等非法途径取得的。僭主(也是贵族)靠反对贵族来博得大众的信任,因而僭主政权是贵族专政到民主政治的过渡形式。

僭主兴起时,王权传统已被航海、贸易、神人同形共性的宗教及人文主义的初潮摧毁。僭主通过政变上台,多实施开明的、"劫富济贫"的经济政策,以求稳定治权。但是,因为没有统治的合法性,加上重装步兵公民阶层对失去自身权利的不满,僭主的统治也极不稳定。

要解决高度工商业化城邦的政治与社会稳定问题,除了僭主政治还有两条道路:一是寡头政治;二是拓展基于重装步兵公民阶层的民主政治。科林斯采取了第一条道路，建立起强大的军事力量，把公民分成对立的两派以致城邦政治瘫痪。雅典则采取了第二条道路，于公元前 510 年推翻僭主，引入民主体制，使无地的公民也可参与议会和法庭。但在公元前 483 年前，低等公民的参政空间仍然有限。至公元前 483 年雅典扩展舰队，需要大量低等公民作为桨手，执政者才笼络他们，给予他们更大的发言权和更多的参政机会。因此，方阵是希腊城邦民主的基础学校，舰队是它的毕业学校，家庭农场是有限民主的基础，而商业船队和它的附属工场、仓库、市场则是推进民主的"腱"。

当然，古希腊民主从来都不是完全覆盖全社会的。雅典城邦的民主虽然经历了一个百余年的历程，但占人口大多数的奴隶、妇女和外邦人从来都没有政治权利。在公元前 500 年后的很长一段时间，古希腊公民权还是封闭的、世袭的，而且基本上是与血统相关的。

城邦经济

公元前 800 年古希腊仿腓尼基线形文字，在辅音字母上，以希腊语加上元音字母，使其成为拼音文字。拼音文字易懂易学，不但将文字引入生活，亦使城邦的规条法则人尽皆知。古希腊还采用改良陶轮和独特的几何形花纹，制成容器以盛美酒和橄榄油，让这种器物成为重要的出口商品（彩图 61）。此外，通过和吕底亚首都萨第斯（Sardis）的密切联系，古希腊学会了铸币，至公元前 7 世纪，城邦普遍使用铸币，令财富的积存更为便利。他们还制造了运货的帆船和桨划的战船，在西顿（Sidon）和比布罗斯（Byblos）与腓尼基人展开海上贸易，在地中海霸占殖民地。如米利都，便在公元前 600 年拥有约 100 个海岸货栈，在意大利有庞大的锡巴里斯（Sybaris）驿站以转运加工品，在埃及尼罗河三角洲亦建造了同样性质的驿站。

不过农业依然是古希腊城邦的重要产业，也是雅典自公元前 6 世纪起划分四等公民的重要指标，以保证地主贵族在政治和军事上的领导地位。这时的农业已集中在葡萄和橄榄树的种植上,而粮食如小麦等供应则仰赖进口,希俄斯(Chios)的美酒和雅典的橄榄油是城邦国最为著名的出口品。一些城邦也以林业和矿产出名,如西锡安(Sicyon)的木材、阿提卡的劳里昂(Laurion)银矿、马其顿的黄金、雅典和科林斯的陶泥等。出口型的制造业亦成为城市经济的主要成分,这些制造业利用外国工匠、妇女和大量奴隶劳动力,进口大量原料以加工出口品,有记录显示:其中一些作坊,每坊雇用了120名奴隶;在公元前531年的雅典,在其12.5万名奴隶中,有5万名被用于手工业,1万名被用于采矿业。亦有记录显示:当时船运的商品约九成是陶器,而科林斯陶器虽在公元前625—前570年占主导地位,但在公元前570—前523年已让位于爱奥尼亚,至公元前500年阿提卡又成为最大出口地。总言之,城邦时代经济相当发达,工商业繁荣发展,除了斯巴达严格限制工商经济,这些产业在其他各城邦大都有宽松自由的发展环境。

城邦时期城市化特色:大殖民

黑暗时代的移民潮是由多利安人入侵所触发的。当时迈锡尼、阿尔戈斯、斯巴达及皮洛斯等的王侯贵族纷纷逃往小亚细亚西北角,建立了"新亚该亚"。其后,又因人口增加,耕地不足,自阿提卡迁出了第二批移民落户小亚细亚爱奥尼亚地区,如米利都、科罗封(Colophon)、厄立特里亚(Eritrea)、希俄斯和萨摩斯(Samos)诸岛的移民。

因此,在公元前8—前6世纪的古风时代,古希腊人除了建成了自己的城邦,还通过海外殖民建立了许多殖民城市。相对于黑暗时代的殖民,这一时期的殖民活动被称为"大殖民""分裂殖民"或"二次殖民"。这次殖民将古希腊的城市化及城市文明扩展至整个地中海沿岸(图51)。简言之,这是由政治、经济状况引发的海外扩张与民众避难等因素造成的:

1. 人口的增长超出了本土城邦承受的极限。这可从两方面理解：土地及民主体制的要求。在山多地薄的城邦，人口增加或自然灾害带来的负担，让地区经济难以承担，其出路只有强制性移民。如公元前 7 世纪后期，锡拉岛 7 年无雨，居民被迫抽签，从两兄弟中选出一人，殖民海外。亦有意见认为城邦人口应有上限以便实行民主，柏拉图提出人口应限于 5040 个家庭（约 2 万人），希波丹姆（Hippodamus）则认为最多为 1 万个公民（或 4 万人），以便公民间有紧密的社会接触，并且当一人在公民广场发言时，其他人可以听到，投票时也能知道该投给谁。
2. 由于土地多在贵族地主手里，佃农要上缴高比例的收成，农民欠债、失地，无法维持生计，只好外出谋生。
3. 从事手工业的人过多，佣工苦不堪言，一些人只得移民以谋发展。
4. 工商业者为了扩大经营，到海外开拓新的市场和原料供应地。
5. 城邦在农业和手工业已发展至商业化及专业化时，需要在海外控制大量的粮食和手工业原料的生产与供应。

除了这些原因，希腊的地理位置，以及自克里特时期已培养起来的航海和海上贸易传统亦至为重要。顾准（1986）引杜丹说："在希腊人的国民生活中，海洋所起的作用有了确定的形式，并升到重要地位。殖民地多靠近海洋，通过海洋才能和母邦往来。政治经济上的独立，需要强大的船队。远在雅典称霸前，科林斯、卡尔基斯（Chalcis）、米利都、佛西亚（Phocaea）、叙拉古（Syracuse）、塔林敦（Tarenium）、马赛（Marseille），都拥有了强大的商业舰队和武装舰队。"当时的商船一般载重 100—150 吨，大的可载 350—500 吨，方便希腊用陶器、铜器、铁器、纺织品、油及酒交换黑海北岸和色雷斯的粮食、林牧产品，意大利和西西里的农牧产品，埃及的黄金，以及伊比利亚半岛的白金、黄铜等。

被殖民的地区可分为三类：轻而易举型地区，即海岸空置及没有设防的地区；重点型地区，即已有农田及种植场的肥沃地区，包括意大利南部和西西里岛；走险型地区，如遥远的高卢（位于法国南部）和伊比利亚半岛海岸。

大殖民按其背后动力及新开拓城邦的地域分布，也可分为三期。早期（前775—前675）主要是农业开拓式的殖民，最早发动的母邦有小亚细亚的城市米利都，优卑亚岛（Euboea）上的卡尔基斯，希腊本土上的墨伽拉（Megara）和科林斯等。而目的地则集中在小亚细亚西南面的爱奥尼亚、东北面的赫勒斯滂海峡（Hellespontos）和好客海（黑海），西面则是从意大利南部的塔兰托湾到西西里沿岸广阔肥沃且盛产小麦、橄榄油和美酒的土地，南面则有埃及和昔兰尼加（Cyrenaica）。亦有远至伊比利亚半岛和高卢的，如科林斯便在公元前734年建立了马赛。

中期（前675—前600）主要是商业殖民，如米利都在黑海设立商行，以取得南斯基泰（South Scythia）小麦再转卖给本土城邦，特别是雅典，自己则从本土城邦收购酒和橄榄油以交换小麦（图55）；佛西亚在地中海西部的马赛建立与高卢贸易的殖民地。在前期和中期，亚非两洲都没有强大的陆上帝国，因而希腊城邦有近200年的自由扩张时期。

后期（前600—前400）主要是小亚细亚城邦被波斯压迫而产生的"避难移民"，如部分人避难至雅典，将不少文化艺术，如陶画风格带至雅典；佛西亚人因吕底亚入侵而移民至远西的马赛及科西嘉（Corsica）；提奥斯人（Teian）则迁至色雷斯海岸及黑海北岸等。这一时期的移民也包括雅典称霸期间的军事移民，如公元前476—前464年雅典掠夺安菲波利斯（Amphipolis）、拜占庭、斯库罗斯等城，为雅典移民提供新土地并打通黑海航线；公元前450—前440年间，雅典政府将公民4000多人移民至克森尼索（Chersonesos）、纳克索斯（Naxos）、安德罗斯（Andros）及色雷斯四地。

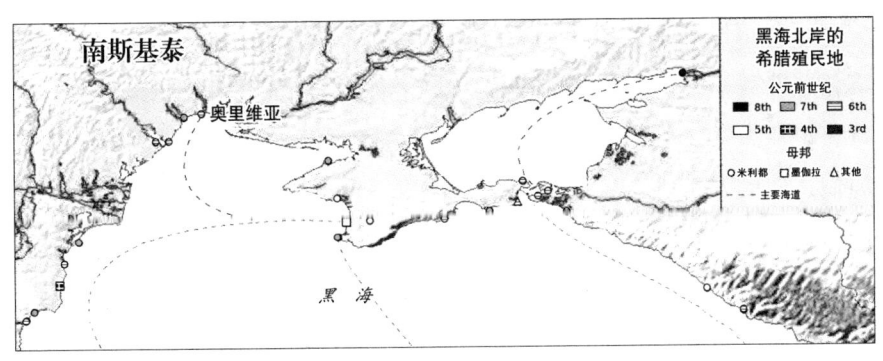

图55 希腊在黑海的殖民城市

简言之，殖民地都有一些共通特点，如拥有矿石、木材、粮食、橄榄油等自然资源或产品，或者可作为希腊手工业品、橄榄油及葡萄酒的市场或出口地。至公元前6世纪，殖民地的扩展与保有成为希腊城邦发展的重要保障。公元前6世纪末，黑海地区已成为雅典的主要商品市场及原料和粮食的供应地，显示雅典经济已由奴隶主农业经济转变成开放型的对外掠夺与扩张的经济。这种经济模式极依赖海外贸易通道，特别是进口粮食的稳定供应，贸易通道的畅通因而已成为雅典社会、政治和秩序的基础。然而，波斯的崛起及西进阻碍了雅典与黑海贸易，威胁其独立和自由，因此，与波斯争夺海权成为雅典乃至整个希腊的首要任务。

移民方式亦由起初个别团伙的自由漂泊变成了有计划的政府行为。据布丁（Budin，2009）考证，有计划的移民包括一定的程序与原则：

1. 要得到阿波罗神谕的批准。
2. 由政府任命移民的头人。
3. 从母邦女神殿取火，在新建殖民城市点燃，显示与母邦的精神相连。
4. 由移民的头人组织殖民城邦政府。虽然早期殖民地都抄袭母邦的社会秩序、制度及习惯，但它们是独立而不是依附于母邦的政治实体。

每个殖民者在防卫上都有同等的责任和义务。他们在海上同舟共济，登陆后协力占地，共同对付两大竞争对手［意大利中部及北部的伊特鲁里亚人（Etrurian）和地中海东岸的腓尼基人］和海盗的侵略，这使他们之间的友情胜过了血缘关系，促成了由平等选举产生领袖的体制。同时，由于新城邦没有王裔，城邦创立者便成为世袭王室，但不久王便有名无实。而且，殖民地土地广阔，每个男性成年人都能分得一片土地，因而他们在本地事务上就有同等发言权。防卫的需要加上较平等的权与责，使海外殖民地比本土更早建成有高地城堡、与本土不一样的筑城聚居和民主选举的城邦。被征服地的原居民变为依附民或农奴，后来一些原居民升格为自由民，与新移民共同构成殖民城邦的"平民大众"。海外殖民不但促成了一种新型的城镇化，也让殖民地在城市规划和民主发展上领先希腊本土。

通过殖民带动的城市化，希腊古城市文明的范围遍及地中海大部分地区和黑海沿岸，形成了新的希腊世界，或希腊古城市文明圈。它包括希腊本土、爱琴海诸岛，东北面的黑海与色雷斯，以及"西方希腊"（图51）。后者包括以叙拉古为首的大希腊（南意大利及西西里）和远西（马赛及其东西沿海的殖民地）。据统计，在公元前800—前500年间，有明确记录的希腊本土参加殖民的城邦共44个，建立的殖民城邦在139个以上，光是米利都便建立了60多个殖民地。当然实际情况应比这数字显示的更多。

作为古希腊的特殊城市化过程，"大殖民"的影响是深远的，包括城邦经济的转型、城市空间分布的扩张、地方文化的交流及城邦管治体制的转变等几个方面：

一、缓解了本土城邦发展的内在矛盾，促使母邦的经济模式转变为商品经济，发展了以进口粮食和原料、出口手工艺品为主的开放式工商业；整体经济由单一转向多样化，本地农业也从自给转向商业化生产。

二、壮大了希腊工商业者的力量，如科林斯、墨伽拉、西锡安等地大举移民，发展了工商业，但同时也导致人力不足并激发了土地贵族的贪欲，加深了剥削。其结果是新一轮社会矛盾使僭主兴起，推翻贵族统治，开展民主政治。

三、海外城邦由于受外敌侵略威胁，多推行僭主政治。

四、早期移民促进了希腊对东方文明成果的吸收，如诗人荷马、阿格拉达斯（Ageladas）、萨福（Sappho）都是小亚细亚城邦的公民，古希腊的抒情诗、史诗、自然哲学和医学等也源于小亚细亚。

五、中后期移民使希腊文明中心从小亚细亚移回本土，突出了希腊古典期的雅典式城市文明特色。正如克里斯提尼（Cleisthenes）所说："雅典的政治、外交和军事上的许多事情都是由其商业利益决定的。"（顾准，1986）它构成了一个海洋与大陆交错、东方与西方联结的，前所未有的，旨在征服和奴役异邦人，以称霸为目的的地中海经济贸易圈。在这过程中，以雅典为代表的城市文明及其价值观亦在这个经济贸易圈中渗透。

六、体现了贵族氏族自立门户的欲望，使众城邦不能形成一个强大的政治军事核心，以缔造一个统一的古希腊国家。

然而"大殖民"对一些本土城邦的影响不大，比如斯巴达在征服麦西尼亚（Messenia）后获得了大量农奴，在此基础上构建了公民军营生活，其中的人被称为"战士-公民"，它只在意大利建立过一个小殖民地以安置公民妻子和奴隶苟合而生的私生子；而本土的另一城邦国色萨利（Thessaly），因四周环以高山，土地肥沃，贵族继续役使农奴，经济与社会的变化不大，它亦没有参与"大殖民"的城市化进程。

顾准（1986）说："公元前8—前6世纪的200年间，希腊人从小亚细亚及本土出发，殖民于东、西、南、北。古典时代以本土为中心的地中海上的希腊世界，就是在这个时期形成的。"希腊的"大殖民"和古代的一些民族迁徙不同，前者是一种特殊的城市化。它的"推"因（push factors）乃希腊本土资源不足以支撑人口快速增加，而其民主制亦只是在小圈子内让一小部分人享受自由与民主的权利，不能将公民圈子扩大。它的"拉"因（pull factors）乃海外的资源、市场及被抢掠的奴隶。古希腊人以海上强权为实力去建立殖民城邦，这一特点成为公元前800年后的城市化及城市发展主调，与古埃及和两河的古城市文明不同，却与近现代的资本主义殖民侵略相似。

古希腊城邦的种类及案例

古希腊城邦种类

若从整个爱琴海古城市文明发展进程看，广义的古希腊城邦可分为三种，体现了其文明进程中的三个不同时期的历史背景。第一种是在迈锡尼文明时期，当时尚未形成国家，没有外族入侵，城邦是在原有氏族制度基础上形成的，如雅典。第二种是在迈锡尼文明毁灭后，由多利安人在前者基础上形成的，如斯巴达。第三种是在黑暗时代后，在本土建立及通过"大殖民"建立的城邦。

由于城邦时期的历史都是由雅典的亚该亚历史学家撰写的，有关第三种城邦或狭义的城邦时期的描述与评论自然偏向雅典，这就给了我们一种错觉：古希腊各地的政治实体都如雅典一样，是城邦国。实际却非如此，有些政治实体并不是真正的城邦，因此顾准（1986）将这时期古希腊本土的政治实体分为四类：

1. 海上交通便利的工商业小城邦。它们领土小，但有优良港湾，如科林斯、西锡安、卡尔基斯、墨伽拉和埃伊纳（Aegina）等。
2. 农业为主的大城邦。它们有大片农业区，由原来不相统属的小王割据的诸城堡逐步合并为以单个城市为中心的大城邦，如雅典、福基斯（Phocis）、维奥蒂亚（Boeotia）、伊利斯（Elis）等。
3. 领土广阔、不彻底城邦化的农业国。它们存在农奴阶层、边区居民、贵族和特权公民间的矛盾,如斯巴达、色萨利等。

4. 介于前三者间的类型,如阿尔戈斯。

表13显示了古风时代一些"城邦"的简单状况,包括一些邦盟形式的广域国家。下面我们通过实例对上述三种非雅典型的城邦进行简单介绍,来说明雅典城邦并不代表当时的古城市文明,而只是它的一部分,以显示这一阶段的爱琴海古城市文明的多样性。

表13 古风时代希腊本土政治实体状况

城邦/国	面积(平方千米)	性质	经济
斯巴达	8400	多城	农业、农奴制
雅典	2400	单城	工商为主、农业为次
科林斯	910	单城	工商为主
西锡安	360	单城	工商为主
夫利阿斯	180	单城	工商为主
福基斯	1600	20多个小城、邦盟	农业为主
维奥蒂亚	1440	8城、邦盟	农业为主
优卑亚	2720	8城、邦盟	农业为主
色萨利	24 000	多个重要城市、4个自治体、广域国家	农业为主

非雅典型的城邦案例

斯巴达

斯巴达位于希腊本土南部的伯罗奔尼撒半岛,面积8400平方千米,包括拉科尼亚(Laconia)和麦西尼亚两大平原,以及南边海岛基西拉(图56、图57)。麦西尼亚本是个独立国,被斯巴达人征服后,原居民被收为奴,称为希洛人或黑劳士(Helots)。希洛人曾多次起义,是斯巴达国内的心腹大患。

两大平原土地肥沃,宜耕,周边山区又有森林和葡萄园,北面的山区有铁矿，能用于打造优质武器，因此斯巴达是个自给自足的农业国。但斯巴达没有优良港口，公民保守，鄙视劳动（体力劳动皆由奴隶承担），以做战士为目的，以致全民皆兵。它仅以1万左右（最少时5000人）的公民，统治了面积广阔且奴隶众多（奴隶加非公民人口约40万）的国家。

斯巴达奉行原始氏族的"平等人公社"制度，是典型的农业奴隶制国家。全国土地平均分给成年公民，后者又各得10个奴隶。持地公民10—15人成一组将土地交奴隶耕种，奴隶各向主人纳实物税及尽其他义务，不服兵役，但作战时充当杂役及前锋。公民没有私产，对土地及奴隶只有使用权。公民的新生婴儿由长老检查，强壮者才可养大，自7岁起便要过军人生活。青年终年不穿鞋，在团队里生活、吃公餐、参加体育运动、学习文化、按军事编制操练等。军队以重装步兵为主力，公

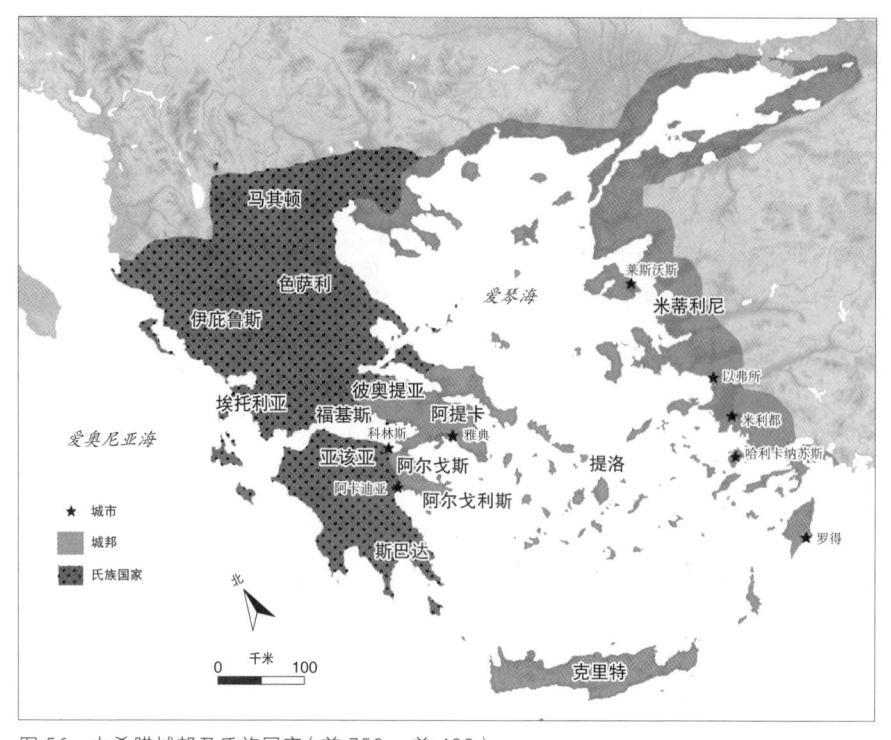

图56 古希腊城邦及氏族国家（前750—前490）

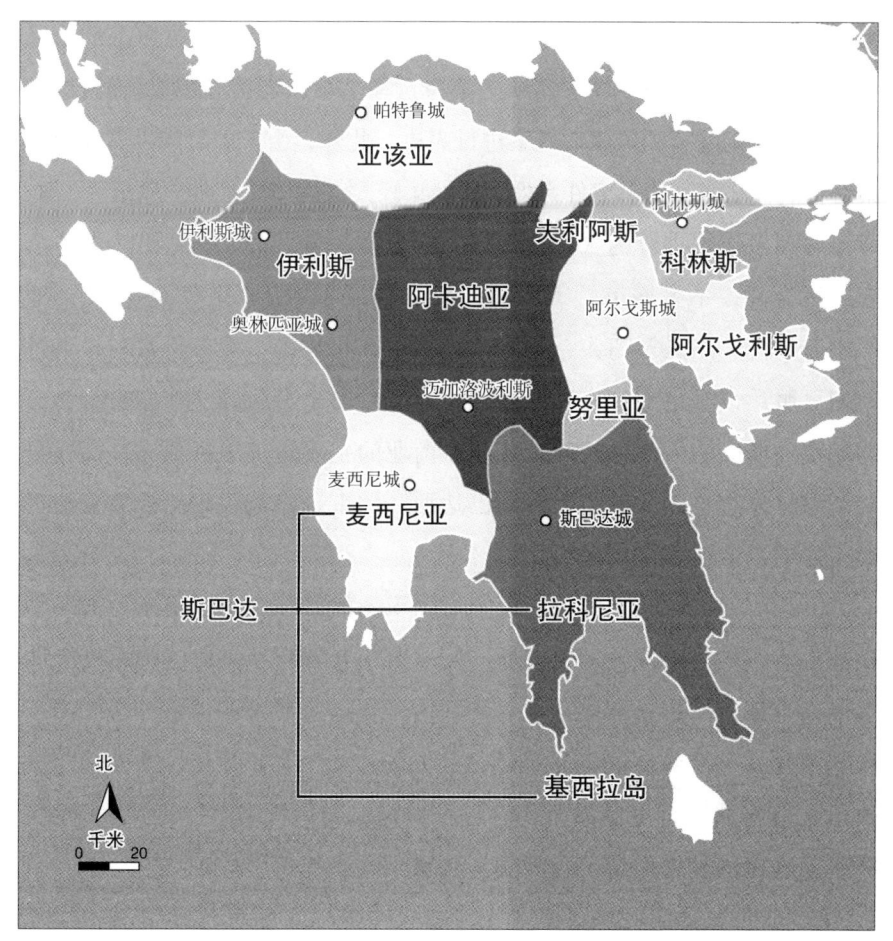

图 57 伯罗奔尼撒半岛诸国

民 18—60 岁在役。公民除了军训，可享受荣华，创作优美的诗歌、歌曲，制造精美的陶器，但禁用贵金属，只能以铁币为货币，而且没有剧场及其他娱乐场所。

斯巴达在迈锡尼时代已有一座城市。迈锡尼末期，入侵这里的共有 3 个多利安部族。斯巴达实行奴隶主贵族专制，设有两个王，分别在两个王族中世袭产生。王拥有司法、行政和宗教权力。在战争时，一个王任军事统帅，拥有较大的权力。国家的长老会（gerousia）由这两个王、28 名贵族组成,终生任职,决定战争、谈判等事宜。公民大会由30岁以上的公民组成。大会每月召开一次,形式上享有选举王及长老会其他成员的权力,但实际上只能就王和贵族的提案进行表决。此外,由王和贵族提名5名监察官,监督法律实施、案件判处,督促年轻人锻炼体质和维护风纪。

两大平原被划分为5个行政区。柯尊文(2005)称:"斯巴达由5个农林区合并,不是城市。"然而在边区的居民不属于"平等人公社",他们中有农民、工匠及商人,是自由民,但不是公民,无政治权利,不过他们可服兵役,也能持有私有土地及财产,属于半公民。他们也有自己的城市。斯巴达人不能经商,从事工商业的主要是皮里阿西人。南面海岛基西拉也有自己的城市,由斯巴达派驻的事务官监督,向中央交纳贡税,形同自治市。

公元前6世纪下半叶,伯罗奔尼撒半岛的城邦,除了阿尔戈斯,都被斯巴达纠集,组成伯罗奔尼撒同盟。盟中各邦保持独立,但在外交和军事上听从斯巴达。斯巴达也经常利用同盟镇压境内的希洛人,并干预各邦内政,支持各邦的贵族统治。公元前431—前404年,斯巴达与雅典争霸引起伯罗奔尼撒战争,有数百城邦参与,波及整个地中海地区。其后斯巴达虽胜,但给了马其顿征服整个希腊的机会。

科林斯

它位于伯罗奔尼撒半岛,与阿提卡为邻,两面临海,面积为910平方千米,拥有肥沃土地及天然泉水(图56、图58)。自多利安人入侵后,当地迈锡尼人沦为农奴。公元前8世纪中,一个只有数百人的强大氏族将王驱逐,建立寡头政府,并在公元前750—前675年间连续执政,建设了大型的公共建筑,如阿波罗神庙。它还继承了迈锡尼的海上贸易遗风,前往海外殖民。由于科林斯拥有通往爱琴海和自科孚岛(Corfu)至南意大利的两条重要海道,公元前730年时它已是个发达城邦,有公民5000人,到公元前400年公民增至9000人。

僭主居柏塞卢（Cypselus）及其儿子佩里安德（Periander，"古希腊七贤"之一）当政（前658—前587）时，科林斯开始解放农奴、改革货币、大力造船、开凿运河、修建道路及奖励科技和艺术，又建了两个海港，分别通向意大利、西西里和东地中海，港口与主城亦有3.2千米长的城墙相连。他们使科林斯成为当时最发达的城邦，拥有海上霸权，与米利都和埃及商贸关系密切。科林斯的出口商品有陶器、石材及铜器，其具有优美、自然风格的陶瓶闻名希腊世界。

公元前734年，科林斯发动贵族领头移民西西里的叙拉古，在科孚岛上建立殖民地，以及连同其他8个城邦在尼罗河口建立殖民地以便

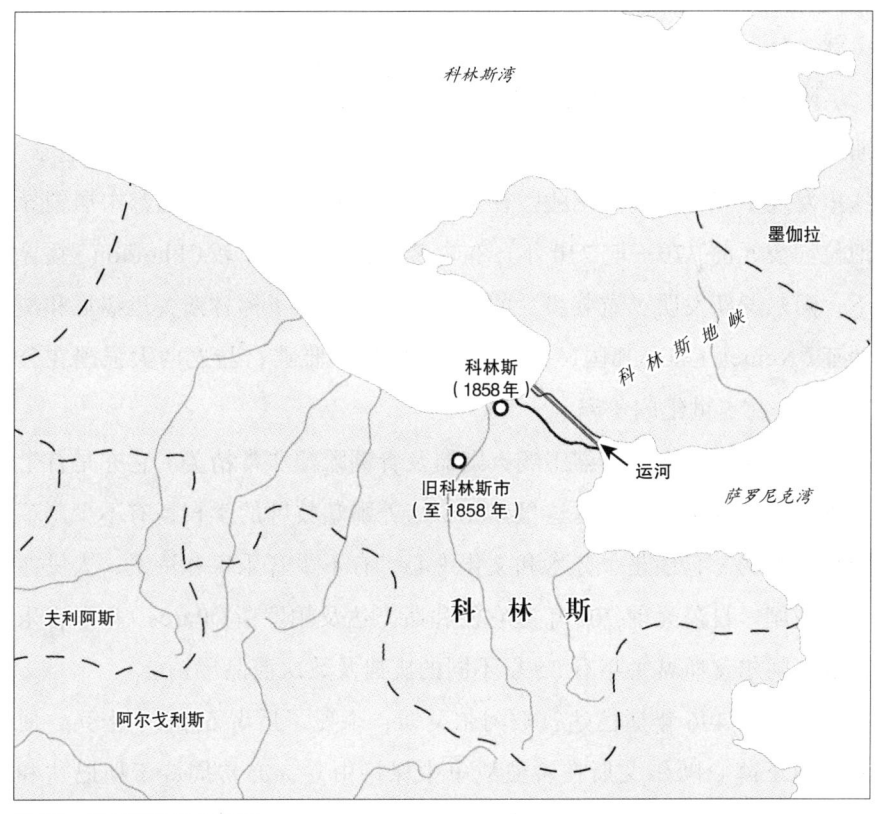

图 58 科林斯地理位置图

和埃及贸易。居柏塞卢父子亦大力推动海外殖民，建立了安布拉基亚（Ambracia）及安那克托里安（Anactorium）等城邦。

公元前585年，一个寡头集团推翻了僭主，建立了一个80人的议会执政。公元前435年，科林斯与它在意大利的殖民地海战，之后实力及威望均下降。公元前395—前387年，它又与斯巴达开战，最后于公元前338年被马其顿灭亡。

阿尔戈斯

它位于伯罗奔尼撒半岛东部，面积约2000平方千米，北面是科林斯，西南面是斯巴达（图56、图57）。据说阿尔戈斯这个名字与宙斯儿子有关，其士兵也参与了特洛伊的战争。它的中部是肥沃平原，两旁是山脉。公元前700年有公民5000人，公元前400年增至3万人。

阿尔戈斯原本是迈锡尼王畿，3个迈锡尼时代的中心城市阿尔戈斯、迈锡尼、梯林斯都位于此，都是王畿的重要城堡，俯视整个平原。这里发现了多个迈锡尼王陵。在黑暗时代，它在多利安人诸邦中居领导地位。公元前770—前730年，在古希腊首位僭主菲敦（Pheidon）领导下，阿尔戈斯发明了重装步兵的作战方式，吞并了梯林斯、迈锡尼和纳美亚（Nemea）等小邦国，并打败过斯巴达和雅典，与这两大强国在公元前7—前5世纪间争霸。

阿尔戈斯有众多陶器工场，陶器及青铜雕塑非常精美。它亦是首个以青铜加银制币的城邦。这里建立了培养雕塑技师的学校，有不少制革及织布工场。它还是个艺术和文化中心，有不少音乐家和诗人，人民亦喜爱戏剧，自公元前700年起它便和斯巴达及帕罗斯（Paros）举办音乐比赛。阿尔戈斯城每年有25场不同的庆典及数次商品展销会。

公元前496年斯巴达打败阿尔戈斯，杀死了后者6000个士兵，使其人口下降。阿尔戈斯在希波战争中保持中立，亦常周旋于斯巴达和雅典之间。公元前460年它因与雅典结盟而走向民主化，但公元前418

年在斯巴达干预下，它又重回寡头统治。

福基斯

福基斯是希腊本土中部科林斯湾北部的邦国，面积约 1600 平方千米（图 56）。它的中部有高山将邦境分为两部分，土地贫瘠，亦无优良港湾，经济以牧业为主。福基斯没有大城市，由 20 多个小市邑组成，其中特尔斐（Delphi）和埃拉提亚（Elateia）是重要的泛希腊宗教及文化中心。这些高度自治的小市邑因防卫需要而组成了一个松散的国家。

有关福基斯的历史资料甚少，主要是公元前 5 世纪后和战争有关的记录。在公元前 499 年开始的希波战争中，它初时参加了希腊联盟，但其后站在波斯一边。公元前 457 年因争夺水源与邻国多利斯（Doris）不和，给了斯巴达入侵的机会。在自公元前 431 年起的斯巴达与雅典之争中，它和雅典联盟，后因雅典衰落而受影响。公元前 4 世纪，福基斯和维奥蒂亚多次发生战争，并在科林斯战争（前 395—前 387）期间受困，最后在公元前 346 年被腓力二世灭亡。

色萨利

色萨利位于希腊本土北部，面积约 2 万平方千米，是古希腊的广域国家及最大国。它有多个被山岭环绕的平原，最大的是拉里萨（Larisa）和卡尔季察（Karditsa），东南部海岸也有良港（图 56）。多利安人入侵时，迈锡尼住民部分迁离希腊本土，部分退入山区成为"边区居民"，留在平原地区的成为多利安人的奴隶。多利安人在平原上建筑城堡以统治农奴及纳贡的边区居民，每个城堡有一位王，由此形成众多的独立小邦。

色萨利的平原肥沃，宜种谷物及牧马，山区则以牧业为主。公元前 7 世纪时王权消失，由散踞各小城堡的贵族家族掌权。他们在生活上如同帝王，喜好文艺，常招引南希腊诗人和艺术家到访。各小邦组成了色萨利联邦，中部平原区被分成四大自治州，通过选举产生自治机构，再由四州产生联邦政府，其首席行政长官由诸邦互选，但只掌控由四州合并成的一支8000人的贵族骑兵和2万重装步兵的联邦军，各州行政独立。

区内有多个重要城市，如拉里萨、斐赖（Pherae）、法萨卢斯（Pharsalos）和克拉农（Cranon）。人民共分为三等：最高一等乃多利安人；第二等为边区居民，他们是自由民，向所属州纳贡，没有管治权；最低等为奴隶，地位如斯巴达的希洛人。在公元前4世纪前，城市中的平民（demos）不许涉足政治集会场所，没有政治权利。

公元前480年，色萨利被波斯入侵占领，但贵族统治一直延续至伯罗奔尼撒战争之后。公元前372年，斐赖的杰森（Jason of Pherae）统一全境。公元前344年，统治者向各地委派地方官员，骑兵亦被融入马其顿远征军中。

总结

上述诸案例基本上都不是雅典式的古希腊城邦。它们是以氏族社会或氏族专政为基础的奴隶主政治实体，一些更是农牧业自给的较封闭社会。然而，它们所代表的乃古风时代至古典时代的普遍现象。因此，有学者更认为这些城邦都是氏族国家（图56），而雅典恰恰是个特殊案例。然而，基于古希腊学者对雅典的偏向，及后世普遍以雅典作为古希腊城市文明的代表，加上后来罗马以至整个西方文明都把雅典作为发展典范与根源，因此我们在接受爱琴海古城市文明后段多样性的背景下，有必要将雅典城邦作为一个独立主题，进行较详细的分析与论述。

雅典城邦：爱琴海古城市文明的高峰

雅典城邦的代表意义

在古希腊人建立的众多城邦中，影响最大且对后世最具意义的是公元前 6—前 5 世纪的雅典，它被泛称为古希腊文明的高峰，实际上亦是爱琴海古城市文明的高峰。它发达的商品经济、民主政治、文学、科学、哲学、演艺和建筑等，创造了辉煌的古希腊文明。正如当时的雅典领导人伯里克利（Pericles，前 495—前 429）说："雅典是全希腊的学校。"如上文所述，虽然雅典体制在古希腊并不普遍，但它的城市化、城市规划、城市功能等和它的社会及民主政治制度紧密结合，继承了爱琴海古城市文明的发展主轴，并将该文明推至顶峰。

雅典城邦位于爱琴海中部的阿提卡半岛，居民是爱奥尼亚人和亚该亚人（图 56）。它境内多山，矿产丰富，海岸线曲折，多良港，宜发展航海业和工商业，但不利于农业（彩图 52）。迈锡尼晚期时，那里有较多以部落小城堡为核心的小王国，分属 4 个主要部落。雅典从未被多利安人占据，但后者在其西面及东北面环伺，对安全的需要最终促成阿提卡诸小国的合并。传说雅典王忒修斯（Theseus）在公元前 8 世纪托古改制，取消各市镇或小国的议事会和政府，设立位于雅典城的中央议事会和行政机构，将权力集中至雅典，并把所有贵族都迁入雅典。他更把雅典公民分成贵族、农民和手工业者三个等级，规定只有贵族才能出任行政机构公职。为了配合新政体，他还在卫城建立了一个共同体公共空间——阿果拉（agora），并规定每年一月举行雅典娜女神祭典，将之定为统一节日以营造邦国意识。

雅典民主发展

公元前 682 年，雅典国王被废除，由 3 名执政官分别掌管政治、军事和宗教事务。他们由公民大会从贵族中选出，任满后加入贵族会议。后者负责国家的一切大事，包括审判案件和推荐执政官。执政官虽然历经终身制、十年制，至公元前 6 世纪一年制的转变，但被选举权与选举权都只属于贵族。自庇西特拉图（Peisistratos）落实梭伦（Solon）改革（前 594，见下述）后，贵族政治才开始走下坡（表 14）。梭伦改革的实质乃新兴的工商业者联合其他平民,向贵族夺权,使雅典城邦出现了古代民主政治。梭伦改革也涉及其他方面,因而它成为古希腊城市文明最重要的人文因素。

在经济方面：

1. 颁布"解负令",取消平民所欠债务,又使因负债沦为奴隶者重获自由；
2. 实行有利于工商业的政策,如限制粮食出口、扩大橄榄油输出、实行货币改革、奖励外地工匠移居雅典、提倡公民学习手工业技术等；
3. 承认私有财产继承。

在政治方面：

1. 按财产多寡把雅典公民分为四等(表15),第一、第二等可任高级官职,第三等可任低级官职,第四等不能担任官职；
2. 设立400人会议,作为公民大会的常设机构,由4个部落各选100人组成,第四级公民不能被选；
3. 设陪审法庭,陪审员由公民抽签选出。

表14 雅典的民主进程

年份(公元前)	人物	贵族/职位	重要事件
621	德拉古	贵族	库隆暴动后,立法典开始法治
594	梭伦	贵族、首席执政官、仲裁员	废贵族世袭,代以财产等级制度(分公民为四等);在卫城南建阿果拉
560—527	庇西特拉图	贵族、僭主	落实梭伦改革、对外扩张、设全国性节日
525, 508	克里斯提尼	贵族、首席执政官	创主权在民、轮番执政、抽签选举;废传统血缘氏族,改为新地区"氏族";建立陶片放逐法
462—429	伯里克利	贵族、首席执政官、首席将军	黄金时代(前443—前429);执政官人选扩至三等公民;公薪制;用盟国贡金建设雅典;限制公民数目

表15　公元前594年改革后的公民等级

等级	名称	政治权利	军事权利/义务
一	富农	可出任议事会、执政官	出任骑兵
二	骑士	可出任议事会、执政官	出任骑兵
三	中农	可出任议事会（公元前457年后可出任执政官）	出任重装步兵
四	贫民	（公元前404年后可出任执政官）	出任轻装步兵、杂务、桨手

因改革损害了贵族利益，梭伦在未完全落实改革措施前便被迫下了台。其后庇西特拉图以武力建立僭主政治，是他贯彻执行了梭伦改革。他在执政时亦做了很多其他贡献，如在小亚细亚西北部建立殖民地以控制黑海的商路和贸易，进行大规模市政工程建设，还重视雅典文化事业，包括出资组织节日庆典、请文人墨客到雅典创作交流、整理《荷马史诗》等。在他治下，雅典从一个二流邦国变得繁荣强盛，所以亚里士多德说"庇西特拉图的僭主政治有如黄金时代"。

50年后，僭主政治被推翻，新领导克里斯提尼进行了第二轮改革，包括：

1. 以10个新的地域部落代替4个旧的血缘部落（图59）。
2. 建立500人会议，代替400人会议。在10个部落中，所有公民经抽签选出50人，在1年内1/10的时间里，处理国家日常事务。执行主席再在他们中间经抽签选出。
3. 设立十将军委员会，每部落各选出1名将军，一年一任，首席将军权力最大。
4. 制定陶片放逐法，公民每年一次将他们想驱逐的人的名字写在陶片上，名字最多的便被放逐10年（不需要理由、不事前通知和不予辩解机会）。陶片放逐法成为除去反对派领袖的不民主和不透明机制。

第四章　爱琴海古城市文明

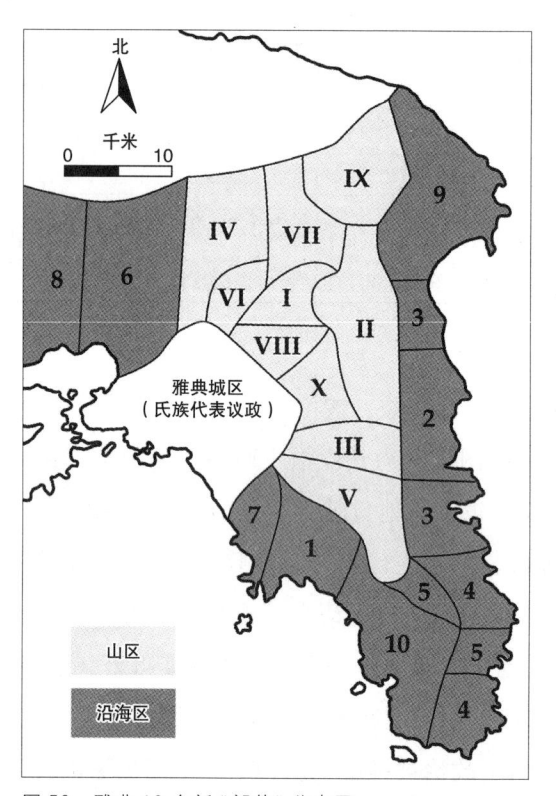

图 59　雅典 10 个新 "部落" 分布图

约 40 年后，伯里克利推动了最后一次民主改革：

1. 各级官职，除了十将军，向所有公民开放，以抽签的方式产生。
2. 公民大会成为国家最高权力机构，包揽内政、外交、军事、官员选举任免等大事。公民在会上都有发言权和表决权，500 人会议成员都有机会担当公民大会的轮值主席，执掌国家最高权力。
3. 自公元前 451 年起担任公职和参加城邦政治活动的公民都有工资和津贴。
4. 削减贵族会议的权力，让它只处理宗教事务。
5. 保留陶片放逐法。

经过三轮的政体改革，雅典的确开创了民主政治先河，正如伯里克利在一次演说中说："我们的制度之所以被称为民主政治，是因为政权在全体公民手中，而不是在少数人手中。在解决私人争执的时候，每个人在法律上都是平等的……任何人，只要他能够对国家有所贡献，绝对不会因为贫穷而在政治上湮没无闻。"但雅典政治是真正的民主还是变相的寡头统治？其真实性质仍不明朗。古典时期一位作家曾说："雅典的贫民和平民比贵族和富人更有势力。"这个评语对陶片放逐法最合适，因为只要有3000人以上投暗票要放逐某人，一个政治死结便可解开。投票的人正是容易被收买的公民中的贫民，被放逐的都是有意问鼎政府大权的贵族和有财有势的人士。

此外，雅典的妇女、奴隶和外邦人都不享有这种民主。亦有评论说：雅典的民主是种颇为原始的直接民主，只能是小国寡民的城邦体制的产物且有很多流弊。比如，抽签选举和轮流坐庄的方式，导致政权长期落入慵懒者手中，使有道德和能力的公民只能短暂发挥其长处。而十将军可无限制地连任，则会使实权落入十将军委员会中。因此长期连任的首席将军，如伯里克利可不理500人会议，独行独断。令人尴尬的是，两名民主改革者都是首席将军。到伯里克利时，执政官候选人扩大至第三等公民，但这时的执政官只有虚名，实际权力仍集中于首席将军。当日修昔底德说得坦白："雅典在名义上是民主政治，但事实上权力在第一公民（首席将军伯里克利）手中。"（顾准，1986）

表面民主但实际上处于军事强人专政下的雅典，进入了军事、经济扩张和文化大发展的"帝国时代"及黄金时代。"民主"的扩大有利于雅典在军事上发挥实力，因为它比其他邦国拥有更多务农公民，可随时组成一支较大的公民军。换言之，雅典将民主转化成为军事力量，再以从其他邦国掠夺得来的财富建设城市，使雅典公民在经济诱因下全民参政，并且造就了雅典城特有的服务于公民政治和营造公民意识的城市中心区，后者成为雅典城城市文明在硬件建设上的一大特色。

雅典的人口

在雅典城邦发展至高峰的古典时代（表12），它的居民在社会地位上呈金字塔型分布。作为非公民的广大人口，权利比一般公民少很多。

公民

表16显示古典时期三个不同类别的人口总数及构成。公民，即18—59岁的本地男性，只有2万—4万人，从属他们的妇女、儿童及退役老人约7万—12万人。因此，城邦的主体人口，即本地人口，约9万—16万人，大抵是城邦总人口的一半。其中军人公民与佣工公民的数目之比约为1:1。

亚里士多德在《雅典政制》中提到雅典公民的职业时称，在战士之外，还包括生产粮食的农民、工艺品工人、批发及零售商人、散工。这些职业当然并不限于成为佣工的公民，也有妇女及退役老人。表16的"佣工"似乎指的是受薪公职。在提洛同盟时期，雅典国力及财力大增，不但扩大了军队，让公民军的一部分转为全职有薪的常备军，亦向参与政治者及行政工作人员发薪。比如由退役老人出任的6000个陪审员，一个人的津贴便可养活一家5口，这些受薪者的总人数约为1.8万人。此外，仅驻雅典城的常备军便有5850人，未包括约2万名参与同盟常备军的军人（表17、表18）。

表16　古典时代雅典城邦总人口

年份（公元前）	公民 18—59岁男性 军人	公民 18—59岁男性 佣工	公民 总数	异邦人 18—59岁男性	异邦人 总数	奴隶	总人口
489	15 000	20 000	140 000	—	—	—	—
431	25 000	18 000	172 000	9500	28 500	125 000	325 500
400	11 000	11 000	90 000	—	—	—	—
323	14 500	13 500	112 000	12 000	42 000	106 000	260 000

表 17　雅典黄金时代的公薪人员（约公元前 431 年）

领域	职位	人数
行政	国内外官员	1400
立法	议事会成员	500
	公民大会成员	10 000*
司法	陪审员	6000
常备军	城市卫士	50
	造船所卫士	500
	重装步兵	2500
	弓箭手	1600
	骑士	1200
	其他	10 650
总数		23 750

*公民大会成员和其他公薪类别有重合。

表 18　雅典黄金时代城市管理工作及行政人员数目（公元前 462 年起由议事会抽签选出）

工作	人数	备注
公卖	10	出租公共财产
收款	10	—
会计	10	—
查账	10	—
城市监督*	10	5 人在雅典城，5 人在比雷埃夫斯港
市场监督	10	同上
谷物看守	10	—
港口监督	10	监督港口市场、保证进口粮食的 2/3 卖给雅典城
神庙修缮	10	—
竞技裁判	10	—
司令	10	—

*工作内容包括监督女子音乐演奏收费、清道夫工作、筑房占路、道路积水、楼宇朝向及向道路开窗的情况等。

在实行公薪制后，雅典在公元前 445 年恢复了旧法律以限制公民数量，即父母同是公民者，才是公民。全权公民数量因而立即减少约

5000人，余下1.5万人。

异邦人

自梭伦改革后，雅典鼓励有技艺的外国人迁入。在古典时期，雅典建造了庞大的船队和海港，成为希腊世界的商贸中心，因而它需要各种人才，这导致大量异邦人涌入，人数达3万—4万（表16）。雅典更和同盟国签订《异邦人互惠公民权利协定》，方便异邦人处理与商务有关的契约、信贷、投诉及仲裁，保障他们的居留权、人身安全、宗教及习俗权利，以吸引异邦人迁入雅典。

雅典的这些政策对它的城市化、城市经济和城市人口产生了积极作用，使异邦人口占总人口的比例由8%增加至16%，这一比例是希腊城邦中最高的。异邦人多开设作坊、从事进出口及商贸活动、承包开矿（因公民不可从商及采矿），亦有从事医生、教师等职业者。在各行业中，从事零售和批发的人数最多，其次乃从事纺织和谷物、蔬菜进口的人。据估计，公元前6世纪，雅典有工商业者6000人，金、石、木、皮革及纺织工匠1000人，制陶工匠150人。

异邦人是自由民，但无公民权，要缴纳人头税，可拥有奴隶，有从军义务，但不可拥有土地及房屋。他们居住在雅典城和两个港口，促进城邦的工商业发展并带来经济收益。

奴隶

雅典人口中近四成为奴隶，人数达10万—13万（表16、表19）。奴隶有从黑海沿岸购买的，但大多是通过海上掠夺或战争俘虏而来的，如公元前467年的海战，雅典大败波斯，便得奴隶2万人。约一半的奴隶为佣仆（6.5万人），近半是作坊工人及杂役，又有约1万人从事采矿。公元前6—前5世纪，一个奴隶的价格为100—150德拉克马（8—12两银），而奴隶主每年可在每个奴隶身上取得100德拉克马的利润。

一些大型作坊有100人以上的工奴，中型作坊也有20—30人。奴隶出租亦是国家及私人的大生意，公元前5世纪，最大的私人奴隶主便有上千奴隶，他们把奴隶出租给矿山开采者以谋利。国家的奴隶是最高级奴隶，充任雅典城的警察和档案管理员，由国家供应膳食，并可自由选择居所。被释放的奴隶可取得异邦人身份。

表19 雅典城邦黄金时代人口构成

大类	细分	人口数	总人口
公民	成年男性：军人	25 000	172 000
	成年男性：受薪公职	18 000	
	其他	129 000	
异邦人	成年男性	9500	28 500
奴隶	佣仆	65 000	125 000
	工业	50 000	
	矿工	10 000	
总人口			325 500

雅典的经济

传统产业

古典时期的雅典农业已转型为出口型的园圃业并大量出口橄榄油和酒，而粮食的自给率只有25%。优良的陶土，加上油和酒对盛器的需求，促进了制陶业的发展，使雅典超过科林斯成为最大的陶器出口地。大理石亦是重要的出口品。公元前483年发现了劳里昂银矿，加上夺取了色雷斯金矿，两者均成为雅典建造强大海军的经费来源和政府年度收入的一部分。

希腊世界的工贸中心

公元前6世纪前，雅典工商业并不发达，但自梭伦采取重商政策后，雅典在制陶业上已胜过科林斯，有制陶工匠400人，工商业总体上也领先于各城邦。至古典时期，雅典成为古希腊的工商业中心和最繁荣的工业区，有冶金、造船、制作武器和陶器等主要工业。不少富裕地主也一反传统，兼营作坊。雅典出口的陶器上的绘画反映了当时各种经济活动的实况。在希波战争中始建的新港比雷埃夫斯（Piraeus）已建成，并以城墙和雅典相连，加上老港法勒隆（Phalerum），它们使雅典成为希腊世界最大的商贸中心。其主要出口物有油、酒、金属细工、陶器、奢侈品、武器等；进口的有粮食、亚麻、亚麻布、木材、铁、锡、铜、象牙、珠宝、皮革和奴隶。进出口市场包括大希腊、马其顿、色雷斯、迦太基、黑海、埃及和高卢，但主要市场在黑海地区。

雅典和科林斯、米利都等城市亦展开城际互市，除了向黑海及殖民地输出本地产品，也把雅典艺术家和手艺人产品转运至异邦。比雷埃夫斯港区内有巨大的仓库、造船厂、作坊、银行、公证处、旅店，亦有很多高楼大厦，是邦国内人口众多和最繁华热闹的地区。公元前5世纪，它的年贸易额有2500—3000塔兰特（140万—170万两白银），公元前4世纪时只有2000塔兰特。雅典对进出口收取2%的关税，并规定粮食进口由政府专营，其2/3要在雅典城出售。

金融业兴起

公元前450—前446年，雅典规定同盟邦国要按它的标准铸币并采用它的度量衡，使雅典的枭币和铜币被广泛采用，覆盖地中海、印度及伊比利亚半岛，造就了雅典的国际金融业。雅典亦成为首个以货币经济代替自然经济的国家：各机构使用货币交地租、交税、发工资及代替力役等。

雅典的金融商在市场和庙宇放置钱柜，办理兑换、信用证（供贸易及制造业支付）及向个人和工场贷款，如被称为"海洋贷款"的商品抵押贷款和高息船主贷款，甚至还有城邦的信用借贷。金融业极盛于公元前4世纪，如公元前371年记录了一笔50金塔兰特（约100万两白银）的生意。庙宇也加入金融业，如给个人、城市及国家贷款等。当时共有53个城邦拥有庙宇、私人和公共的钱柜（金融机构），雅典城则成为希腊世界的信贷总部，它的金融商在其他重要城市都开设了分支或设立了代理。

雅典的财政收入

雅典城邦的财政收入，除了来自关税、商业税，还包括出租矿山、盐田等国有资产，发行公债，罚款，异邦人人头税，公民捐款，战争掠夺，同盟国的5%关税和同盟国贡金等。公元前5世纪中期起，后三者成为雅典的主要财政来源。如公元前431年的总收入1000塔兰特中，同盟国贡金占了六成，在余下的海内外财政收入中，矿租仅占了一成。

高度发展的古典时期的雅典经济，特别是对同盟国的掠夺，和它的海上霸权相关；也促进了雅典高水平的城市化及文化、艺术和社会建设。正如徐跃勒（2013）引述亚里士多德的话："维持雅典公民的费用，必须一方面取之于盟邦，其他方面取之于奴隶……雅典人开始极其专横地对待盟邦。"换言之，雅典约2万公民、政客与官吏通过表面的民主，依靠盟邦的岁币与税收来维持其高水平的城市文明。这就是下节讨论的提洛同盟的实质。

"雅典帝国"（提洛同盟，前478—前404）

公元前546年，波斯在使小亚细亚希腊诸城邦臣服后，占领了希腊东北部的殖民地和埃及，控制了爱琴海，雅典的主要商道及粮食进口也因此被切断。公元前499年，米利都起义，希腊诸城邦趁机对波斯反击，拉开了希波战争的序幕。公元前481年，斯巴达组织"希腊人同盟"以对抗波斯，同盟陆军以斯巴达为首，海军主力则是雅典和科林斯。同盟在海战中大败波斯，但斯巴达因国内事变而退出同盟，使雅典负担起反波斯大任。雅典更在公元前478年组成了一个新同盟——提洛同盟。

加盟邦国由35个增加到公元前431年的250个，加盟城邦总人口估计达1000万—1500万人，军事力量包括三层战舰400艘、陆军2.7万人（表20）。同盟成为爱琴海地区的最大军事力量，亦成为雅典称霸的工具，后来被称为"雅典帝国"。

表20　雅典"战士共和国"全部军队力量

军队性质	兵种	人数
常备军	—	16 000
主力军*	重装步兵	13 000
	骑兵、射手	12 000
	徒步射手	1600
	300艘船的桨手	45 000
总军力		87 600

* 包括盟邦战士及雇佣兵。

建立同盟的目的是"劫掠波斯国王的领土，以补偿盟邦过去的损失"，盟邦的义务乃每年纳贡金及共同组建海军。按规定，雅典出战舰150艘，另150艘的建造资金由贡金支付，雅典监造；各邦按定额出桨手和士兵，但也可以用现金代替。表面上最高权力机构是在提洛岛举行的同盟会议，实际上同盟被雅典控制：同盟财政官由雅典人出任，规定盟邦的进出口物要缴5%关税；盟邦还要支付雅典诉讼费（重大案件由雅典审决）和由雅典派驻的巡阅使、监察使的费用等。

盟邦早期每年交纳贡金总额约420塔兰特，公元前425年提高至1000塔兰特。贡金原本用于军事及同盟行政，余款存于金库。公元前454年，同盟总部及金库由提洛岛迁至雅典，并由雅典公民大会决定贡金的使用，结果大部分用于雅典城自公元前447年起共20年的重建，以及比雷埃夫斯港的新建，光是后者便花了6000塔兰特。

公元前460年，同盟贡金积存8000塔兰特，公元前446年，增至

9700塔兰特。来自同盟的其他收益亦支撑了雅典通过公薪制发展起来的民主，为雅典城增加了不少就业，如亚里士多德所言，同盟资源维持了雅典2万多公民、政客与官吏的生活。顾准（1968）亦说，伯里克利建设雅典，目的是把这财富分给不同年龄和行业的人。

雅典利用同盟的集体财力与军力，控制了爱琴海和中希腊，跟斯巴达争霸，逼迫敌对者放弃舰队和加盟，更向盟邦实施军事移民，镇压不满和要求退出的盟邦。这并不是平等且民主的盟友关系。但雅典在公元前411年远征西西里大败后，元气大伤，无力抵御斯巴达的新攻势。公元前404年，雅典向斯巴达投降。

公元前450—前420年，一位喜剧家对"雅典帝国"有如下的评语："雅典人授权给伯里克利，使诸城邦纳贡，吞并诸城邦，或剥夺其自由，或任意予以奖励，容许它们建筑城墙，却又加以摧毁；他有权去破坏和平协定以增加国帑，使雅典公民富裕。"按照这个解释，似乎雅典的黄金时期来自强权、征伐、剥夺，而并非因为它建立了民主与公正的体制。

通过控制同盟和掠夺其资源，雅典的城市建设走向高峰，同时亦影响了整个爱琴海地区的城市化及城市文明的进程。

爱琴海古城市文明后期：城邦时代的城市

历史渊源

爱琴海古城市文明诞生于希腊本土和爱琴海域，自克里特文明起，古希腊人与海盗及海上贸易便已结下不解缘。在这个地理背景下，从建筑与城市艺术及其演变次序看，爱琴海古城市的发展可分为克里特时期、迈锡尼时期和古希腊城邦时期三个阶段。

克里特时期城市的特点，如上文所述，主要体现在克诺索斯、费斯托斯及马利亚3座王宫城市上。王宫融合寺庙、君主宅邸、手工业工场及商业中心于一身，是个政治、宗教与经济中心。王宫内有许多房间，它们围绕着一个中央广场，广场四面有廊道和阶梯相连，柱子都由埃及传入。不过王宫和城市都没有围墙。

迈锡尼时期的城市，为防御海盗攻击，多远离海岸，是建在山丘上的城堡。主要城市的中心都兴建了大型克里特式宫殿。宫殿的中央庭院被迈加隆取代，绘有壁画，是来自小亚细亚的宫殿风格。大殿四面是王及贵族的房间，围绕中心大殿的乃储存酒、橄榄油、奢侈品的仓库及手工工场、行政办公用房和档案馆等。

城市结构特点

迈锡尼时期的城市多在黑暗时代失去了其重要地位，但也有部分城堡演变成后来的卫城，成为古希腊城邦时期古风时代和古典时代城市的旧中心。由于民主和商贸的发展，古风时代的古希腊城市围绕着两个中心发展：卫城成为宗教中心，广场则是一个多功能中心，反映了上述主导这一时期爱琴海古城市文明的主要动力。城市的主要宗教功能以及建筑与艺术精华都集中在卫城，因为卫城是王和神的家园，在意义和地势上都处于城市高地（详见下文雅典城案例）。

由迈锡尼王宫广场迈加隆演变而来的市场和广场（阿果拉）位于旧城边缘或卫城山脚，是体现城邦政治和用于公民集会的场所。与克里特和迈锡尼的王宫广场不同，阿果拉不单是大型公共空间，更是个全功能的中央区，是城市日常社交、营商和政治活动的集中地。在新建城市规划中，它也是整个城市的核心。它的重要性反映了当时社会把政治、学术交流和商业活动置于家居生活之上。有时一座城市会有多个阿果拉，如海港城市多有一个位于港区的阿果拉。此外，城市还有一个或多个文化区（竞技场、剧场等）、宗教区（圣地）、住宅区、码头和海港。

整体而言，城邦时期的城市可分为3个部分，即居住区，祭祀区（卫城）和公共活动区（阿果拉），但区与区之间并无明确界限。祭祀区也是景观观赏区，因此与其他区有一定距离。总的来说，城市布局来自自然演进，但对公共政治及社会活动的强调，明显地影响了城市的观感和布局，使城市自然而然地形成一个统一、开放、功能分区不明确的整体。居住区无等级之分，但都在道路两旁且容易通往公共活动区，体现了全体利益和公共参与。

由于城邦的人口统计零碎且模糊，要估算城市人口显得更困难。修昔底德认为，公元前5世纪，大多数雅典人仍住在乡村。在伯里克利时期，雅典城邦公民约有4万人，全体自由民约15万人，另有约15万奴隶。但城邦总人口中近一半人（约15万）住在雅典城和它的外港比雷埃夫斯港里。在其他邦国，很少有城市人口达到15万人的，因此，雅典城是古典时期爱琴海地区城市人口较多的特大城市。

城市规划理论

古典时期以前，古希腊城邦城市的发展十分自由，基本上没有规划。但到古典时期，民主制度出现，影响了城市的发展与规划，一套城市发展新理论和新概念被创建出来，推动了城市规划的产生，即：（1）建造了圣地建筑群艺术的最高代表——雅典卫城；（2）出现了柏拉图和亚里士多德的"理想城市"理论；（3）营造出理性的希波丹姆的城市规划模式。有关雅典卫城将在雅典城市案例一节讨论，在本节我们简单介绍柏拉图与亚里士多德的理论和希波丹姆的城市规划模式。

理想城市：柏拉图与亚里士多德

柏拉图和亚里士多德对希腊城邦的理想功能、选址和规划原则的论述，体现了爱琴海古城市文明的城市性质和功能皆反映了当时的社会与政治发展的特点，是古希腊城市规划思想的重要成就。

对城市的目的和性质，亚里士多德有句名言："人们为了活着，聚集于城市；为了活得更好，居留于城市。"这反映了城市与人息息相关，

第四章 爱琴海古城市文明 237

而且城市能满足人类生活的需求。他说，城市的目的就是达致"某种善"：城邦由中心城区和周边领土（城郊，chora）构成，中心城区或城市只是城邦的一种形态或一个部分，是有别于乡村的另一空间，也是城邦的中心和活动中心。城邦是为美好生活而存在的，个人和城邦的终极目的都是"善"，但公民的集体活动所实现的善比个人所能实现的善更高级、更完整，因为个人在城邦的公共政治生活中能最大限度地实现自己的德性。同时，城市亦成为展示自我、培养公民民主意识与公共精神的场所。公民行使职权的主要场所就是城市的公共建筑和公共空间，如市政广场（阿果拉）、神庙、露天剧场、运动场、柱廊等，它们都是城邦公共生活的载体，为城邦公有，向公众开放。换言之，它们是达致"善"这个目的的硬件。因此法国学者韦尔南说："城市一旦以公众集会广场为中心，它就成为严格意义上的城邦。"

要获得能达致"善"的德性与美好，理想城市可从三方面发挥作用：一是建立神庙等宗教性公共空间使公民的宗教生活得以开展。在神庙举办各种活动给公民共同参与，能使他们获得美好生活的精神保障，以及强烈的认同感与凝聚力。二是通过市政性及文体性公共空间，使公民的政治生活与日常生活密不可分，从而强化民主与集体观念。阿果拉是城市中最有活力的公共活动中心，能为公民营造严肃的、分享的、共命运的气氛，公民可以在其中施展抱负，并在行政和司法上参与决策。三是要控制城市规模，使公民彼此间能紧密接触与交流。正如杰费里·帕克精辟总结道，古希腊人秉持"小是美，任何东西都要适合于人的规模，城邦也像其他东西一样要适合于人的需要"。

对城市的选址，亚里士多德认为：城市"应尽量按环境所许可，建设为联系陆地和海洋的中心，也是全境的中心"，"既是全邦的一个军事中心……也应该是一个商业中心，具有运输的便利，使粮食、建筑用木材以及境内所产可供各种工艺的原料全部都易于集散"。因此，中心城市的规划应考虑三个因素：健康，包括有良好的向阳位置、避开北风、有充足的水源；安全，即城市不应以笔直线条设计，既要美观又要有防御工程，近海是错误的；政治活动的便利和军事活动的便利。

对于城邦的内部规划，柏拉图建议将雅典城邦分为 12 个部分。卫城为神庙所在，围以圆墙。中心城市和国土（country）从卫城起向外辐射伸展为 12 个分区，并以下列方式取得平等：占好地的，面积稍小些；占次地的，面积稍大些。地块总数为 5040 份，其中每份又一分为二，使每份地块都包含有两个部分——其中一块地临近城市，另一块地则在远郊（这个分法成为 10 个新氏族的分法的基础，图 59）。这样，城邦的地区在资源上便可达致平等，享有同等的政治权责。城市的 12 个分区也参照此方法划分。每个公民有两个住所，一个在中心城区，另一个在偏远地带。这样，以血缘为基础的传统氏族在空间上被瓦解，成为平等的公民。

在城市中心的规划上，柏拉图认为："庙宇应该置于广场的四周，整个城市应建在圆周中心的高地上，以利防守和清洁。"此外，他建议私人住宅应当建在一起，朝向街道，整体上看像城墙一样，这样既考虑了防御和安全，也兼顾了整齐划一的建筑美感。亚里士多德更把广场分为相互隔离的集市广场（commercial agora）和集会广场（free agora）。前者为买卖交易之所，选择适宜开展商业的良好位置；后者为公民的公共活动及城邦政治生活提供场所。非公民的商人、工匠和农民不准进入集会广场，柏拉图则主张把外籍商人置于城外，并让公民尽可能少与其来往。

总言之，柏拉图和亚里士多德是从政治理论和道德层面建构理想城市。但和当时的民主思想一样，他们的观点反映了雅典社会狭隘的公民概念和阶级的局限性。

希波丹姆的城市规划

城邦时期的大殖民活动推动了新的城市化，对高效建设新城的需求不断上升，加上美学观念的逐步确立和自然科学、理性思维的发展，古希腊出现了新的城市规划模式——希波丹姆模式。它以棋盘式路网作为城市骨架，构筑布局明确且规整的城市公共中心，使城市兼具秩序和美感。

　　棋盘式路网的城市布局在中国夏代的首都、埃及的拉罕城、美索不达米亚的许多城市以及印度的摩亨佐达罗城已被应用，但希波丹姆将之系统化，并用以体现城邦时代的民主和平等的城邦精神。他按照当时的政治、宗教和城市公共生活要求，在城市中心平面上设计了两条宽广并相互垂直的大街，在大街一侧布置了中心广场。他又将城市的土地用途分为3个部分：圣地、公共建筑区和住宅区。住宅区又细分为工匠、农民、城邦卫士和公职人员区。

　　具体地看，希波丹姆规划的城市有以下特征：

1. 注重防卫设施与功能；
2. 有严格的土地用途与分区；
3. 几何形的布局；
4. 由4个部分构成：防卫城墙和卫城，圣地和庙宇区，周边有柱廊的阿果拉和与其相连的公共建筑、商店，以及用棋盘式街道分隔的住宅区。

　　希波丹姆主持了米利都城的重建，规划了雅典外港比雷埃夫斯和意大利的塞利伊城，以后地中海沿岸的希腊殖民城市，大都按照他的规划建设（见下文城市案例，图60）。因而这种新城市布局形式被奉为典范，希波丹姆更被称为"城市规划之父"。

城邦时期的城市案例

　　在本节里，我们将讨论古希腊城邦时期的城市案例以突显这一时期城市在功能与结构上的特色，来说明城市的发展过程、空间结构和规划

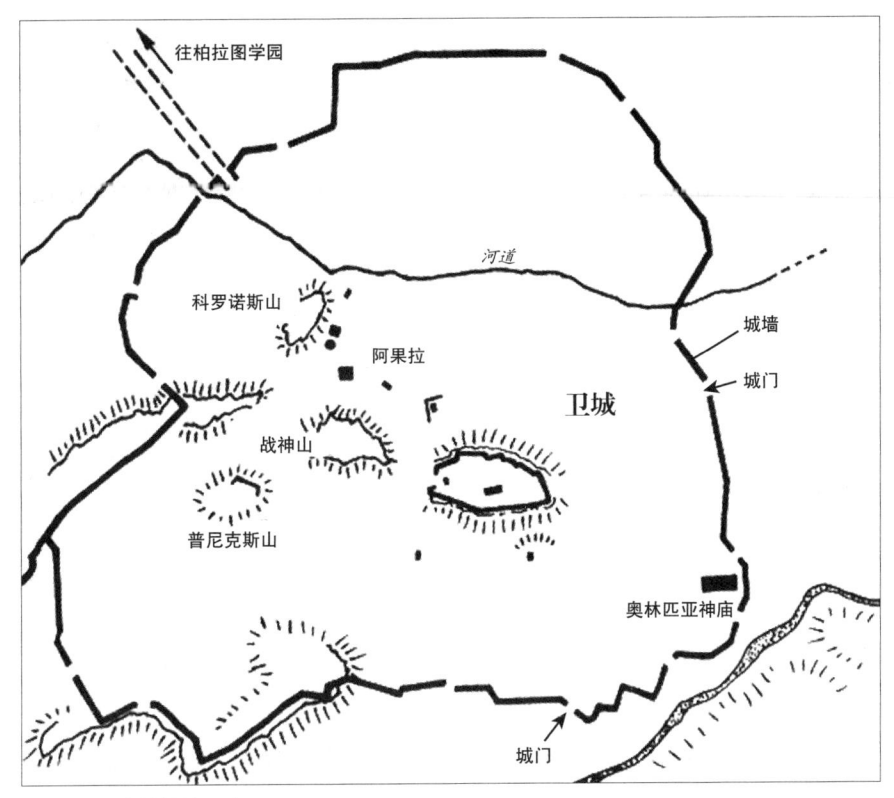

图 60　雅典城城墙及小丘

原则。因为雅典城具有代表性且资料较多，我们对它进行较详细的介绍。米利都代表了典型的希波丹姆规划，奥尔比亚（Olbia）和墨伽拉希布利亚（Megara Hyblaea）则分别代表了黑海区及西西里的殖民城市。

雅典城

地理环境、发展过程和主要功能

阿提卡半岛上有多个小丘，其中一个因有泉水，自公元前13世纪便已建了个小城堡（图60）。公元前9—前8世纪，围绕城堡出现了由山坡自然扩展至战神山的阿果拉。后者最初是防御中心、宗教中心，后来在统一运动中成为城邦的政治、经济和文化中心。雅典城体现了这时期的城市特点——"重集体生活，轻私人生活"，众多公共建筑与公共空间展现了它的辉煌，但仍有住房、用水、排污与道路建设不足等矛盾。

梭伦执政时，卫城山下建了一个新广场，被称为"梭伦广场"，用于体育竞技比赛和文化娱乐活动。其后广场四周修建了神殿和反映新民主体制的广场、议事厅（bouleuterion）、法院和柱廊等（彩图62）。因而在卫城下，以梭伦广场和忒修斯广场为核心，形成了下城区，卫城则演变为宗教圣地。

雅典城在希波战争时受到严重破坏，公元前447—前432年开始重建。卫城新添了以大理石建筑的山门（propylaea）和3个主神殿。但重建主要集中在下城的公共建筑、公共空间和城市设施上，如元老议事厅、剧场、俱乐部、画廊、体育场、商场及作坊。重建后的卫城和阿果拉成为希腊文化最辉煌的标志（彩图62、彩图63）。城市学家芒福德甚至认为雅典城的成就，超过了古埃及人或苏美尔人几千年的成就。

在雅典城全盛时，2.5平方千米的城区内，人口超过10万。希波战争后，雅典才建造城墙，此时也重新规划了比雷埃夫斯港。城区内添加了棋盘式路网、堡垒、船厂、码头和旅店等，并修筑了6千米长的北、南、中三面防御墙，将新港、旧港法勒隆和雅典城连在一起，构成一个面积达10平方千米的大城，使雅典同时拥有内陆城市与海港城市的优点（图61）。

比雷埃夫斯港新建的住宅街坊以方格网划分，强调平等的居住条件。但雅典城区仍保留原始的乡村住房形式和落后的卫生设施：街坊狭小，贫富混居，平房大小和住宅质量不同，街道曲折狭窄，排水系统和铺设路面的道路只在个别街区存在，废物和污水收集系统很差或根本不存在。古希腊作家狄卡伊阿库斯（Dicaearchus）曾说过：雅典满是尘土，十分缺水，多数住宅区肮脏、破败、阴暗。贵族等上层人士都住在乡郊的大宅，只有商人、工匠和雇工住在城内。

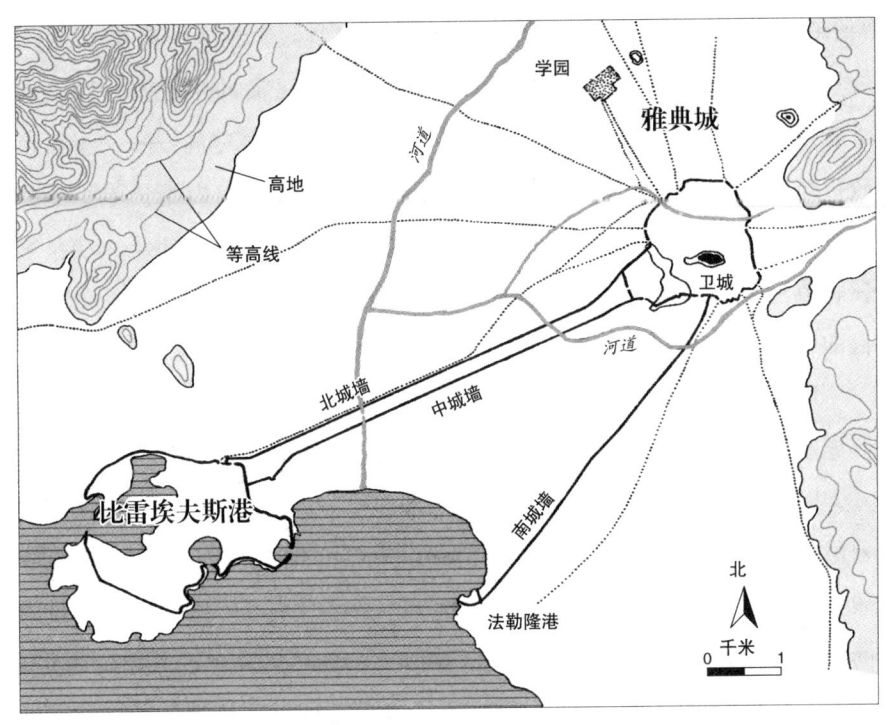

图 61　雅典城与外港（前 5 世纪）

公共建筑、公共空间与公共生活

　　对公共建筑的高度重视是城邦提升公共生活品质的体现。城市虽然缺少统一的规划，没有宏大的王宫，但有壮丽的卫城和广场上的公共建筑，后两者是城市的最大特色。伯里克利为了建设和美化雅典，动用了同盟贡金重建卫城并兴建了邻近的大剧场、音乐厅和大型雕塑像等一大批公共文化工程，使雅典城成为古希腊最美丽的城市和"全希腊的学校"。卫城更是精华所在，它的建筑群依循旧习，顺应地势，没有轴线。但从卫城可以看到山峦秀色，其视觉观赏需要是按祭祀雅典娜大典的路线来设计的（彩图 62），能兼顾朝圣者的行进路线与山上山下、城内城外的视觉效果，结合了自然主义与人本主义，以物化的形态展现城邦时期文明高峰期的民主、自由、卓越与乐观精神。因此，威尔士说：

第四章　爱琴海古城市文明　243

"伯里克利不仅在物质上重建了雅典城，而且复兴了雅典的精神。"

卫城之下有政治上更重要的市民广场及平民活动中心。法国著名学者维达尔-纳凯认为，"城邦创造了一种全新的社会空间——一个以市政广场及其公共建筑为中心的公共空间"，城邦的"权力不再限于王宫之中，而是置于这个公共的中心"。这些公共空间与公共建筑，涉及宗教、政治、市政和文娱体育等方面，都以吸引和汇聚整个城邦的公民为目的，体现了雅典城在古典时代的政治与社会发展状态（图62）：

阿果拉/市政广场 它早期位于距卫城不远的城市主入口，与卫城形成双核心。其后，阿果拉在功能上超越卫城，成为城市最有特色的地方，既是公共空间，也是城市心脏，即整个城邦的政治、社会、宗教、公民、司法中心。阿果拉前期是个无组织和不规则的开放空间，毗连神殿、雕像、喷泉、手工作坊和临时货摊，同时是商业、聚会和讨论哲学的场所。后期的广场建有英雄墙，竖立了10位传说中的英雄的铜像，代表城邦新创造的10个部落，这10个新部落取代了传统的氏族及氏族政治。墙身亦用以张贴政府公告、民意及法令。

公民大会 公元前5世纪前，它在普尼克斯（Pnyx）小山上的迈锡尼王宫旧址举行，后来迁至阿果拉举行（图62中柱廊围绕的空间）。

议事厅 早期位于阿果拉西的战神山（Areopagus）近忒罗（tholos，圆形厅）处。公元前5世纪在广场边建了新议事厅，旧议事厅便成为神庙（图62中的T）。

执行委员会/市政厅 它保留了黑暗时代王者的家，即宫殿与神庙的特征。这里有灶神的长明圣火，殖民头领在此取火，于殖民城市公共会堂内点燃，以表明与母邦的关系。此建筑亦是市政管理处和公共会堂，是城邦政治和国民事务的档案馆（图62中的C）。

陪审法庭 位于市政广场，从梭伦改革起便一直与阿果拉连在一起。

忒罗 这种近似神庙的圆形建筑是议事会成员公餐的食堂，议员分批在此用餐。这里也举行祭祀和存放度量衡工具（图62中的C之北邻）。

图62 雅典的市政广场及其周边建筑（1世纪）。图中的建筑除了个别罗马新加建筑（如广场内的剧场及神庙），基本保留了公元前5世纪时的形制：S.柱廊及广场空间；T.神庙；C.议事厅；市政厅；L.图书馆；O.剧场；A.卫城

柱廊 它位于阿果拉边沿，是由长形列柱构成的空间，最早于公元前7世纪出现，公元前5世纪时成为城市特色。外排柱为多利安式，内排柱为爱奥尼亚式。它汇集政治、商业、健身等功能。执政官在其中的神坛宣誓就职，新法律也在此处的石碑上展示。它还是公民集会和闲谈的场所（图62中的S）。

圣地、神庙及祭坛 古风时代，神庙多建在城邦边沿地区，以神的名义宣示领土主权。城邦形成后，神庙移至城邦的中心高地和阿果拉。雅典的神庙多建于僭主庇西特拉图执政时。

剧场 剧场在公元前6世纪为庆祝酒神狄奥尼索斯（Dionysus）节而设计，公元前5世纪初重建为狄奥尼索斯剧场（图62、图63）。它依山而建，呈开放式半圆形，观众站于山坡或坐在木椅上，后来座位改为石座。剧场分为观众区、乐队区、置景及舞台区。

其他城市公共建筑和设施还包括音乐厅、健身房、摔跤场、田径场、跑马场和浴室等。

米利都

米利都位于小亚细亚的爱奥尼亚，是与黑海贸易的重要城市。城市坐落在门德雷斯河（Maeander River）河口的半岛上，四周是肥沃的耕地。铜器时代晚期，从小亚细亚及希腊迁来了不少移民，取代了原来的居民，并成为赫梯帝国的一部分。后来，米利都成为克里特人的殖民地，是个有防御设施的城市。其后它又成了迈锡尼在小亚细亚的重镇，但在迈锡尼文明末期被"海上民族"毁灭。黑暗时代中期起，它是希腊半岛亚该亚人的逃难之地。

在古风时代，它积极对外殖民，在黑海开拓了数十个殖民地。城市规模也扩大了，几乎覆盖整个半岛，米利都成为爱奥尼亚最有影响力及最富有的城市。它的财富来源于沟通希腊、意大利、中亚、中东和北非的贸易，以及为数众多的殖民地。它亦是古风时代古希腊文学、哲学与

图 63 大剧场复原图

科技的发源地。这时的城市大体上十分规整，在两个海港中间有雅典娜神庙，旧城围绕着神庙发展，但其他遗存很少。

城市在公元前495年被波斯毁灭，壮年公民全部被杀，妇女及儿童被卖为奴隶，青年则被卖作阉人。公元前479年波斯大败后，城市按照希波丹姆的新规划重建，被认为是希腊城市规划的典范之作。城市三面临海，四周筑有城墙，有两个天然良港。路网呈棋盘式，两条主要的垂直大街从城市中心通过。中心的开敞式空间呈L形，有两个面向海港的广场，将城市分为南北两个部分。城市中心东北部及西南部为宗教区，北部与南部为商业区，东南部为主要公共建筑区。两个广场都呈规整的长方形，周围有敞廊，为公民政治及商业活动提供空间。两个广场中间是议政会议建筑（图64）。

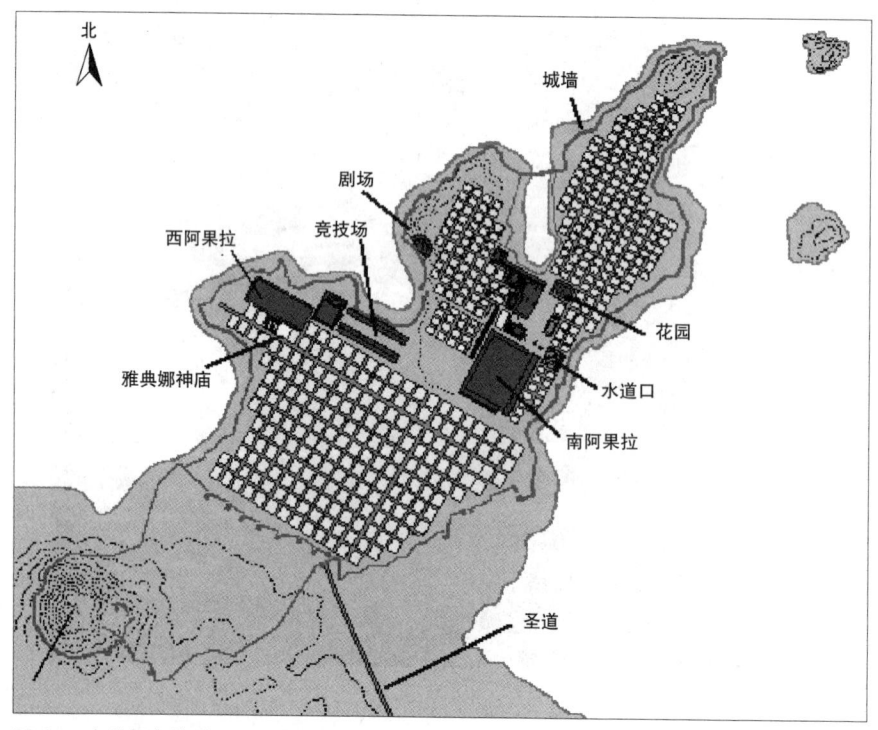

图64 米利都土地利用及结构图

米利都采用了希波丹姆的规划，体现了当时民主和平等的城邦精神。它和中国封建都城的轴线对称的规划思路完全不同，表现出以下特点：内部结构呈棋盘状，街道平行或垂直交叉，街区呈长方形，部分街区空地充当广场并建有公共建筑；城市中心的大建筑物、神庙和屋脊的朝向都是一致的；住宅已经由地中海式的中庭式住宅发展为柱廊庭院。但城市轮廓和城墙仍然是按照地形安排，无固定形状。

公元前5世纪，米利都在雅典与斯巴达争霸的夹缝中生存，于公元前334年被亚历山大大帝征服。

奥尔比亚

地中海西部的殖民城市多建在易于防守的山脊上，且一定有个天然良港，因为它们的目的是贸易。城内主干道穿越市区，房屋和其他建筑多建在两旁，给人规整的感觉。与以农业为主的殖民城市不同，对于这类以贸易为主的殖民城市而言，一个系统地划分土地的规划并没有必要，奥尔比亚正是这种殖民城市的代表。

公元前7世纪，米利都人在黑海乌克兰南布格河（Southern Bug River）东岸建造了奥尔比亚，彰显了殖民城市在空间发展上的规整倾向。城市腹地资源丰富，主要有粮食、水产及奴隶。它亦向其周围区域转卖阿提卡的产品。此城还以海豚铜币驰名。

城市占地约50万平方米，建于两个古河滩上。公元前6世纪末，上河滩建成一个棋盘状的"大框架"，形成了上城。这里有阿果拉（中心广场）、三角形公共建筑区（卫城）和住宅区，阿波罗神庙则建于公元前5世纪。下河滩即下城，主要用于私人发展，亦有码头、仓库及手工业区。在阿果拉的西沿，有南北向干道穿越整个城市。在东部有两条平行干道建于上、下河滩之间。住宅区多呈方形，但大小并不一致。西北部及西部的城墙是稍后才建造的（图65）。

考古人员发现了上城和下城的一些遗存，包括数个墓地和古典时代

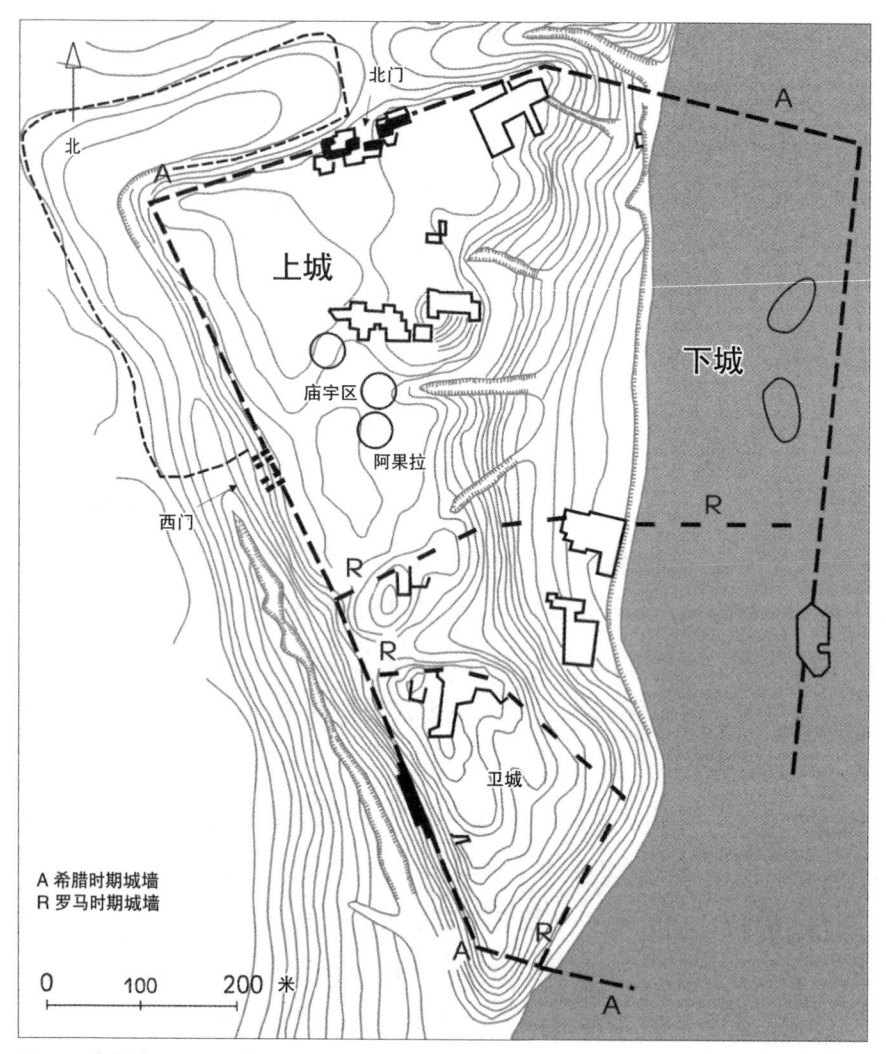

图 65　奥尔比亚平面示意图

的房屋。城市在公元前 331 年被亚历山大大帝的将领征服。

墨伽拉希布利亚

这是希腊本土城邦墨伽拉于公元前 735—前 728 年间在西西里建立的殖民城市。它位于叙拉古西北面约 20 千米，建在两个山嘴上，以开拓本土及邻近海岸平地的农业资源为目的。城市的规划体现在土地利用的分区和数种不同的路网上。最早的房屋分布和街道走向是一致的，显示出阿果拉、主街和东部住宅区是同步建造的。西部住宅区建于较后期（图66），前后一共建了5个住宅区，各有不同的街道系统，以容纳不同时期的新移民。在阿果拉南面和北面，两条东西向干道分别将东部住宅区与西部的两个神庙和住宅区连在一起。在东部，南北向主干道与住宅区的街道将该地区划分为住坊。住坊有南北向的围墙将内部空间进一步细分，而坊界是低矮的石阶，把坊和街道分隔开来。

公元前7世纪，城市极其繁荣，住宅区增加，房屋面积加大，阿果拉亦有新一轮的建设，邻近住坊则被新增的公共建筑取代，公共建筑与住坊间也建造了隔墙。公元前6世纪末，城市增筑了城墙。但希布利亚没有总体规划，它的发展建设基于城址的地理环境，以及在一个长时段里对环境变迁的适应。虽然如此，整个城市仍显得紧凑且协调，因为从一开始，它的发展就依从了一些基本原则：土地利用分区，街道走向依从旧城，利用主干道和街道来构成长条形住坊，将公共的、宗教的和私

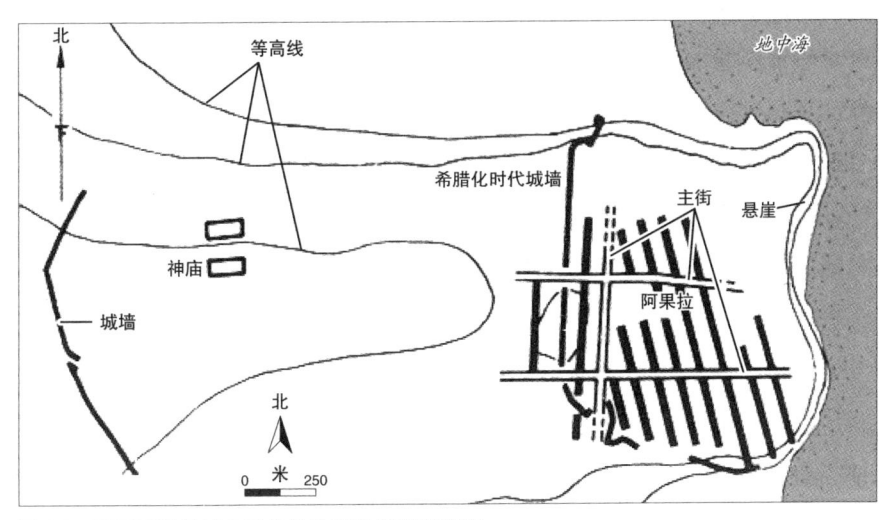

图66 西西里殖民城市墨伽拉希布利亚平面简图

人的需求糅合成一个整体。这些做法均成为古希腊在地中海和黑海的殖民城市所依从的原则。

希布利亚建立约100年后，在西西里西南发展了一个新殖民地塞利农特（Selinunte）。公元前483年塞利农特被叙拉古征服，市民被卖为奴隶。后来叙拉古人新建城墙以抵御雅典人的入侵，战败后城市被废弃，直到公元前340年该城才成为另一希腊城邦的殖民地。

结论：古希腊城邦时期城市文明的特点与意义

在本章第一节，我们便指出爱琴海和古希腊都不是个国家概念。长达一千多年的克里特文明和迈锡尼文明是爱琴海古城市文明的前期部分，它们各有不同的城市和殖民地，包含不少独立的城邦式政治实体，但这时的爱琴海还没有出现统一的或泛希腊的政治意识和实体。爱琴海地区要到公元前776年第一次古代奥运会后，才出现操希腊语、有共同神祇但大小不一的城邦，逐渐形成了泛希腊身份和形象。虽然如此，爱琴海地区在整个横跨约400年的城邦时代，最终仍没有形成大统一局面。

特有的自然地理环境，便利的海运，处于欧、亚、非三洲的交汇处，造就了爱琴海古城市文明的商品经济发达、工业和农业面向海外市场等特点。这些特点，以及在黑海和地中海沿岸的持续不断的殖民活动，都表明了爱琴海古文明与两河流域、埃及、印度河流域和中国等古文明的明显不同。此外，城邦时期的城邦与东方远古时期林立的小国及其城市相比，也带有鲜明的个性。我们列出这些个性并尝试做出解释，以此为本章的总结。

一、爱琴海古城市文明没有由众多小国或城邦走向统一帝国，背后是什么原因？是不是雅典式的民主存在着鲜为人知的缺陷？在伯里克利的民主体制中，500人会议、议事会、执政官和政府的重要职位都以抽签的形式选出,不考虑被选者的贤愚或意愿,同时被选者一生只可出任一年。或许公民因此感到体制缺乏严肃性,无论是公民大会或议事会,出席率都低于一半。此外,雅典在民主政治、军事与经济最盛时缩减公民数目,只容许父母都是公民者成为公民,却又不把民主推广至整个"雅典帝国",这是为何?

实质上,雅典的民主和氏族社会的贵族专政十分相似,都是小圈子专政,由控制军队的氏族贵族在背后操控。海军中第三、第四等公民在维护安全及城邦的霸权上很重要,民主的主要目的就是安抚他们,以保持军队的战斗力。是以民主改革从未触及十将军的产生和可连任的安排,也从不涉及或要求取消陶片放逐法。通过军队的掠夺,雅典赢得了财富,推动了经济发展,造就了城市建筑的辉煌和公民轮流执政的民主假象。换言之,伯里克利以金钱和就业笼络公民大会和议事会的成员(一半为三等以下公民),后者亦因分享了战争掠夺的果实和社会地位,任由他独断独行了30年,包括拥有军权、可召开公民大会,亦可不经公民大会而决定发动战争等。这个"民主之父"实际上限制公民权,更以陶片放逐法将前任西蒙推下台,亦放逐了多个强大政治对手,以巩固其专权。

曾推动民主改革的古代雅典政治家克里斯提尼坦言:雅典的政治、外交和军事上的许多事情都是由其商业利益决定的。解光云(2006)认为,雅典政治家都以扩大本邦势力、征服和奴役异邦人及称霸为目的。修昔底德认为,军事强人伯里克利的死对雅典是个致命伤,由于继任者低能,他们偏向民粹而不是实用,政策不定,并且煽动了人性中的恶,这或许能说明是一个强有力的个人而不是民主体制支撑了雅典的"黄金时代"。

二、古希腊的城邦政体与其因地理资源而形成的小国寡民,以及要面对邻国竞争和海上侵略有关。为了自保和发展,各小国都需要一支强大的军队。雅典和斯巴达采用了能够达到这个目的的两种不同的体制,它们的政策目的也是一样的,即可随时召集一支有战斗力的国民军。同时,不论城邦采取民主政治或贵族专政,公民的义务与权利都是基于对奴隶和异邦人的不平等对待与剥削之上的。因此，不同体制的城邦政治和民主权利与义务都只是在公民小圈子内实现利益交换而已，不像东方体制那样可以吸纳更多人，形成君主专制并将城市发展为统一帝国。在狭隘的利己思想下，雅典更以提洛同盟为口实，掠夺其他邦国资源，但不吸纳后者共同发展，从而错失了迈向统一、形成真正的帝国的机会。

三、雅典军事上的掠夺和财富积累，加上发达的商品经济和宽松的政治氛围，使古典时期的雅典城创造了杰出的文化成就：雅典的重建及新海港的建设吸引了著名的建筑师、规划师及雕塑家；公薪制更兴起和促进了戏剧、雄辩术及民主生活。在伯里克利的友人中有哲学家阿拉克萨哥拉斯（Anaxagoras）、雕刻家菲迪亚斯（Pheidias）和历史学之父希罗多德等。雅典的苏格拉底成为哲学宗师，在他之后的四大领头人柏拉图、亚里士多德、伊壁鸠鲁、芝诺都来自雅典城。解光云说："以城市为中心的雅典城邦留给后世的遗产是丰富而伟大的，成为西方人力量和智慧永不枯竭的泉源。"

四、古希腊城邦时期体现了城市，特别是海港城市，在国家经济及社会发展上的作用。城市亦因应海上贸易、军事和公民政治的需要，在空间结构与公共设施上开创了新局面。以雅典为代表，在传统王宫和神庙所在的旧核心卫城之外，建设了新核心阿果拉或市政广场，配合了城邦新政治和新经济的发展，以重视公民集体生活和工商业活动、轻视个人生活环境为时代特点。因而古希腊城邦在城市发展史上创造了一个新模式，与两河流域和古埃及的城市以王宫和神庙为核心明显不同。同时，它在扩大公民集体的政治空间外，增加了不少用于体育竞技和文化娱乐的公共设施，这些措施亦反映了城市建设"重集体"的特点，成为城市土地利用发展上的先例。

在建造殖民城市和重建旧城等客观需求下，城邦时代出现了城市规划理论，提出了城市规模、公民参与、城市和城邦的关系，以及城市的目的是让生活更美好等系统性观念。规划者们更认为城市规划必须具有安全性、可持续性，顺应自然，以达致善和美。这些理念贯穿于希波丹姆以棋盘式路网与住坊为特色的规划模式，以及城市公民的集体政治活动和行政空间中。规划理论、观念、模式，再加上其他公共活动设施，如剧场、竞技场、浴池等，都成为希腊化时代和罗马时代上千年间西方城市建设的范式。我们同意解光云的总结："希腊文明最重要的影响，不论是对基督教还是对罗马而言，最终还是通过城市在起作用。"

总言之，爱琴海古城市文明，从克里特文明起，就是环绕海上贸易与殖民发展起来的文明。到古希腊城邦的崛起，这一古城市文明进入了更高速、更辉煌的城市发展期。在后期的爱琴海古城市文明中，我们见证了古典时期里，特别是以雅典城邦为代表的两种矛盾：政治体制上，公民小圈子的民主发展与对奴隶和外邦人不公平的矛盾；城市公共建筑的辉煌与市民居住环境的恶劣的矛盾。我们也认识到，在古希腊城邦中，个别领导人的能力比民主体制的作用更为重要。反过来，民主亦阻碍了城邦向帝国发展，导致邦国间互相征伐而给了外敌入侵的机会，造成了古希腊城邦时代的终结。

公元前433年，雅典因为害怕科林斯的壮大，干预科林斯和它在西西里的子城科西拉的冲突。它的远征军于公元前411年在西西里大败，引发雅典重大党争，寡头派在斯巴达支持下推翻民主，取消议事会，建立了寡头政治，停止了公共政治生活。在这之前因伯里克利突然去世，军队的新领导不能驾驭议事会，权力落入名望较低的私利者手中，导致军事混乱、内耗增加，这是此后战败的重要原因。公元前403年雅典恢复民主，但议事会仍只是个党争战场。

后来雅典联合科林斯、底比斯等城邦反击斯巴达，令波斯趁机插手希腊事务。斯巴达竟与波斯和解，因而在城邦中更为孤立。公元前371年，底比斯大败斯巴达，雅典又联合斯巴达对付底比斯。概言之，雅典与斯巴达的争霸耗尽了希腊各城邦的力量，最终由马其顿在公元前338年征服了整个希腊世界。

参考文献

中文文献

陈恒（2001），《失落的文明：古希腊》，上海：华东师范大学出版社。

费尔南·布罗代尔著，蒋明炜等译（2005），《地中海考古：史前史和古代史》，北京：社会科学文献出版社。

冯作民（1979），《西洋全史》，台北：燕京文化事业股份有限公司。

拱玉书（2001），《日出东方：苏美尔文明探秘》，昆明：云南人民出版社。

拱玉书、颜海英、葛英会（2009），《苏美尔、埃及及中国古文字比较研究》，北京：科学出版社。

顾准（1986），《希腊城邦制度》，北京：中国社会科学出版社。

郭文（2001），《欧洲文明之源：古希腊罗马考古大发现》，北京：中国纺织出版社。

金观涛、王军衔（1986），《悲壮的衰落：古埃及社会的兴亡》，成都：四川人民出版社。

柯尊文（2005），《你应该知道的欧洲史》，北京：九州出版社。

库朗热著，谭立铸等译（2006），《古代城邦：古希腊罗马祭祀、权利和政制研究》，上海：华东师范大学出版社。

林之满、萧枫主编（2008），《高贵典雅的古希腊文明》，沈阳：辽海出版社。

刘健（2003），《苏美尔王权观念的演进及特征》，《东方论坛》第 5 期。

刘文鹏（2000），《古代埃及史》，北京：商务印书馆。

刘文鹏（2008），《埃及考古学》，北京：生活·读书·新知三联书店。

刘欣如（1990），《印度古代社会史》，北京：中国社会科学出版社。

日知编（1989），《古代城邦史研究》，北京：人民出版社。

沈玉麟（2009），《外国城市建设史》，北京：中国建筑工业出版社。

孙道天（2004），《古希腊历史遗产》，上海：上海辞书出版社。

王尚德（2010），《希腊文明》，台北：华滋出版社。

希罗多德著，王嘉隽译（1959），《历史》，香港：商务印书馆。

解光云（2006），《古典时期的雅典城市研究：作为城邦中心的雅典城市》，北京：中国社会科学出版社。

修昔底德著，谢德风译（1978），《伯罗奔尼撒战争史》，北京：商务印书馆。

徐跃勤（2013），《雅典海上帝国研究》，北京：中国书籍出版社。

许倬云（2009），《历史大脉络》，桂林：广西师范大学出版社。

薛凤旋（2015），《中国城市及其文明的演变》，北京：世界图书出版公司。

亚里士多德著，日知、力野译（1957），《雅典政制》，北京：生活·读书·新知三联书店。

易宁（1994），《论南部两河流域古苏美尔时期城邦政体》，《北京师范大学学报（社会科学版）》第3期。

赵伯乐（1999），《永恒涅槃：古印度文明探秘》，昆明：云南人民出版社。

英文文献

Adams, R. M. (1972). Patterns of urbanization in early Southern Mesopotamia. In Ucko, et al. (Eds.), *Man, Settlement and Urbanism*. London: Gerald Duckworth.

Adams, R. M. (1981). *Heartland of Cities*. Chicago : University of Chicago Press.

Adams, R. M. & Nissen, H. J. (1972). *The Uruk Countryside*. Chicago: University of Chicago press.

Agrawal, D. P. (2007). *The Indus Civilization*. New Delhi: Aryan Books International.

Algaze, G. (1993). *The Uruk World System*. Chicago: University of Chicago Press.

Algaze, G. (2008). *Ancient Mesopotamia at the Dawn of Civilization: The evolutionary of an urban landscape*. Chicago: University of Chicago Press.

Allan, W. (1972). Ecology, technique and settlement patterns. In Ucko, et al. (Eds.), *Man, Settlement and Urbanism*. London: Gerald Duckworth..

Andelković, B. (2011). Political organization of Egypt in the predynastic period. In Teeter(Ed.), *Before the Pyramids: The Origins of Egyptian Civilization*. Chicago: The Oriental Institute of the University of Chicago.

Aruz, J. (Ed.). (2003). *Art of the First Cities*. New York: Metropolitan Museum of Art.

Austin, M. M. & Vidal-Naquet, P. (1977). *Economic and Social History of Ancient Greece*. Berkeley: University of California Press.

Baines, J. (1995). Origins of Egyptian kingship. In O'Conner & Silverman(Ed.), *Ancient Egyptian Kingship*. Leiden: E. J. Brill.

Baines, J. (2015). Ancient Egyptian cities: Monumentality and performance. In Yoffee,

N.(Ed.), *The Cambridge World History*, pp. 27-47. Cambridge: Cambridge University Press.

Bard, K. A. (2015). *An Introduction to the Archaeology of Ancient Egypt*. Chichester: Wiley-Blackwell.

Bestock, L. (2011). The first kings of Egypt. In Teeter(Ed.), *Before the Pyramids: The Origins of Egyptian Civilization*, pp. 137-144. Chicago: The Oriental Institute of the University of Chicago.

Bowman, A. K. & Rogan, E. (Eds.). (1999). *Agriculture in Egypt from Pharaonic to Modern Times*. London: British Academy.

Braidwood, R. J. (1959). *Prehistoric Men*. Chicago: Chicago Natural History Museum.

Braudel, F. (2001). *The Mediterranean in the Ancient World*. London: The Penguin Press.

Braun, E. (2011). Early interaction between peoples of the Nile Valley and Southern Levant, In Teeter(Ed.), *Before the Pyramids: The Origins of Egyptian Civilization*, pp. 105-122. Chicago: The Oriental Institute of the University of Chicago.

Budin, S. L. (2009). *The Ancient Greeks*. New York: Oxford University Press.

Burke, G. (1971). *Towns in the Making*. London: Edward Arnold.

Butzer, K. W. (1976). *Early Hydraulic Civilization in Egypt: A Study in Cultural Ecology*. Chicago: University of Chicago Press.

Carter, H. (1983). *An Introduction to Urban Historical Geography*. London: Hodder Arnold.

Chant, C. & Goodman, D. (Eds.). (1999). *The Pre-industrial Cities and Technology*. London: Routledge in Association with the Open University.

Charvát, P. (1993). *Ancient Mesopotamia: Humankind's Long Journey into Civilization*. Prague: Oriental Institute.

Childe, V. G. (1936). *Man Makes Himself*. London: Watt & Co.

Childe, V. G. (1950). The Urban Revolution. *Town Planning Review*, 21, 3-17. Liverpool: Liverpool University Press.

Cialowicz, K.M. (2011). The predynastic / early dynastic period at Tell el-Farkha. In Teeter(Ed.), *Before the Pyramids: The Origins of Egyptian Civilization*, pp. 55-64. Chicago: The Oriental Institute of the University of Chicago.

Cork, E. (2005). Peaceful Harappans? Reviewing the evidence for the absence of warfare in the Indus civilization of north-west India and Pakistan(c. 2500-1900 BC). *Antiquity*, 79(304), 411-423. Cambridge: Cambridge University Press.

Crawford, H. (2004). *Sumer and the Sumerians*. Cambridge: Cambridge University Press.

Daniel, G. (1968). *The First Civilizations*. New York: Thomas Y. Crowell Company.

Danino, M. (2008). New insights into Harappan town-planning, proportions and units, with special reference to Dholavira. *Man and Environment*, xxxiii, 1, 66-79.

Dreyer, G. (2011). Tomb U-j: A royal burial of dynasty O at Abydos. In Teeter(Ed.), *Before the Pyramids: The Origins of Egyptian Civilization*, pp. 127-128. Chicago: The Oriental Institute of the University of Chicago.

Eltsov, P. A. (2008). *From Harappa to Hastinapura: A Study of the Earliest South Asian City and Civilization*. Boston: Brill Academic Publishers.

Evans, A. (1921). *The Palace of Minos*. London: Macmillan.

Fagan, B. M. (2000). *People of the Earth: An Introduction to World Prehistory*. New Jersey: Prentice Hall.

Finley, M. I. (1981). *Economy and Society in Ancient Greece*. London: Chatto & Windus.

Flannery, K. V. (1972). The origins of the village as a settlement type in Mesoamerica and the Near East: A comparative study. In Ucko, et al. (Eds.), *Man, Settlement and Urbanism*, pp. 23-53. Cambridge, MA: Schenkman Publishing Company.

Friedman, R. (2011). Hierakonpolis. In Teeter(Ed.), *Before the Pyramids: The Origins of Egyptian Civilization*, pp. 33-44. Chicago: The Oriental Institute of the University of Chicago.

Gangal, K. & Vahia, M. (2010). Spatio-temporal analysis of the Indus Urbanization. *Current Science*, 98, 846-852. Bengaluru: Indian Academy of Sciences.

Grote, G. (2010). *A History of Greece*. Cambridge: Cambridge University Press.

Gutkind, E. A. (1962). *The Twilight of Cities*. New York: Free Press.

Gutkind, E. A. (1965). *International History of City Development*. New York: Free Press.

Gutkind, E. A. (1969). *Urban Development in Southern Europe: Italy and Greece*. New York: Free Press.

Hammond, M. (1972). *The City in the Ancient World*. Cambridge, MA: Harvard University Press.

Hammond, N. G. L (1981). *Atlas of the Greek and Roman World in Antiquity*. New Jersey: Noyes Press.

Hauser, P. M. (1965). Urbanization: An overview. In Hauser, P. M. & Schnore, L. F. (Eds.), *The Study of Urbanization*, pp. 1-48. New York: John Wiley and Sons.

Hawkes, J. & Woolley, L. (1963). *Prehistory and the Beginnings of Civilization*. New York: Harper & Row.

Hendrickx, S. (2011). Crafts and craft specialisation. In Teeter(Ed.), *Before the Pyramids: The Origins of Egyptian Civilization*, pp. 95-98. Chicago: The Oriental Institute of the University of Chicago.

Hendrickx, S. (2011). Iconography of the predynastic and early dynastic periods. In Teeter(Ed.), *Before the Pyramids: The Origins of Egyptian Civilization*, pp. 80-81. Chicago: The Oriental Institute of the University of Chicago.

Hendrickx, S. (2011). Sequence dating and predynastic chronology. In Teeter(Ed.), *Before* the Pyramids: The Origins of Egyptian Civilization, pp. 15-16. Chicago: The Oriental Institute of the University of Chicago.

Holloway, A.. Rakhigarhi now the biggest Harappan site after two new mounds discovered. Retrieved March 30, 2014, from www. ancient-origins. net

Jansen, M. (1985). Mohenjo-Daro, city of the Indus Valley. Endeavour, 9(4), 161-169.

Jansen, M. (1993). Mohenjo-Daro: Type site of the earliest urbanization process in South Asia. In Spodek, H. & Srinivasan, D. (Eds.), Urban Form and Meaning in South Asia: The Shaping of Cities from Prehistoric to Precolonial Times, pp. 35-51. Washington, DC: National Gallery of Art.

Jansen, M. , et al. (Eds.). (1991). Forgotten Cities on the Indus. Oxford: Oxford University Press.

Johnson, J. H. (1968). Urban Geography: An Introductory Analysis. Oxford: Pergamon Press.

Kemp, B. J. (1977). The early development of towns in Egypt. Antiquity, 51(213), 185-200. Cambridge: Cambridge University Press.

Kemp, B. J. (1989). Ancient Egypt: Anatomy of a Civilization. London: Routledge.

Kenoyer, M. J. (1998). Ancient Cities of the Indus Valley Civilization. Oxford: Oxford University Press.

Kohler, E. C. (2011). The rise of the Egyptian State. In Teeter(Ed.), Before the Pyramids: The Origins of Egyptian Civilization, pp. 123-125. Chicago: The Oriental Institute of the University of Chicago.

Kosambi, D. D. (1964). The Culture and Civilisation of Ancient India in Historical Outline. Delhi: Vikas Publishing House Pvt Ltd.

Kubba, S. A. A. (1987). Mesopotamian Architecture and Town Planning, c.10000-3500 B.C. (BAR International Series, 367). Oxford: British Archaeological Reports.

Leick, G. (2001). Mesopotamia: The Invention of the City. London: The Penguin Press.

Mallowan, M. E. L. (1965). Early Mesopotamia and Iran. New York: McGraw-Hill Book Company.

Malville, J. M. & Gujral, L. M. (2000). Ancient Cities, Sacred Skies. New Delhi: Aryan Books International.

Manley, B. (1996). The Penguin Historical Atlas of Ancient Egypt. London: Penguin Books.

Mann, M. (1986). The Sources of Social Power: A History of Power from the Beginning to A.D. 1760. Cambridge: Cambridge University Press.

Maughty II, T. H.. Migration of monsoons created, then killed Harappan civilization. Retrieved May 28, 2012, from www. nationalgeographic. com/science

McIntosh, J. R. (2002). A Peaceful Realm: The Rise and Fall of the Indus Civilization. Boulder, Colorado: Westview Press.

McIntosh, J. R. (2008). *The Ancient Indus Valley*. California: ABC-CIIO.

Meadows, P. (1957). The city, technology and history. *Social Forces*, 36(2), 141-147.

Meier, C. (1998). *Athens: A Portrait of the City in Its Golden Age*. New York: Metropolitan Books.

Mellaart, J. (1972). Anatolian Neolithic settlement patterns. In Ucko, et al. (Eds.), *Man, Settlement and Urbanism*. London: Duckworth.

Mieroop, M. V. D. (1997). *The Ancient Mesopotamian City*. Oxford: Clarendon Press.

Miller, D. (1985). Ideology and the Harappan civilization, *Journal of Anthropological Archaeology*, 4(1), 34-71. Orlando, Fla.: Academic Press.

Moorey, P. R. S. (Ed.). (1979). *The Origins of Civilization*. Oxford: Clarendon Press.

Morris, A. E. J. (1994). *History of Urban Form: Before the Industrial Revolution*. London: Longman.

Muhammad Abdul Jabbar Beg(1986). *Historic Cities of Asia*. Kuala Lumpur, Malaysia: Percetakan Ban Huat Seng.

Muhammad Bin Naveed. Harappa: An overview of Harappan architecture and town planning. Retrieved December 13, 2014, from www.worldhistory.org/

Mumford, L. (1961). *The City in History*. New York: Harcourt, Brace & World.

Murray, O & Price, S. (Eds). (1990). *The Greek City*. Oxford: Oxford University Press.

Nissen, H. J. (1990). *The Early History of the Ancient Near East, 9000-2000 B.C.*. Chicago: University of Chicago Press.

O' Connor, D. (2011). The Narmer palette: A new interpretation. In Teeter(Ed.), *Before the Pyramids: The Origins of Egyptian Civilization*, pp. 145-152. Chicago: The Oriental Institute of the University of Chicago.

O' Connor, D. & Silverman, D. P. (Eds.). (1994). *Ancient Egyptian Kingship*. Leiden: E. J. Brill.

Oppenheim L. A. (1977). *Ancient Mesopotamia: Portrait of a Dead Civilization*. Chicago: University of Chicago Press.

Owen, E. J. (1992). *The City in the Greek and Roman World*. London: Routledge.

Petersen, M. C. (2012). *Aggressive architecture: fortifications of the Indus valley in the Mature Harappan phase*, M. A. Thesis. Leidon: University of Leiden.

Pollock, S. (1999). *Ancient Mesopotamia*. Cambridge: Cambridge University Press.

Possehl, G. L. (1990). Revolution in the urban revolution: The emergence of Indus urbanization. In *Annual Review of Anthropology*, 19(1), 261-282.

Possehl, G. L. (2002). *The Indus Civilization: A Contemporary Perspective*. Walnut Creek: AltaMira Press.

Postgate, J. N. (1994). *Early Mesopotamia: Society and Economy at the Dawn of History*. London: Routledge.

Rathbone, D. (2009). *Civilizations of the Ancient World*. London: Thames & Hudson.

Ratnagar, S. (2001). *Understanding Harappa: Civilization in the Greater Indus Valley*. New Delhi: Tulika.

Rhodes, P. J. (1986). *The Greek City States*. Norman: University of Oklahoma Press.

Roach, J.. "Faceless" Indus valley city puzzles archaeologists. Retrieved October 9, 2009, from www.nationalgeographic.com/history/article/mohenjo-daro

Roaf, M. (1990). *Cultural Atlas of Mesopotamia and the Ancient Near East*. New York: Facts on File.

Rothman, M. S.(Ed.). (2001). *Uruk, Mesopotamia and Its Neighbors*. Santa Fe: School for Advanced Research Press.

Sarcina, A. (1979). A statistical assessment of house patterns at Moenjo Daro. *Mesopotamia*, 13, 155-199.

Scarre, C. & Fagan, B. M. (1997). *Ancient Civilizations*. London: Taylor & Francis.

Singh, S. K. & Shrivastava, G. K. (2020). *An Introduction to the Indus Valley Civilization*. New Delhi: National Museum.

Sjoberg, G. (1960). *The Preindustrial City*. Glencoe: Free Press.

Smith, H. S. (1972). Society and settlement in ancient Egypt. In Ucko, et al.(Eds.), *Man, Settlement and Urbanism*. London: Duckworth.

Snape, S. (2014). *The Complete Cities of Ancient Egypt*. London: Thomas & Hudson.

Southall, A. (1999). *The City in Time and Space*. Cambridge: Cambridge University Press.

Spencer, P. (2011). Petrie and the Discovery of Earliest Egypt. In Teeter(Ed.), *Before the Pyramids: The Origins of Egyptian Civilization*, pp. 17-24. Chicago: The Oriental Institute of the University of Chicago.

Stephen, T. (1998). *Athens and Sparta*. London: Bristol Classical Press.

Stevenson, A. (2011). Material Culture of the Predynastic Period. In Teeter(Ed.), *Before the Pyramids: The Origins of Egyptian Civilization*, pp. 65-74. Chicago: The Oriental Institute of the University of Chicago.

Teeter, E. (Ed.). (2011). *Before the Pyramids: the origins of Egyptian civilization*. Chicago: The Oriental Institute of the University of Chicago.

Tringham, R. (1972). Territorial demarcation of pre-historic settlements. In Ucko, et al.(Eds.), *Man, Settlement and Urbanism*. London: Duckworth.

Tristant, Y. & Midant-Reynes, B. (2011). The Predynastic Cultures of the Nile Delta. In Teeter(Ed.), *Before the Pyramids: The Origins of Egyptian Civilization*, pp. 45-54. Chicago: The Oriental Institute of the University of Chicago.

Tsetskhladze, G. R. (Ed.). (2006). *Greek Colonization*. Leiden and Boston: Brill.

Turner, R. (1941). *The Great Cultural Traditions: The Foundations of Civilization, Vol. I: The Ancient Cities*. New York and London: McGraw-Hill Book Co., Inc..

Ucko, P. J. , Tringhan, R. & Dimbleby, G. W.(Eds.). (1972). *Man, Settlements and Urbanism*. London: Duckworth.

Uphill, E. P. (1972). The concept of the Egyptian palace as a ruling maching. In Ucko, et al.(Eds.), *Man, Settlement and Urbanism*. London: Duckworth.

Uphill, E. P. (1988). *Egyptian Towns and Cities*. Princes Risborough: Shire Publications.

Vahia, M. N. & Nisha, Y. (2011). Reconstructing the history of Harappan civilization. *Social Evolution & History*, 10(2), 87-120.

Van de Mieroop (1998). *The Ancient Mesopotamian City*. Oxford: Oxford University Press.

Wendy, C. (2006). *Ancient Civilizations: China·India·Africa·Mesopotamia*. New York: Scholastic Inc..

Wengrow, D. (2006). *The Archaeology of Early Egypt*. Cambridge: Cambridge University Press.

Wengrow, D. (2011). The invention of writing in Egypt. In Teeter(Ed.), *Before the Pyramids: The Origins of Egyptian Civilization*, pp. 99-104. Chicago: The Oriental Institute of the University of Chicago.

Wiesner-Hanks, M. E. (2004). *Discovering the Ancient Past*. Belmont: Wadsworth Publishing Company.

Wilkinson, R. H. (2003). *The Complete God's and Goddesses of Ancient Egypt*. London: Thames & Hudson.

Williams, B. B. (2011). Relations between Egypt and Nubia in Naqada period. In Teeter(Ed.), *Before the Pyramids: The Origins of Egyptian Civilization*, pp. 83-92. Chicago: The Oriental Institute of the University of Chicago.

Wilson, J. A. (1972). *Thousands of Years: An Archaeologist's Search for Ancient Egypt*. New York: Scribners.

Wright, R. P. (2009). *The Ancient Indus: Urbanism, Economy, and Society*. New York: Cambridge University Press.

Zetter, R. L. & Horne, L. (1998). *Treasures from the Royal Tombs of Ur*. Philadelphia: University of Pennsylvania Museum of Archaeology and Anthropology.

图书在版编目（CIP）数据

西方城市文明史 / 薛凤旋著 . -- 北京：九州出版社，2023.9
ISBN 978-7-5225-1741-4

Ⅰ.①西… Ⅱ.①薛… Ⅲ.①城市史—西方国家 Ⅳ.① K915

中国国家版本馆 CIP 数据核字 (2023) 第 056190 号

Simplified Chinese translation co-published in 2023.
ALL RIGHTS RESERVED.
本书由香港中和出版有限公司授权出版，仅限中国内地销售。

著作权合同登记号：图字 01-2023-1908
审图号：GS（2022）4949

西方城市文明史

作　　者	薛凤旋 著
责任编辑	牛　叶
出版发行	九州出版社
地　　址	北京市西城区阜外大街甲 35 号（100037）
发行电话	（010）68992190/3/5/6
网　　址	www.jiuzhoupress.com
印　　厂	北京天宇万达印刷有限公司
开　　本	690 毫米 ×960 毫米　16 开
印　　张	17
字　　数	226 千字
版　　次	2023 年 9 月第 1 版
印　　次	2023 年 9 月第 1 次印刷
书　　号	ISBN978-7-5225-1741-4
定　　价	58.00 元

★ 版权所有　侵权必究 ★